中等职业教育汽车专业技能课教材

汽车悬架、转向与制动系统维修

Qiche Xuanjia、Zhuanxiang yu Zhidong Xitong Weixiu

(第2版)

全国交通运输职业教育教学指导委员会
中国汽车维修行业协会 组织编写

郭碧宝 主 编
李文慧 朱里平 副主编

人民交通出版社股份有限公司
北 京

内 容 提 要

本书为中等职业教育汽车专业技能课教材,主要内容包括:汽车悬架系统的检修、汽车转向系统的检修和汽车制动系统的检修。

本书适用于中等职业学校汽车运用与维修专业的教学,也可供其他相关专业教师学生参考使用。

图书在版编目(CIP)数据

汽车悬架、转向与制动系统维修/郭碧宝主编. —2版. —北京:人民交通出版社股份有限公司,2021.12
中等职业教育汽车专业技能课教材
ISBN 978-7-114-17715-6

Ⅰ.①汽… Ⅱ.①郭… Ⅲ.①汽车—车辆修理—中等专业学校—教材 Ⅳ.①U472.4

中国版本图书馆 CIP 数据核字(2021)第 235941 号

书　　名:	汽车悬架、转向与制动系统维修(第2版)
著　作　者:	郭碧宝
责任编辑:	戴慧莉
责任校对:	赵媛媛
责任印制:	张　凯
出版发行:	人民交通出版社股份有限公司
地　　址:	(100011)北京市朝阳区安定门外外馆斜街3号
网　　址:	http://www.ccpcl.com.cn
销售电话:	(010)59757973
总 经 销:	人民交通出版社股份有限公司发行部
经　　销:	各地新华书店
印　　刷:	北京市密东印刷有限公司
开　　本:	787×1092　1/16
印　　张:	16.5
字　　数:	305千
版　　次:	2017年3月　第1版 2021年12月　第2版
印　　次:	2021年12月　第2版　第1次印刷　总第4次印刷
书　　号:	ISBN 978-7-114-17715-6
定　　价:	42.00元

(有印刷、装订质量问题的图书由本公司负责调换)

中等职业教育汽车专业技能课教材编审委员会

主　　任：王怡民(浙江交通职业技术学院)

副 主 任：刘建平(广州市交通运输职业学校)　　杨经元(云南交通技师学院)
　　　　　赵　琳(北京交通运输职业学院)　　　张京伟(中国汽车维修行业协会)
　　　　　陈文华(浙江交通职业技术学院)　　　王凯明(中国汽车维修行业协会)

特邀专家：朱　军(中国汽车维修行业协会)　　　魏俊强(北京祥龙博瑞汽车服务有限公司)
　　　　　张小鹏(庞贝捷漆油(上海)有限公司)　刘　亮(麦特汽车服务股份有限公司)

委　　员：(按姓氏笔画排序)
　　　　　毛叔平(上海市南湖职业学校)　　　　王　健(贵阳市交通技工学校)
　　　　　王彦峰(北京交通运输职业学院)　　　王　强(贵州交通职业技术学院)
　　　　　占百春(苏州建设交通高等职业技术学校)　刘新江(四川交通运输职业学校)
　　　　　刘宣传(广州市公用事业技师学院)　　齐忠志(广州市交通运输职业学校)
　　　　　吕　琪(成都工业职业技术学院)　　　李　青(四川交通运输职业学校)
　　　　　李雪婷(成都汽车职业技术学校)　　　李春生(广西交通技师学院)
　　　　　李文慧(新疆交通职业技术学院)　　　李　晶(武汉市东西湖职业技术学校)
　　　　　陈　虹(浙江交通技师学院)　　　　　陈文均(贵州省交通运输学校)
　　　　　陈社会(无锡汽车工程高等职业技术学校)　张　炜(青岛交通职业学校)
　　　　　杨永先(广东省交通运输高级技工学校)　杨承明(杭州技师学院)
　　　　　杨建良(苏州建设交通高等职业技术学校)　杨二杰(四川交通运输职业学校)
　　　　　陆松波(慈溪市锦堂高级职业中学)　　何向东(广东省清远市职业技术学校)
　　　　　邵伟军(杭州技师学院)　　　　　　　周志伟(深圳市宝安职业技术学校)
　　　　　林育彬(宁波市鄞州职业高级中学)　　易建红(武汉市交通学校)
　　　　　林治平(厦门工商旅游学校)　　　　　胡建富(浙江交通技师学院)
　　　　　赵俊山(济南理工中等职业学校)　　　荆叶平(上海市交通学校)
　　　　　郭碧宝(广州市交通技师学院)　　　　姚秀驰(贵阳市交通技工学校)
　　　　　崔　丽(北京市丰台区职业教育中心学校)　曾　丹(佛山市顺德区中等专业学校)
　　　　　蒋红梅(重庆市立信职业教育中心)　　喻　媛(柳州市交通学校)

第2版前言
Preface

  本套由全国交通运输职业教育教学指导委员会、中国汽车维修行业协会组织编写的教材,自2017年3月出版以来,多次重印,被全国多所中等职业学校选为教学用书,受到了广大师生的好评。

  为了体现职业教育理念,贴近汽车运用与维修专业实际教学目标,促进"教、学、做"更好地结合,突出对学生实践能力的培养,使之成为技能型人才,2020年11月,人民交通出版社股份有限公司吸取教材使用学校的意见和建议,组织相关老师,经过认真研究和充分讨论,确定了修订方案,对本套教材进行了修订。通过教材修订,使教材在结构和内容上与教学内容更加吻合。

  《汽车悬架、转向与制动系统维修(第2版)》是其中的一本。此次修订内容如下:

  1.调整学习任务1部分内容并更新图片;

  2.在汽车转向系统的检修中增加"学习任务10 电动助力转向系统检修";

  3.修订了书中错误,更新了参考文献;

  4.配套的数字资源和电子课件也进行了修订。

  本书由广州市交通技师学院的郭碧宝担任主编,由新疆交通职业技术学院的李文慧和广州市交通技师学院的朱里平担任副主编。具体编写分工为:李文慧编写了学习任务1、学习任务2和学习任务6至学习任务9;郭碧宝编写了学习任务3至学习任务5、学习任务10和学习任务16;朱里平编写了学习任务11至学习任务15。

  限于编者水平,书中难免有不当之处,敬请广大院校师生提出意见和建议,以便再版时完善。

作 者
2021年4月

第1版前言
Preface

  为深入贯彻落实全国职业教育工作会议精神和《国务院关于加快发展现代职业教育的决定》，促进职业教育专业教学科学化、标准化、规范化，教育部组织制定了《中等职业学校专业教学标准（试行）》。全国交通运输职业教育教学指导委员会具体承担了汽车运用与维修（专业代码082500）、汽车车身修复（专业代码082600）、汽车美容与装潢（专业代码082700）、汽车整车与配件营销（专业代码082800）4个汽车类专业教学标准的制定工作。

  根据教育部《关于中等职业教育专业技能课教材选题立项的函》（教职成司函[2012]95号）文件精神，人民交通出版社申报的上述4个汽车类专业技能课教材选题成功立项。

  2014年10月，人民交通出版社联合全国交通运输职业教育教学指导委员会、中国汽车维修行业协会在北京召开了"教育部中等职业教育汽车专业技能课教材编写会"，并成立了由全国交通运输职业教育教学指导委员会领导、中国汽车维修行业协会领导、知名汽车维修专家及院校教师组成的教材编审委员会。会上，确定了4个汽车类专业34本教材的编写团队及编写大纲，正式启动了教材编写。

  教材的组织编写，是以教育部组织制定的4个汽车类专业教学标准为基本依据进行的。教材从编写到成稿形成以下特色：

  1."五位一体"的编审团队。从组织编写之初，就本着"高起点、高标准、高要求"的原则，成立了由国内一流的院校、一流的教师、一流的专家、一流的企业、一流的出版社组成的五位一体的编审团队。

  2.精品化的内容。编审团队认真总结了中职院校的优秀教学成果，结合了企业的职业岗位需求，吸收了发达国家的先进职教理念。教材文字精练、插图丰富，尤其是实操性的内容，配了大量实景照片。

  3.理实一体的编写模式。教材理论内容浅显易懂，实操内容贴合生产一线，将知识传授、技能训练融为一体，体现"做中学、学中做"的职教思想。

  4.覆盖全国的广泛适用性。本套教材充分考虑了全国各地院校的分布和实际情况，涉及的车型和设备具有代表性和普适性，能满足全国绝大多数中职院校的实际需求。

5. 完善的配套。本套教材包含"思考与练习""技能考核标准",并配有电子课件和微视频,以达到巩固知识、强化技能、易教易学的目的。

《汽车悬架、转向与制动系统维修》是本套教材中的一本。与传统同类教材相比,本书采用情境创设、任务引领方式,使学生从开始学习就进入岗位工作角色中,充分发挥学习的积极性和主动性。教材体现教学中理论与实践相结合的特点,以"任务驱动,工学结合"工作过程系统化的教学模式,培养学生独立思考,查阅资料、分析解决问题的能力。注重遵循学生认知规律,遵循"简单到复杂,抽象到具体,理论结合实际"的认知规律,通过任务渗透、讲学结合,做学结合,考学结合,更加有利于学生对知识技能的掌握。

本书编写分工:新疆交通职业技术学院的李文慧编写了学习任务1、学习任务2和学习任务6至学习任务10,广州市交通技师学院的郭碧宝编写了学习任务3至学习任务5、学习任务10和学习任务15,广州市交通技师学院的朱里平编写了学习任务11至学习任务14。本书由广州市交通技师学院的郭碧宝担任主编,由新疆交通职业技术学院的李文慧和广州市交通技师学院的朱里平担任副主编。

限于编者水平,又是完全按照新的教学标准编写,书中难免有不当之处,敬请广大院校师生提出意见和建议,以便再版时完善。

中等职业教育汽车专业技能课教材编审委员会
2016年3月

目录

项目一　汽车悬架系统的检修 1
  学习任务1　汽车前悬架的拆装与检查 1
  学习任务2　汽车后悬架的拆装与检查 22
  学习任务3　汽车悬架的故障诊断与排除 32
  学习任务4　电控悬架的检修 45
  学习任务5　车轮定位的检测与调整 68

项目二　汽车转向系统的检修 89
  学习任务6　转向操纵机构的拆装与检查 89
  学习任务7　转向器的拆装与检查 105
  学习任务8　液压助力式转向系统的拆装与检查 125
  学习任务9　电控液压助力转向系统的拆装与检查 140
  学习任务10　电动助力转向系统检修 157
  学习任务11　汽车转向系统的故障诊断与排除 173

项目三　汽车制动系统的检修 188
  学习任务12　车轮制动器的拆装与检查 188
  学习任务13　驻车制动器的拆装与检查 200
  学习任务14　液压传动机构的拆装与检查 212
  学习任务15　汽车制动系统的故障诊断与排除 224
  学习任务16　制动辅助控制系统的检修 233

参考文献 256

项目一 汽车悬架系统的检修

学习任务1 汽车前悬架的拆装与检查

学习目标

 知识目标

1. 掌握悬架的作用、类型、组成及工作原理；
2. 熟悉前悬架拆装、检查的技术流程和规范；
3. 能按技术要求对减振器做性能检查，并能正确分解与装配。

 技能目标

1. 熟练完成前悬架的拆装与检查；
2. 会运用所学知识和经验，为客户提供汽车悬架系统日常维护的建议。

 建议课时

8课时。

 任务描述

一辆北京现代ix35，累计行驶里程30万km，该车经常在野外行驶，车主反映最近车辆出现行驶跑偏现象,而且只要一踩加速踏板,汽车行驶方向立即有右转的趋势;松开加速踏板,行驶方向又有左转趋势,汽车呈 S 形行驶。针对该现象,需要对汽车行驶及转向系统进行检查,请重点检查悬架系统,必要时进行拆装更换,以便排除故障。

一 理论知识准备

1 悬架的作用

悬架是车架(或车身)与车桥(或车轮)之间一切传力连接装置的总称。悬架具有如下的作用。

(1)连接车架(或车身)和车轮,把路面作用到车轮的各种力传给车架(或车身)。

(2)缓和冲击,衰减振动,使乘坐舒适,具有良好的平顺性。

(3)保证汽车具有良好的操纵稳定性。

2 悬架的分类

汽车悬架可分为两大类:非独立悬架和独立悬架,如图 1-1 所示。

悬架类型

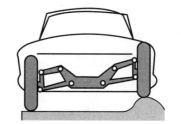

a)非独立悬架　　　b)独立悬架

图 1-1　非独立悬架和独立悬架示意图

独立悬架特点

非独立悬架的结构特点是左右车轮安装在一根整体式车桥两端,车桥则通过悬架与车架相连。当一侧车轮发生位置变化后,会导致另一侧车轮的位置也发生变化。

独立悬架的结构特点是车桥制成断开的,每一侧车轮单独通过悬架与车架(或车身)连接。与非独立悬架相比较,汽车采用独立悬架有以下优点。

(1)两侧车轮可以单独运动而互不影响,这样,在不平坦道路上可减少车架和车身的振动,而且有助于消除转向轮不断偏摆的不良现象。

(2)减少了汽车的非簧载质量(即不由弹簧支承的质量)。在道路条件和车速相同时,非簧载质量越小,悬架受到的冲击载荷也越小,因而,采用独立悬架可以提高汽车的平均行驶速度。

(3)由于采用断开式车桥,发动机总成的位置可以降低和前移,使汽车重心下降,可提高汽车的行驶稳定性;同时,由于给予了车轮较大的上下运动空间,故可以将悬架刚度设计得较小,以降低车身振动频率,改善行驶平顺性。

(4)越野汽车全部车轮采用独立悬架,可以保证汽车在不平道路上行驶时,所有车轮和路面有良好的接触,从而增大牵引力;此外,还可增大汽车的离地间隙,使汽车的通过性能大大提高。

由于具有以上优点,独立悬架被现代汽车广泛采用。但是,独立悬架结构复杂,制造成本高,维修不便。在一般情况下,车轮跳动时,由于车轮外倾角与轮距变化较大,轮胎磨损较严重。

❸ 悬架的组成

现代汽车的悬架虽有不同的结构形式,但一般都由弹性元件、减振器、导向机构等组成,轿车一般还有横向稳定器(杆)。前悬架的组成如图1-2所示。

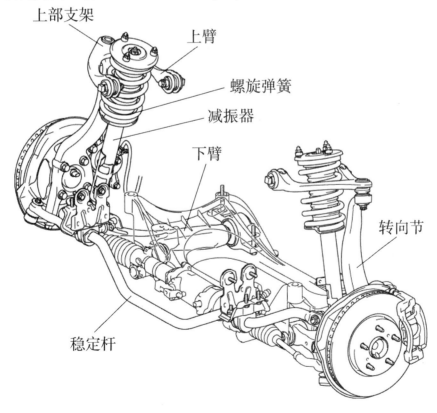

图1-2 前悬架的组成

(1)弹性元件。弹性元件使车架(或车身)与车桥(或车轮)之间作弹性连接,可以缓和由于不平路面带来的冲击,并承受和传递垂直载荷。汽车上常用的弹性元件包括钢板弹簧、螺旋弹簧、扭杆弹簧和气体弹簧等。

①钢板弹簧:钢板弹簧是汽车悬架中使用最为广泛的弹性元件,由若干片长度不等、宽度相等、厚度不等或相等、曲率半径不等的合金弹簧片叠加在一起,组合成一根近似等强度的梁,如图1-3所示,主要由主弹簧片、副弹簧片、弹簧夹、螺栓、套管、螺母等组成。钢板弹簧最上面的一片(最长的一片)称为主弹簧片,其两端弯成卷耳,内装青铜或其他材料制成的衬套,用弹簧销与固定在车架上的支架或吊耳作铰链连接。钢板弹簧的中心部位用U形螺栓与车桥固定。

②螺旋弹簧:螺旋弹簧大多应用在独立悬架上,尤其是前轮独立悬架中。在有些轿车上,后轮非独立悬架中也使用螺旋弹簧作为弹性元件。

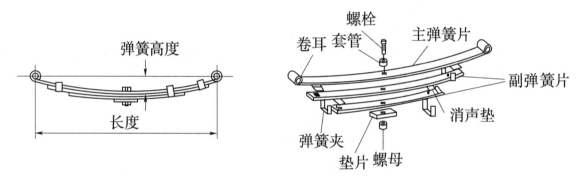

图1-3 钢板弹簧的结构

螺旋弹簧用弹簧钢料卷制而成,有刚度不变的圆柱形等螺距螺旋弹簧和刚度可变的圆锥形不等螺距螺旋弹簧两种,如图1-4所示。

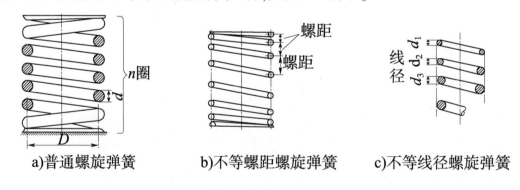

图1-4 螺旋弹簧的结构

与钢板弹簧相比,螺旋弹簧具有不需润滑、防污性强、占用纵向空间小及弹簧本身质量小的优点。

③扭杆弹簧:扭杆弹簧是一根由铬钒弹簧钢制成的扭杆,其结构如图1-5所示。扭杆弹簧一端固定在车架上,另一端固定在悬架的摆臂上,摆臂则与车轮相连。当车轮跳动时,摆臂便绕着扭杆弹簧轴线而摆动,使扭杆弹簧产生扭转导致弹性变形,以保证车轮与车架的弹性联系。

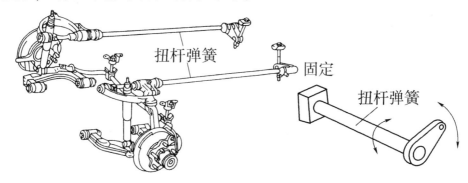

图1-5 扭杆弹簧的结构

扭杆弹簧在制造时,经热处理后预先施加一定的扭转力矩,使之产生一个永久的扭转变形,从而使其具有一定的预应力。左、右扭杆弹簧是预加扭转的方向都与扭杆弹簧安装在车上后承受工作载荷时扭转的方向相同,目的是减少工作时的实际应力,以延长使用寿命。如果左、右扭杆弹簧换位安装,则将导致扭杆弹簧的实际工作应力加大,使用寿命缩短。因此,左、右扭杆弹簧刻有不同的标记,不可互换。

④气体弹簧:气体弹簧是在一个密封的容器中充入压缩气体,利用气体的可压缩性实现其弹簧作用的。这种弹簧的刚度是可变的,因为作用在弹簧上的载荷增加时,容器内的定量气体气压升高,弹簧的刚度增大。反之,当载荷减小时,弹簧内的气压下降,刚度减小,故它具有较理想的弹性特性,如图1-6所示。

气体弹簧分为空气弹簧和油气弹簧两种类型。其共同特点是都同螺旋弹簧一样,只能承受轴向载荷,因此,气体弹簧悬架中必须设置纵向和横向推力杆等导向机构,同时,还必须设有减振器。气体弹簧可以通过专门的高度控制阀自动调节气室中的原始充气压力面的高度。

(2)减振器。减振器可以衰减由于路面冲击产生的振动,使振动的振幅迅速减小。

①基本工作原理。汽车悬架系统中通常采用液力减振器,利用液体流动的阻尼来消耗冲击振动的能量。对振动形成阻尼力,使汽车振动能量转化为油液热能,再由减振器吸收散发到大气中。

②类型。减振器按工作原理分为双向作用式减振器和单向作用式减振器。

在压缩和伸张两个行程中均能起减振作用的减振器称为双向作用式减振器,只在伸张行程中起减振作用的减振器称为单向作用式减振器。

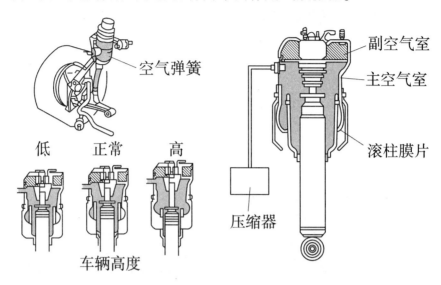

图1-6 气体弹簧的结构与工作原理

减振器按结构可分为双筒式减振器和单筒式减振器。

减振器按工作介质可分为液压式减振器和充气式减振器。

③双向作用筒式减振器。目前,在汽车上应用最广泛的液力减振器是双向作用式减振器,它在伸张行程和压缩行程都具有阻尼减振作用。

双向作用筒式减振器如图1-7所示。双向作用筒式减振器在内筒和外筒之间设计了补偿孔,它可以调整油液量以适应活塞杆的移动体积。

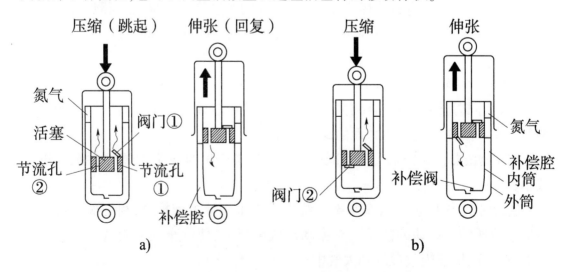

图1-7 双向作用筒式减振器结构与工作原理

如图1-7a)所示,在节流孔①上设置阀门,节流孔②没有阀门。压缩时,阀门①打开,下腔的油液通过节流孔①和节流孔②流到上腔,使活塞容易下行;伸张时,阀门①关闭,上腔的油液只能通过节流孔②流回下腔,使活塞上行阻尼增大,这样就实现了减振效果。

双向作用筒式减振器工作过程

如图1-7b)所示,在节流孔②上设计阀门②,压缩时油液通过节流孔①,伸张时油液通过节流孔②,因此,在压缩行程和伸张行程时都受到阻尼力。对于激烈的车身振动,下腔的油液在伸张行程时通过补偿阀流入补偿腔,产生阻尼力;压缩行程时补偿阀打开,油液无阻尼地通过补偿阀。补偿腔的上部有氮气,可以被油液压缩。

(3)导向机构。导向机构包括纵向推力杆和横向推力杆,用于传递纵向载荷和横向载荷,并保证车轮相对于车架(或车身)的运动关系。横向稳定器(杆)可以防止车身在转向等情况下发生过大的横向倾斜。横向稳定器利用扭杆弹簧原理,将左右车轮通过横向稳定杆连接起来。在车身倾斜时,稳定杆两边的纵向部分向不同方向偏转,于是,横向稳定杆便被扭转,弹性稳定杆产生的扭转内力矩就阻碍了悬架弹簧的变形,从而减少车身的横向倾斜,如图1-8所示。

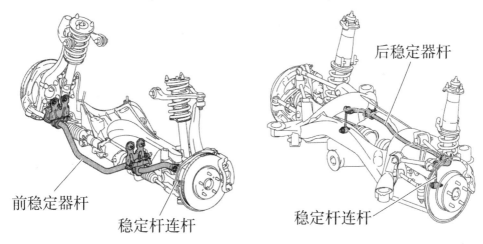

图1-8 横向稳定杆(前、后)

4 非独立悬架的结构

非独立悬架广泛应用于货车的前、后悬架和轿车的后悬架。按照采用弹性元件的不同,非独立悬架可以分为钢板弹簧式非独立悬架和螺旋弹簧式非独立悬架。

(1)钢板弹簧式非独立悬架。在采用钢板弹簧为弹性元件的非独立悬架中,通常是将钢板弹簧纵向布置,故也称为纵置板簧式非独立悬架,如图1-9所示。

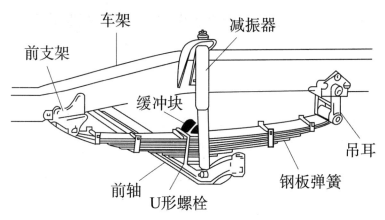

图1-9 钢板弹簧式非独立悬架的结构

(2)螺旋弹簧式非独立悬架。螺旋弹簧式非独立悬架常用于轿车的后悬架,由于使用螺旋弹簧作为弹性元件,仅仅能承受垂直载荷,所以必须设置导向机构来承受并传递纵向力和横向力。螺旋弹簧非独立悬架结构如图1-10所示。

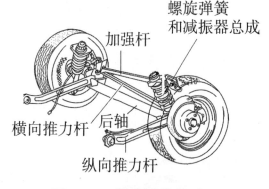

图1-10 螺旋弹簧非独立悬架的结构

⑤ 汽车前悬架类型

(1)麦弗逊式悬架。麦弗逊式悬架是一种非常常见的前悬架形式。这种悬架结构紧凑、性能良好,在随后几十年中被世界各大汽车生产商广泛采用。

北京现代轿车就采用了此种前悬架结构,如图1-11所示。筒式减振器为滑动立柱,横摆臂的内端通过铰链与车身相连,外端通过球铰链与转向节相连。减振器的上端与车身相连,减振器的下端与转向节相连,车轮所受的侧向力大部分由横摆臂承受,其余部分由减振器活塞和活塞杆承受。筒式减振器上铰链的中心与横摆臂外端球铰链中心的连线为主销轴线,此结构也为无主销结构。当车轮上下跳动时,减振器下支点随前悬架摇臂摆动,故主销轴线角度是变化的,这说明车轮是沿着摆动的主销轴线而运动。

(2)双叉臂式悬架。双叉臂式(Double wish bone)悬架又称为双A臂或双叉骨。这种悬架形式可以看作是麦弗逊式悬架的升级版本,如图1-12所示。

上面我们已经提到了麦弗逊式前悬架充当主销的减振支柱其承受横向冲击力的能力较弱,应用范围被局限于质量较小的中小型轿车上。而为了满足质量较小、动力更强的大型车对悬架刚性及耐用性的要求,双叉臂式悬架应运而生。

项目一　汽车悬架系统的检修

图1-11　麦弗逊式悬架的结构

双叉臂式悬架由上叉臂、下叉臂、摆动轴承、减振支柱(螺旋弹簧和减振器)组成。双叉臂式悬架的减振支柱只承担车身质量。而车轮作用于悬架的横向和纵向应力均由上叉臂和下叉臂承担,如图1-13所示。

麦弗逊式独立悬架结构

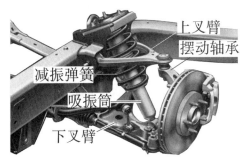
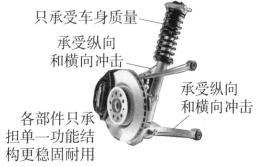

图1-12　双叉臂式悬架的结构　　图1-13　双叉臂式悬架受力示意图

麦弗逊式悬架和双叉臂式悬架都是轿车中最常见的前悬架结构形式,结构上的不同点如图1-14所示。

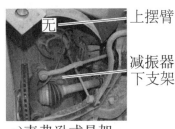

a)麦弗逊式悬架　　b)双叉臂式悬架

图1-14　两种悬架在结构上的区别

两者的结构差异及优缺点:

①由于麦弗逊式悬架的减振支柱承受着车身质量以及车轮的冲击,加上减振

支柱承受横向的冲击力的能力较弱,使得减振器容易发生变形和漏油,耐用性一般。正是由于麦弗逊式悬架在承受侧向力方面有一定的弱点,使用麦弗逊式悬架的车型在高速过弯时会出现车辆侧倾严重或者在紧急制动时出现明显的点头现象。

②与麦弗逊式悬架相比,双叉臂式悬架结构更为"牢靠"。由于各个部件仅担当单一的功能,因而,双叉臂式悬架的耐用性和可靠性更高。双叉臂式悬架不等长的上下叉臂的合理配置,使得车轮在上下运动时,车轮外倾角参数和轮距参数变化很小,这有助于轮胎接地面积时刻保持最大化,减少悬架在高速弯道时出现的侧倾。

双叉臂式悬架的结构复杂,质量要比麦弗逊式悬架大,所以,在转向响应上不及麦弗逊式悬架。

(3)多连杆式悬架。多连杆悬架机构通过各种连杆配置把车轮与车身相连,其连杆数比普通的悬架要多,一般把连杆数为3或3以上的悬架称为多连杆悬架。目前,前悬架一般为3连杆或4连杆式独立悬架,如图1-15所示。

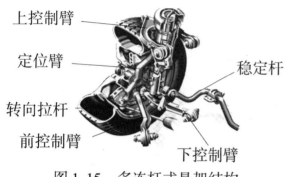

图1-15　多连杆式悬架结构

6 前悬架的结构

(1)前悬架主要由减振器总成、螺旋弹簧、下臂、前稳定杆、副车架等组成,如图1-16所示。

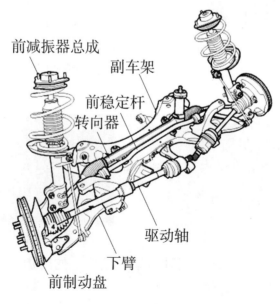

图1-16　汽车前悬架总成

(2)前悬架减振器总成结构如图 1-17 所示,主要有凸缘体总成、减振器轴承、弹簧座、螺旋弹簧、弹簧衬垫和减振器总成等组成。

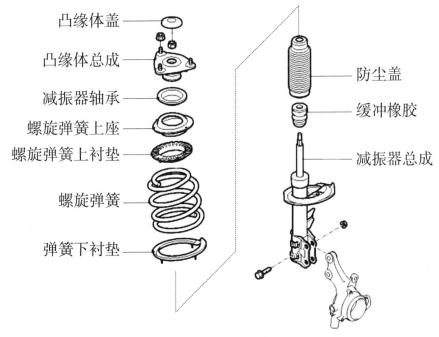

图 1-17　前减振器总成

(3)三角臂及转向节总成结构如图 1-18 所示。

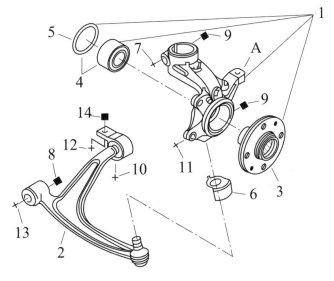

图 1-18　三角臂及转向节的结构

1-转向节(A+3+4);2-三角臂总成;3-轮毂;4-前轮毂轴承;5-挡圈;6-球节护套;7-螺栓;8-螺母;9-锁紧螺母;10-凸缘面螺母;11-六角螺栓;12-带垫圈螺栓;13-螺钉;14-凸缘面螺母

(4)横向稳定杆及连接杆结构如图 1-19 所示。

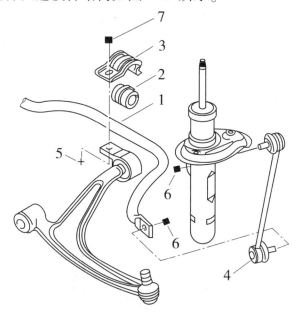

图 1-19　横向稳定杆及连接杆结构

1-前横向稳定杆;2-支座;3-支座盖板;4-连接杆;5-螺栓;6-锁紧螺母;7-六角螺母

二　任务实施

❶　准备工作

(1)将实训车辆停放在维修区域。

(2)检查举升机工作是否正常,安全机构工作是否正常。

(3)准备常用工具套件、车辆挡块、翼子板布及防护三件套等。

❷　技术要求与注意事项

(1)车辆的举升机使用前应清除举升机附近妨碍作业的器具及杂物,并检查操作手柄是否正常。操作机构灵敏有效,液压系统不允许有爬行现象。支车时,四个支脚应在同一平面上,调整支脚胶垫高度使其接触车辆底盘支撑部位。支车时,车辆不可支得过高,支起后四个托架要锁紧。待举升车辆驶入后,应将举升机支撑块调整移动对正该车型规定的举升点。举升时人员应离开车辆,举升到需要高度时,必须插入保险锁销,并确保安全可靠才可开始车底作业,支车时举升要稳,降落要慢。

(2)使用各种气动工具,务必遵照各种安全规定及使用说明操作。要选用适当的工具工作,工具过大容易造成工件伤害,工具过小容易致使工具损害。气动工具由于具有转速高、扭力强、噪声大等特点,要求使用人员在使用前佩戴好防护眼镜、纱线手套、耳塞等。

(3)各螺栓务必按照规定力矩进行拧紧,安装或拆卸必须遵循相关的顺序。

3 操作步骤

(1)前悬架减振器和螺旋弹簧的拆卸。

①拆卸前车轮和轮胎,如图1-20所示。

注意:不要损坏轮毂螺栓。

②拆卸制动管和轮速传感器支架,如图1-21所示。

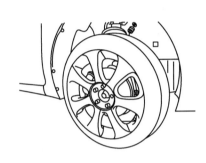　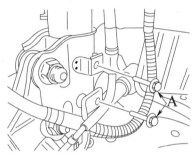

图1-20　拆卸前车轮和轮胎　　图1-21　拆卸制动管和轮速传感器支架

③分离稳定杆连杆A和前支撑总成,如图1-22所示。

④分离转向节和前支撑杆总成A,如图1-23所示。

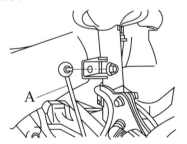　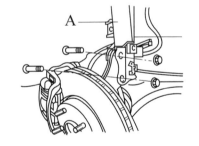

图1-22　分离稳定杆连杆A和前支撑总成　　图1-23　分离转向节和前支撑杆总成A

⑤拧松安装螺母A,从车轮壳板上拆卸前支柱总成,如图1-24所示。

(2)前悬架减振器和螺旋弹簧的检查,如图1-25所示。

①检查支架轴承是否磨损和损坏。

②检查座位的上升、下降功能是否有损坏和退化。

③压缩和拉伸活塞杆A,检查并确定操作中没有异常阻力或异声。

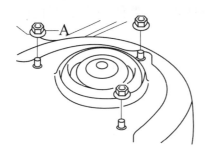 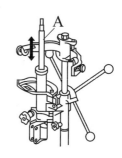

图1-24 拆卸前支柱总成　　图1-25 前悬架减振器和螺旋弹簧的检查

(3) 前悬架减振器和螺旋弹簧的装配。

① 安装前缓冲器至 SST, 如图 1-26 所示。

② 安装弹簧垫块 C 以便凸出部位 A 装配进弹簧座的孔 B 里, 如图 1-27 所示。

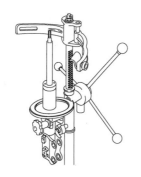 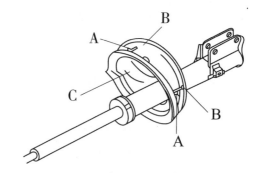

图1-26 安装前缓冲器　　图1-27 安装弹簧垫块

③ 把螺旋弹簧 A 正确地安装在下弹簧座垫 B 上, 如图 1-28 所示。

④ 在活塞杆上安装缓冲橡胶块 B 和防尘罩 A, 如图 1-29 所示。

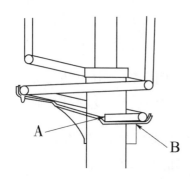 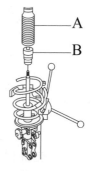

图1-28 安装螺旋弹簧 A　　图1-29 安装缓冲橡胶块 B 和防尘罩 A

⑤ 安装弹簧上衬垫 B 和弹簧座垫 A, 如图 1-30 所示。

⑥使用SST压缩螺旋弹簧。充分伸长活塞杆,安装凸缘体A,如图1-31所示。

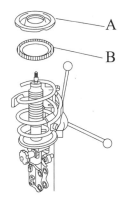
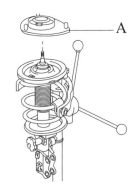

图1-30　安装弹簧上衬垫B和弹簧座垫A　　图1-31　安装凸缘体A

⑦拧紧新的自锁螺母A直到规定力矩,如图1-32所示。

拧紧力矩:50~70N·m,并拆卸专用维修工具。

⑧把组装好的减振器和螺旋弹簧安装到车架上(以北京现代悦动车型为例)。

安装前支柱总成螺母的拧紧力矩:45~60N·m。连接转向节和前支撑杆总成螺母的拧紧力矩:140~160N·m。稳定杆到前支撑杆总成螺母的拧紧力矩:100~120N·m。安装前轮和轮胎螺母的拧紧力矩:90~110N·m。

(4)前悬架下臂的拆卸。

①拆卸开口销和槽顶螺母A,如图1-33所示。

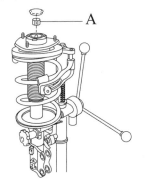
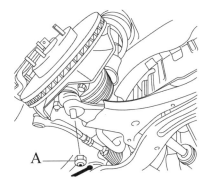

图1-32　拧紧自锁螺母A　　图1-33　拆卸开口销和槽顶螺母A

②使用SST专用工具从下臂球头分离下臂,如图1-34所示。

③从副车架上拆卸下臂A,如图1-35所示。

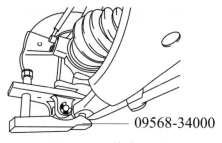
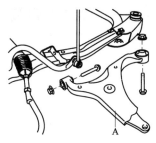

图1-34　分离下臂　　　　图1-35　拆卸下臂A

(5)前悬架下臂的检查。

检查衬套的磨损和变形情况。检查下臂是否变形。检查所有的螺栓和螺母。

(6)前悬架下臂的安装。

按拆卸的相反顺序安装。安装下臂的拧紧力矩分别是140~160N·m;100~120 N·m。安装槽形螺母的拧紧力矩:80~90N·m。

(7)前悬架稳定杆的拆卸。

①从转向器上分离万向节总成B,如图1-36所示。

②从前支柱总成分离稳定杆A,如图1-37所示。

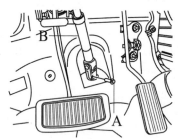
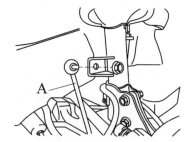

图1-36　分离万向节总成B　　　图1-37　分离稳定杆A

③拆卸开口销和槽形螺母,使用SST工具从前转向节上分离横拉杆球头A,如图1-38所示。

④拧下安装螺栓A,分离前下臂与转向节,如图1-39所示。

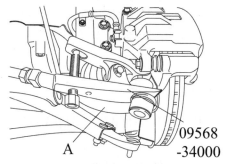
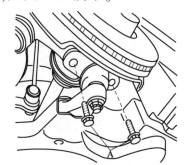

图1-38　分离横拉杆球头A　　　图1-39　分离前下臂
　　　　　　　　　　　　　　　　　　　与转向节

⑤拆卸消声器橡胶悬挂A，如图1-40所示。

⑥拧下线束保护装置装配螺栓A，如图1-41所示。

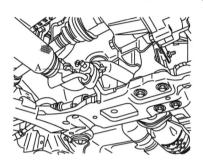 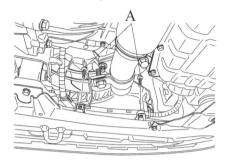

图1-40　拆卸消声器　　　　图1-41　拧下线束保护装置
　　　　橡胶悬挂A　　　　　　　　　　装配螺栓A

⑦拆卸前后滚动止动块螺栓和螺母A、B，如图1-42所示。

 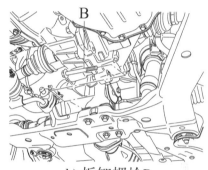

a) 拆卸螺母A　　　　　　　b) 拆卸螺栓B

图1-42　拆卸前后滚动止动块螺栓和螺母A、B

⑧通过拧下装配螺栓A、C和螺母B、D，拆卸副车架和副车架支撑杆，如图1-43所示。

⑨通过拧下支架装配螺栓A从副车架上拆卸稳定杆B，如图1-44所示。

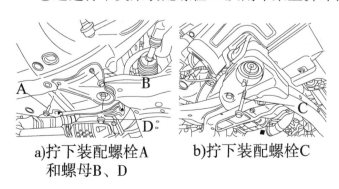 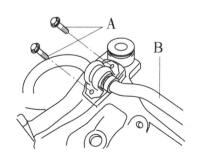

a) 拧下装配螺栓A　　　b) 拧下装配螺栓C
　和螺母B、D

图1-43　拆卸副车架和副车架支撑杆　　　　图1-44　拆卸稳定杆B

⑩通过拧下螺母分离稳定连杆 A 与稳定杆,如图 1-45 所示。
⑪从稳定杆上拆卸轴套 A 和支架 B,如图 1-46 所示。

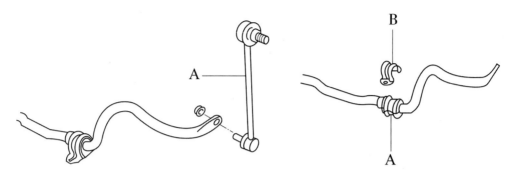

图 1-45　分离稳定连杆 A 与稳定杆　　图 1-46　拆卸轴套 A 和支架 B

(8)前悬架稳定杆的检查。检查衬套的磨损和变形情况;检查前稳定杆变形情况;检查前稳定杆球节是否损坏。

(9)前悬架稳定杆的安装。按拆卸的相反顺序安装。安装稳定连杆和稳定杆连接螺母的拧紧力矩:100～120N·m。安装到副车架上的支架装配螺栓的拧紧力矩:45～55 N·m。安装到副车架装配螺栓 C 和螺母 D 的拧紧力矩:160～180N·m。安装到滚动止动块贯穿螺栓 A 的拧紧力矩:50～65N·m。安装下臂和转向节连接螺栓的拧紧力矩:100～120N·m。安装槽形螺母的拧紧力矩:24～34N·m。

(10)车身与底盘之间的支架螺栓的检查。采用套筒扳手检查悬架横梁与车身之间,以及中间梁与车身之间所连接的螺栓是否松动。

(11)悬架臂橡胶衬套与球头检查。检查时需在螺丝刀上垫布,以免损坏球头的防尘套。

检查悬架臂有无裂纹、变形或损坏。检查悬架臂衬套有无破损老化和裂纹。检查悬架臂球头销防尘罩有无损坏。

三　学习拓展——车辆悬架的发展趋势

由于汽车行驶平顺性和操纵稳定性的要求,具有安全、智能和清洁的绿色智能悬架将是今后汽车悬架发展的趋势。被动悬架是传统的机械结构,其刚度和阻尼都是不可调的,依据随机振动理论,它只能保证在特定的路况下达到较好效果。但它的理论成熟、结构简单、性能可靠、成本相对低廉且不需额外能量,因而应用最为广泛。被动悬架性能的研究主要集中在三个方面:通过对汽车进行受力分析后,建立数学模型,然后再用计算机仿真技术或有限元法寻找悬架的最优参数;研究可变刚度弹簧和可变阻尼的减振器,使悬架在绝大部分路况上保持良好的运行状态;研究导向机构,使汽车悬架在满足平顺性的前提下,稳定性有较大的提高。

半主动悬架的研究集中在两个方面:执行策略研究和执行器研究。阻尼可调减振器主要有两种,一种是通过改变节流孔的大小调节阻尼;另一种是通过改变减振器阻尼介质的黏性调节阻尼。节流孔的大小一般通过电磁阀或步进电动机进行有级或无级的调节,这种方法成本较高,结构复杂。通过改变减振液的黏性来改变阻尼系数,具有结构简单、成本低、无噪声和冲击等特点,因此是目前发展的主要方向。

主动悬架的研究也集中在两个方面:可靠性和执行器。由于主动悬架采用了大量的传感器、单片机、输出输入电路和各种接口,元器件较多,降低了悬架的可靠性,所以,加大元器件的集成程度是一个不可逾越的阶段。执行器的研究主要是用电动器件代替液压器件。电气动力系统中的直线伺服电动机和永磁直流直线伺服电动机具有较多的优点,今后将会取代液压执行机构。运用电磁蓄能原理,结合参数估计自校正控制器,可望设计出高性能低功耗的电磁蓄能式自适应主动悬架,使主动悬架由理论研究转化为实际应用。

四 评价与反馈

❶ 自我评价

(1)通过本学习任务的学习,你是否已经知道以下问题:

①汽车前悬架主要的拆装顺序是什么?_____

_____。

②汽车悬架的检查项目和内容有哪些?_____

_____。

(2)汽车前悬架拆装操作过程中用到了哪些设备?

_____。

(3)汽车前悬架检查测量完成情况如何?

_____。

(4)通过本学习任务的学习,你认为自己的知识和技能还有哪些欠缺?

_____。

签名:_____   ____年___月___日

② 小组评价(表1-1)

小 组 评 价 表　　　　　　表1-1

序号	评价项目	评价情况
1	着装是否符合要求	
2	是否能合理规范地使用仪器和设备	
3	是否按照安全和规范的流程操作	
4	是否遵守学习、实训场地的规章制度	
5	是否能保持学习、实训场地整洁	
6	团结协作情况	

参与评价的同学签名：＿＿＿＿＿＿＿　　　　＿＿＿年＿＿月＿＿日

❸ 教师评价

＿＿＿＿＿＿＿＿＿＿＿＿＿＿＿＿＿＿＿＿＿＿＿＿＿＿＿＿＿＿＿＿＿＿＿

＿＿＿＿＿＿＿＿＿＿＿＿＿＿＿＿＿＿＿＿＿＿＿＿＿＿＿＿＿＿＿＿＿＿。

教师签名：＿＿＿＿＿＿＿　　　　＿＿＿年＿＿月＿＿日

五 技能考核

根据学生完成实训任务的情况对学习效果进行评价。技能考核标准见表1-2。

技 能 考 核 标 准　　　　　　表1-2

序号	项目	操作内容	规定分	评分标准	得分
1	减振器螺旋弹簧的拆装检查	车辆、工具、器材准备	3分	工具准备是否齐全	
		安全检查确认	3分	安全检查是否到位	
		减振器螺旋弹簧拆装检查	20分	拆装顺序正确,使用工具合理,动作合乎规范,熟悉检查项目,知道技术标准	

续上表

序号	项目	操作内容	规定分	评分标准	得分
1	减振器螺旋弹簧的拆装检查	现场5S管理	3分	是否进行此操作	
		综合能力表现	4分	分别按突出表现进行加分	
2	前悬架下臂的拆装检查	车辆、工具、器材准备	3分	工具准备是否齐全	
		安全检查确认	3分	安全检查是否到位	
		前悬架下臂的拆装检查	20分	拆装顺序正确,使用工具合理,动作合乎规范,熟悉检查项目,知道技术标准	
		现场5S管理	3分	是否进行此操作	
		综合能力表现	4分	分别按突出表现进行加分	
3	前悬架稳定杆拆装检查	车辆、工具、器材准备	3分	工具准备是否齐全	
		安全检查确认	3分	安全检查是否到位	
		前悬架稳定杆拆装检查	21分	拆装顺序正确,使用工具合理,动作合乎规范,熟悉检查项目,知道技术标准	
		现场5S管理	3分	是否进行此操作	
		综合能力表现	4分	分别按突出表现进行加分	
		总分	100分		

学习任务2 汽车后悬架的拆装与检查

学习目标

知识目标

1. 掌握后悬架的作用、类型、组成及工作原理；
2. 熟悉后悬架拆装、检查的技术流程和规范；
3. 能按要求对减振器做性能检查，并会正确分解与装配。

技能目标

1. 能完成后悬架的拆装与检查；
2. 会运用所学知识和经验，为客户提供汽车悬架系统日常维护的建议。

建议课时

6课时。

任务描述

一辆北京现代朗动轿车，累计行驶里程12万km，车主反映在汽车行驶时后部有异响，特别是在路况较差、通过减速带、车速较低时更明显。根据车主对故障现象的描述，很有可能是汽车后悬架有故障，请进一步检查车辆，必要时进行路试，确认故障现象并进行故障诊断和排除。

一、理论知识准备

1. 汽车后悬架概述

汽车后悬架是车架（或承载式车身）与车桥（或车轮）之间的一切传力连接装

置的总称,是影响汽车行驶舒适性的重要参数之一。汽车悬架包括弹性元件、减振器和传力装置三部分。这三部分分别起缓冲、减振和传递力的作用。从轿车上来讲,弹性元件多指螺旋弹簧,它只承受垂直载荷,缓和及抑制不平路面对车体的冲击,具有占用空间小、质量小、无须润滑的优点,但由于本身没有摩擦而没有减振作用。减振器指液力减振器,可加速衰减车身的振动,它是悬架机构中最精密和复杂的机械件。传力装置是指车架的上下摆臂等叉形刚架、转向节等元件,用来传递纵向力、侧向力及侧转力矩,并保证车轮相对于车架(或车身)有确定的相对运动规律。

❷ 后悬架类型

根据车型的不同,汽车后悬架分为独立悬架和非独立悬架。一般来说,微型车、小型车以及紧凑型车的部分车型多采用非独立悬架。非独立悬架结构简单、可靠性高、承载力大;而独立悬架则主要应用在紧凑型以上的车型。后悬架结构如图2-1所示。

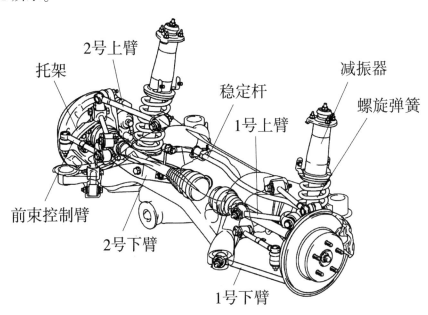

图2-1 后悬架结构

(1)独立式后悬架。独立式后悬架可以简单地理解为左、右两个车轮间没有硬轴进行刚性连接,一侧车轮的悬架部分全部都只与车身相连。从结构上看,两个车轮间不会发生运动干涉,所以,有更好的舒适性和操控性,如图2-2所示。

(2)非独立式后悬架。非独立式后悬架可以简单地理解为左、右两个车轮间有硬轴进行刚性连接,两个车轮间不是相互独立的。从结构上看,两个车轮间会发生运动干涉,但其结构简单,有更好的刚性和通过性,如图2-3所示。

图 2-2　独立式后悬架结构　　　　图 2-3　非独立式后悬架

(3)横臂式悬架。横臂式悬架系统是指车轮在汽车横向平面内摆动的独立悬架系统,按横臂数量的多少又分为双横臂式悬架系统和单横臂式悬架系统。单横臂式悬架系统如图2-4a)所示,其具有结构简单、侧倾中心高、有较强抗侧倾能力的优点,多应用在后悬架系统上,但由于不能适应高速行驶的要求,目前应用不多。

双横臂式悬架系统按上下横臂是否等长,又分为等长双横臂式和不等长双横臂式悬架系统。等长双横臂式悬架系统在车轮上下跳动时,能保持主销倾角不变,但轮距变化大(与单横臂式相似),造成轮胎磨损严重,现已很少用。对于不等长双横臂式悬架系统,只要适当选择、优化上下横臂的长度,并通过合理的布置,就可以使轮距及前轮定位参数变化均在可接受的限定范围内,保证汽车具有良好的行驶稳定性,目前已广泛应用在轿车的前后悬架系统上,部分运动型轿车及赛车的后轮也采用这种悬架系统结构。双横臂式悬架系统如图2-4b)所示。

a)单横臂式悬架系统　　b)双横臂式悬架系统

单纵臂式独立悬架结构

图 2-4　横臂式后悬架结构

(4)纵臂式悬架系统。纵臂式悬架系统是指车轮在汽车纵向平面内摆动的悬架系统结构,又分为单纵臂式和双纵臂式两种形式。单纵臂式悬架系统如图2-5所示。当车轮上下跳动时,会使主销后倾角产生较大的变化,因此,单纵臂式悬架系统多应用在后悬架上。双纵臂式悬架系统的两个摆臂一般制成等长的,形成一个平行四边形结构,这样,当车轮上下跳动时,主销后倾角保持不变,多应用在转向轮上。

图2-5　单纵臂式悬架结构

(5)多连杆式悬架系统。多连杆式悬架系统是由3~5根杆件组合起来控制车轮位置变化的悬架系统,如图2-6所示。后悬架一般为4连杆式或5连杆式独立悬架。多连杆式悬架是通过对连接运动点的约束角度设计使得悬架在压缩时能主动调整车轮定位,使得车轮与地面尽可能保持垂直、贴地性,具有出色的操控性。多连杆悬架能最大限度地发挥轮胎抓地力从而提高整车的操控极限,是所有悬架设计中最好的,不过,其结构复杂,制造成本也高。一般中小型轿车出于成本和空间考虑,很少使用这种悬架。

(6)扭转梁式悬架。扭转梁式悬架的结构特点是两个车轮之间没有硬轴直接相连,而是通过一根扭转梁进行连接,扭转梁可以在一定范围内扭转。但如果一个车轮遇到非平整路面时,之间的扭转梁仍然会对另一侧车轮产生一定的干涉,严格意义上说,扭转梁式悬架属于半独立式悬架,如图2-7所示。

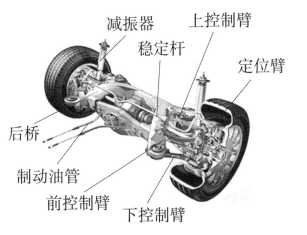

图2-6　多连杆式悬架结构

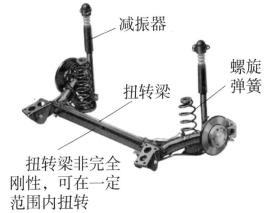

图2-7　扭转梁式悬架结构

扭转梁式悬架相对于独立式悬架来说舒适性要差一些,不过其结构简单可靠,也不占空间,而且维修费用也比独立悬架低,所以,扭转梁悬架多用在小型车和紧凑型车的后桥上。

❸ 后悬架的结构

汽车后悬架主要由副车架、螺旋弹簧、减振器、上摆臂、纵摆臂和辅助臂等组成。

(1)北京现代 ix35 车型后悬架,如图 2-8 所示。

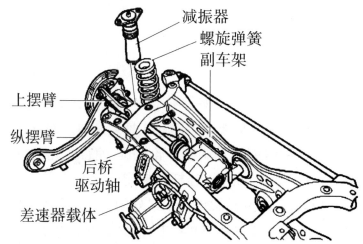

图 2-8　北京现代 ix35 车型后悬架结构

(2)北京现代朗动车型后悬架,如图 2-9 所示。

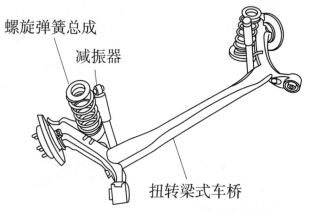

图 2-9　北京现代朗动车型后悬架结构

二 任务实施

❶ 准备工作

(1)将实训车辆停放在维修区域。

(2)检查举升机工作是否正常,安全机构工作是否正常。

(3)准备常用工具套件、车轮挡块、翼子板垫布及防护三件套等。

❷ 技术要求与注意事项

(1)在使用车辆的举升机前应清除举升机附近妨碍作业的器具及杂物,并检查操作手柄是否正常。操作机构灵敏有效,液压系统不允许有爬行现象。支车时,四个支脚应在同一平面上,调整支脚胶垫高度使其接触车辆底盘支撑部位。支车时,车辆不可支得过高,支起后四个托架要锁紧。待举升车辆驶入后,应将举升机支撑块调整移动对正该车型规定的举升点。举升时人员应离开车辆,举升到需要高度时,必须插入保险锁销,并确保安全可靠才可开始车底作业,支车时举升要稳,降落时要慢。

(2)使用各式气动工具,务必遵照各种安全规定及使用说明操作。要选用适当的工具工作,工具过大容易造成工件伤害,工具过小容易致使工具损害。气动工具由于具有转速高、转矩大、噪声大等特点,要求使用人员在使用前佩戴好防护眼镜、纱线手套、耳塞等。

(3)各螺栓务必按照规定力矩进行拧紧,安装或拆卸必须遵循相关的顺序。

❸ 操作步骤

(1)后悬架减振器的拆卸(以北京现代朗动车型为例)。

①拆卸后车轮,如图 2-10 所示。注意不要损坏轮毂螺栓。规定力矩:88.3~107.9N·m。

②拧下螺栓,从车架上拆卸后减振器 A,如图 2-11 所示。螺栓规定力矩:98.1~117.7N·m。

 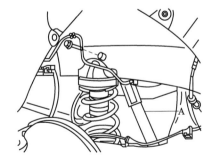

图 2-10 拆卸后车轮　　图 2-11 拆卸后减振器

③拧下螺栓与螺母,从扭转梁式车桥上拆卸后减振器 A,如图 2-12 所示。螺母规定力矩:98.1~117.7N·m。

④按拆卸的相反顺序安装。

(2) 后悬架减振器的检查,如图2-13所示。

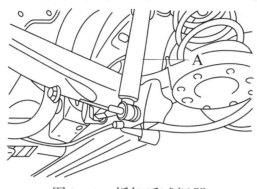
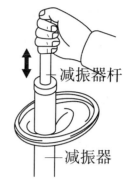

图2-12 拆卸后减振器　　图2-13 检查后减振器

检查部件是否损坏或变形。压缩和拉伸减振器杆,检查操作期间是否有异常阻力或发出异常噪声。

(3) 后悬架螺旋弹簧的检查,如图2-14所示。

检查螺旋弹簧是否有裂纹或变形。检查螺旋弹簧垫是否损坏或变形。

(4) 扭转梁式后悬架拆卸。

① 拧下驻车制动拉索固定螺栓,从制动钳上拆卸驻车制动拉索A,如图2-15所示。规定力矩:8.6~25.5N·m。

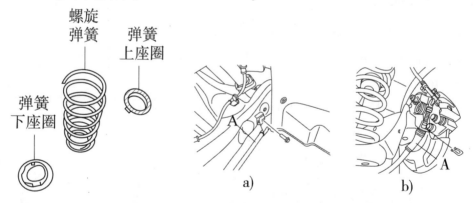

图2-14 检查后悬架　　图2-15 拆卸驻车制动拉索
　　　螺旋弹簧

② 拧下螺栓,拆卸轮速传感器线束。

③ 拧下螺栓A,从扭转梁式车桥上拆卸制动钳总成B,如图2-16所示。规定力矩:3.7~73.5N·m。

④ 拆卸后轮罩。

⑤ 使用专用工具支撑扭转梁式车桥,拧下固定螺栓,拆卸扭转梁式车桥A,如图2-17所示。规定力矩:137.3~156.9N·m。

⑥按拆卸的相反顺序安装。

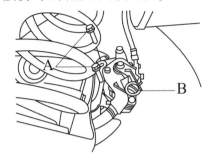 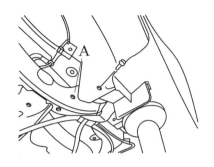

图 2-16　拆卸制动钳总成　　图 2-17　拆卸扭转梁式车桥

(5)后悬架目测检查。

①检查减振器有无渗油或漏油情况。

②检查减振器上下安装点的松动情况。

③检查后减振器外壳物理损坏情况。

④检查橡胶防尘套和缓冲块的工作情况。

⑤检查弹簧保护漆层是否腐蚀刮伤、是否有划痕及麻点。

⑥检查弹簧座圈上的橡胶垫是否有老化变形或损坏现象。

⑦检查后悬架安装支座是否有裂纹或松旷。

三　学习拓展——横向稳定杆

横向稳定杆又称防倾杆，是汽车悬架中的一种辅助弹性元件，如图 2-18 所示。其作用是防止车身在转弯时发生过大的横向侧倾，防止汽车横向倾翻和改善平顺性。横向稳定杆是用弹簧钢制成的扭杆弹簧，形状呈 U 形，横置在汽车的前端和后端。杆身的中部用套筒与车架铰接，杆的两端分别固定在左右悬架上。当车身只做垂直运动时，两侧悬架变形相同，横向稳定杆不起作用。当车身侧倾时，两侧悬架跳动量不一致，横向稳定杆发生扭转，杆身的弹力成为继续侧倾的阻力，起到横向稳定的作用。

图 2-18　横向稳定杆(防倾杆)

一般的量产车都会装上横向稳定杆，但大多只限于前轮，目的是用来达成操控与舒适的妥协。横向稳定杆通常是固定在左右悬架的下臂，汽车在过弯时离心力会作用在汽车的滚动中心造成车身的侧倾，导致弯内轮和弯外轮的悬架拉伸和压缩，造成横向稳定杆的杆身扭转，利用杆身被扭转产生的反弹力来抑制车身侧倾。

横向稳定杆只有在作用时才会使悬架变硬，不像硬的弹簧会全面地使悬架变硬。如果要完全靠弹簧来减少车身的侧倾,可能需要非常硬的弹簧,更要用阻尼系数很高的避振器来抑制弹簧的弹跳,这样一来,就必须去承受硬的弹簧和避振器所造成舒适性不良的后遗症。但是,如果配合适当的横向稳定杆,不但可以减少侧倾,更不必牺牲应有的舒适性和循迹性。因此,横向稳定杆和弹簧的搭配是达成舒适性和操控性妥协的最可行方法。

四 评价与反馈

❶ 自我评价

(1)通过本学习任务的学习,你是否已经知道以下问题:
①后悬架的结构及组成有哪些型式?_____
_____。
②后悬架的检查有哪些内容?_____
_____。
(2)汽车后悬架拆装操作过程中用到了哪些设备?
_____。
(3)汽车后悬架检查测量完成情况如何?
_____。
(4)通过本学习任务的学习,你认为自己的知识和技能还有哪些欠缺?
_____。

签名:_____　　　____年____月____日

❷ 小组评价(表2-1)

小组评价表　　　　　　　表2-1

序号	评价项目	评价情况
1	着装是否符合要求	
2	是否能合理规范地使用仪器和设备	
3	是否按照安全和规范的流程操作	
4	是否遵守学习、实训场地的规章制度	
5	是否能保持学习、实训场地整洁	
6	团结协作情况	

参与评价的同学签名:_____　　____年____月____日

项目一 汽车悬架系统的检修

3 教师评价

_____
_____。

教师签名：_____　　　_____年___月___日

五 技能考核

根据学生完成实训任务的情况对学习效果进行评价。技能考核标准见表2-2。

技能考核标准　　　　表2-2

序号	项目	操作内容	规定分	评分标准	得分
1	后悬架减振器拆装检查	车辆、工具、器材准备	3分	工具准备是否齐全	
		安全检查确认	3分	安全检查是否到位	
		后悬架减振器拆装检查	20分	严格按照技术标准流程	
		现场5S管理	3分	是否进行此操作	
		综合能力表现	4分	分别按突出表现进行加分	
2	后悬架摆臂稳定杆拆装检查	车辆、工具、器材准备	3分	工具准备是否齐全	
		安全检查确认	3分	安全检查是否到位	
		摆臂、稳定杆拆装检查	20分	严格按照技术标准流程	
		现场5S管理	3分	是否进行此操作	
		综合能力表现	4分	分别按突出表现进行加分	

续上表

序号	项目	操作内容	规定分	评分标准	得分
3	后悬架扭转梁拆装检查	车辆、工具、器材准备	3分	工具准备是否齐全	
		安全检查确认	3分	安全检查是否到位	
		后悬架扭转梁拆装检查	21分	严格按照技术标准流程	
		现场5S管理	3分	是否进行此操作	
		综合能力表现	4分	分别按突出表现进行加分	
	总分		100分		

学习任务3　汽车悬架的故障诊断与排除

学习目标

知识目标

1. 熟悉汽车悬架常见故障现象、引发原因；
2. 知道汽车悬架常见故障排除流程、方法等相关知识。

技能目标

1. 熟悉维修手册的使用方法；
2. 掌握悬架常见故障诊断方法与流程；
3. 掌握悬架常见故障排除方法。

建议课时

6课时。

一　理论知识准备

1　前悬架有噪声

(1) 现象:汽车在行驶过程中,特别是道路颠簸、突然制动、转弯时,从前悬架部位发出噪声。

(2) 原因:前减振器、转向节、下摆臂(梯形臂)的连接螺栓松动;前减振器漏油严重或前减振器活塞杆与缸筒磨损严重;下摆臂(梯形臂)的前后橡胶衬套磨损、老化或损坏;螺旋弹簧失效或折断。

(3) 排除方法:如果前减振器、转向节、下摆臂(梯形臂)的连接螺栓松动,则重新紧固各松动螺栓;如果前减振器漏油严重或前减振器活塞杆与缸筒磨损严重,则需更换前减振器;如果下摆臂(梯形臂)的前后橡胶衬套磨损、老化或损坏,则需更换橡胶衬套;如果螺旋弹簧失效或折断,则需要更换螺旋弹簧。

2　前轮自动跑偏

(1) 现象:汽车行驶时,不能保持直线行驶方向,而自动偏向一边。

(2) 原因:两前轮的气压不一致;两前轮轮胎磨损不一致;左右螺旋弹簧损坏或产生永久变形;左右前减振器损坏或变形;前轮定位角不正确;横向稳定杆橡胶套损坏或固定螺栓松动。

(3) 排除方法:若两前轮的气压不一致导致跑偏,则将两前轮均充气至正常气压;若两前轮轮胎磨损不一致,则需要更换相同的轮胎;若左右螺旋弹簧损坏或产生永久变形,则需要两边一起更换螺旋弹簧;若左右前减振器损坏或变形,则需要更换前减振器;如果前轮定位角不正确,则需要重新检查和调整前轮定位角;若横向稳定杆橡胶套损坏或固定螺栓松动,则需要更换橡胶套并重新紧固螺栓。

(4) 检查程序:前轮自动跑偏检查流程如图3-1所示。

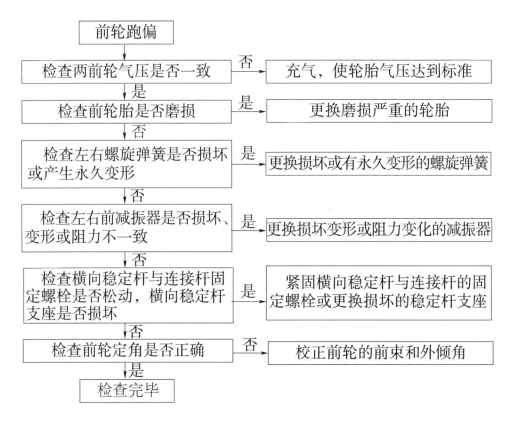

图 3-1 前轮自动跑偏检查程序

❸ 前轮摆动

(1)现象:汽车行驶时,在达到某一速度后出现转向盘发抖、摆振。

(2)原因:轮辋的螺栓松动;前悬架的螺栓(螺母)松动;前轮毂轴承磨损;车轮轮辋产生偏摆;车轮不平衡;下摆臂(梯形臂)的球头销(球接头)磨损或松动;转向横拉杆球头销磨损或松动;前轮定位角不正确。

(3)排除方法:如果轮辋的螺栓松动,则需要按规定力矩和顺序紧固轮辋螺栓;如果前悬架的螺栓(螺母)松动,则需要紧固转向节、前减振器及下摆臂(梯形臂)的紧固螺栓(螺母);如果前轮毂轴承异常磨损,则需要更换轴承;如果车轮轮辋产生偏摆,则需要更换轮辋;如果车轮不平衡,则需要用轮胎平衡仪进行车轮的平衡;如果下摆臂(梯形臂)的球头销(球接头)磨损或松动,则需要更换球头销(球接头);如果转向横拉杆球头销磨损或松动,则需要更换球头销;如果前轮定位角不正确,则需要校正前轮的定位角。

(4)检查程序:前轮摆动检查程序如图 3-2 所示。

项目一　汽车悬架系统的检修

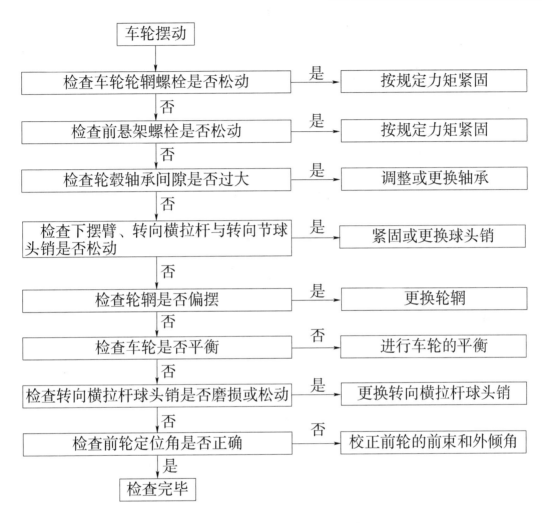

图 3-2　前轮摆动检查程序

4 后轮摆动

(1) 现象：汽车保持直线行驶时，当达到某一速度后，感觉后轮有明显的左右摆动。

(2) 原因：后轮轮辋偏摆；后车轮不平衡；后摆臂上短轴变形；后轮毂轴承间隙过大；后桥体变形；后减振器失效；纵摆臂与后轴管支架总成间的滚针轴承损坏或磨损。

(3) 排除方法：如果后轮轮辋偏摆，则需更换后轮轮辋；如果后车轮不平衡，则需要进行后车轮平衡；如果后摆臂上短轴变形，则需要更换短轴；如果后轮毂轴承间隙过大，则需要进行后轮毂轴承间隙调整；如果后轮毂轴承损坏，需要更换轴承；如果后桥体变形，则更换后桥体；如果后减振器失效，则更换后减振器;如果纵摆臂与后轴管支架总成间的滚针轴承损坏或磨损,则需要更换滚针轴承。

(4)检查程序:后轮摆动的检查程序如图3-3所示。

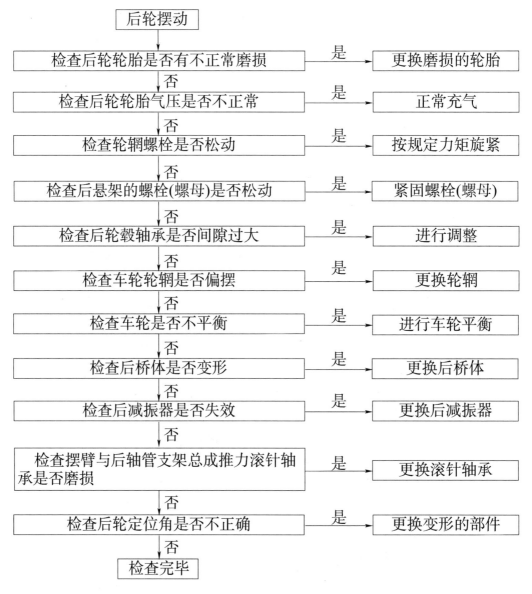

图3-3 后轮摆动的检查程序

5 后悬架噪声

(1)现象:汽车在行驶过程中,特别是道路颠簸、突然加速、转弯时从后悬架部位发出噪声。

(2)原因:后减振器漏油或损坏;后减振器缓冲套损坏;后轮毂轴承损坏;后

桥体橡胶支撑损坏；后减振器的螺旋弹簧损坏；纵摆臂与后轴管支架之间的滚针轴承损坏；扭杆与纵摆臂、后轴管支架总成的花键磨损松动；后悬架各紧固螺栓（螺母）松动。

（3）排除方法：如果后减振器漏油或损坏，则更换后减振器；如果后减振器缓冲套损坏，则更换缓冲套；如果后轮毂轴承损坏，则更换轴承；如果后悬架各紧固螺栓（螺母）松动，则紧固螺栓（螺母）；如果后桥体橡胶支撑损坏，则需要更换后桥体橡胶支撑；如果后减振器的螺旋弹簧损坏，需要更换螺旋弹簧；如果扭杆与纵摆臂、后轴管支架总成的花键磨损松动，则需要更换扭杆；如果纵摆臂与后轴管支架之间的滚针轴承损坏，需要更换滚针轴承。

（4）检查程序：后悬架噪声的检查程序如图3-4所示。

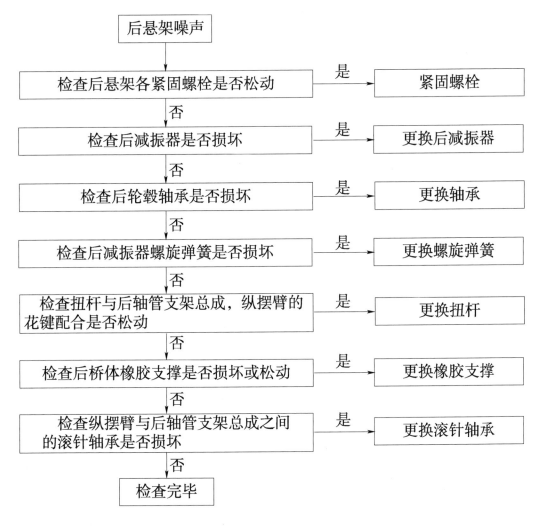

图3-4　后悬架噪声的检查程序

二 任务实施

❶ 准备工作

（1）将实训车辆停放在维修区域。
（2）检查举升机工作是否正常，安全机构工作是否正常。
（3）准备常用工具套件、车辆挡块、翼子板布及防护三件套等。

❷ 技术要求与注意事项

对汽车悬架系统的检修主要包括：故障现象确认、基本检查、故障分析诊断与部件拆装更换等内容。检修时，要先排除转向系统与轮胎方面的影响因素。悬架检修时的注意事项如下：

（1）首先要进行轮胎气压、动平衡测试；
（2）如果拆卸螺旋弹簧，一定要要用专用夹具夹住，注意安全操作；
（3）必要时进行四轮定位检测。

❸ 操作步骤

（1）初步检查。悬架系统发生故障时可能涉及悬架系统、转向系统及轮胎等，在故障诊断时，要综合考虑这些因素。所以，维修之前必须先进行路试，如果有条件，应该请客户一起路试，确认和排除非悬架系统原因产生的故障。首先，进行以下技术检查，之后，再按照技术规范进行悬架系统检修。

①基本检查。检查轮胎压力是否合适，轮胎磨损是否均匀，如果压力不符合规定，应将轮胎充气至合适的压力；检查转向柱与转向机之间的连接是否过松或磨损，如果过松，紧固中间轴夹紧螺栓，必要时更换中间轴；检查前后悬架系统、转向机和连杆等零件是否过松或损坏，如果过松，对前、后悬架系统、转向机装配架、连接凸缘夹紧螺栓进行紧固，必要时可更换前后悬架系统、转向机以及中间轴；检查轮胎圆度，执行自由跳动测试，配装轮胎；检查轮胎是否失衡，车轮是否有变形，车轮轴承是否有磨损或装配过松，如果失衡，要平衡车轮，如果车轮变形，必须更换车轮，如果车辆轴承有磨损或装配过松，应更换车轮轴承；检查动力转向泵传动带张紧度，如果张紧度不符合要求，张紧动力转向泵传动带；检查动力转向系统是否泄漏，检查动力转向泵液压油的液面高度，如果发现有泄漏，应修理漏油位置，并对动力转向机进行测试，如果转向泵液面过低，应添加动力转向液。

②轮胎异常或严重磨损检查。如果汽车轮胎异常或严重磨损，应进行如下

检查:检查前轮和后轮定位,如果定位不符合规定,应对前、后轮重新定位;检查前后轮前束是否过大,如果前束过大,应对前后轮前束进行调整;检查螺旋弹簧是否折断或下垂,如有此现象,应更换螺旋弹簧;检查轮胎是否不平衡,如果轮胎动不平衡,应平衡轮胎;检查支柱减振器是否磨损,如果磨损,更换支柱减振器;检查轮胎气压是否过低,如果过低,应将轮胎充气至合适的压力。

③摆动或方向性差检查。如果发现摆动或方向性差,应进行如下检查:检查轮胎是否不匹配,如果发现轮胎不匹配,应更换轮胎;检查球节和转向横拉杆端头是否润滑不足,如润滑不足,需加足润滑油;检查支柱减振器是否磨损,如有磨损,更换支柱减振器;检查稳定轴连杆是否过松,如过松,紧固稳定轴连杆;检查螺旋弹簧是否折断或下垂,如有此现象,更换减振螺旋弹簧;检查转向装置预紧力调整,如不符合标准数据,调整执行齿条预紧力;检查前轮和后轮定位,如定位不符合规定,应对前、后轮进行定位。

④轮胎摆振、摇振或颤动检查。如果发现轮胎摆振、摇振或颤动,应进行如下检查:检查轮胎或车轮是否不平衡,如果不符合要求,需要平衡轮胎;检查轮毂跳动是否过大,测量轮毂凸缘跳动,必要时更换轮毂;检查制动鼓或制动盘是否严重失衡,如果失衡,应调整制动器,必要时更换制动盘或制动鼓;检查转向横拉杆端头是否磨损,如发现磨损,应更换外转向横拉杆;检查下球节是否磨损,如果有磨损现象,更换下球节;检查车轮跳动情况,测量车轮跳动量,如跳动量过大,应更换车轮;检查在承载条件下轮胎和车轮总成的径向跳动,如径向跳动过大,应重新配装轮胎和车轮总成。

⑤前悬架系统有异常噪声。如果发现前悬架系统有异常噪声,应进行如下检查:检查球节和转向横拉杆端头润滑情况,如果润滑不足,更换球节和外转向横拉杆;检查悬架部件是否损坏,如果有损坏,更换损坏的悬架部件;检查控制臂衬套或转向横拉杆端头是否磨损,如果有磨损,更换控制臂衬套或转向横拉杆;检查稳定轴连杆是否松动,如果过松,需要紧固稳定轴连杆;检查车轮螺栓是否松动,如果过松,紧固车轮螺栓;检查悬架螺栓或螺母是否松动,如果过松,紧固悬架螺栓或螺母;检查支柱减振器或支柱座是否磨损,如果有磨损,更换支柱减振器,并紧固支柱座螺栓;检查支柱弹簧是否错位,如果有错位,需要将支柱弹簧调整到合适位置。

(2)悬架工作情况检查。

①将车辆停驻在水平地面上,施加驻车制动。

②将双手放在一个车轮上方的车身上,然后迅速地用力下压车身,使车身在

弹簧上跳振。下压车身时,注意不要使车身镶板变形或以其他方式损坏车身镶板。

如果车辆安装有后车门,直接触摸到每个后车轮上方的车身可能并不容易。打开后车门,在离后车轮最近位置的后车门口下压后车门。

③粗略地测量车辆从开始上下振动至停止振动所持续的时间。

④在车辆的每一角重复该步骤。

(3)减振器工作情况检查及拆装与更换。

①举升车辆,拆卸车轮。

②目视检查下列项目:减振器油液是否渗漏,连杆、悬架臂以及相关的零件是否变形和损坏,橡胶轴套是否老化和损坏。

③抓住悬架部件并摇动这些部件,检查其是否松动。

④使用力矩扳手检查紧固件的拧紧力矩,将任何松动之处拧紧。

减振器是可伸缩的,油液渗漏主要发生在减振器内外管之间的间隙内。渗漏的油液往往由于有灰尘而变黑。手沿着连杆、悬架臂和相关的零件移动并目视比较车辆左右两侧对应的零件,检查其是否变形。连杆和悬架臂不可能变形,除非受到严重的撞击。所以,如果连杆或悬架臂变形,附近的部件也可能受到影响。因此,检查包括车身在内的附近所有部件是十分重要的。不要将检查局限在悬架系统。

(4)悬架部件检查更换。下面以汽车前悬架下臂球节的检查与更换为例进行悬架故障排除。

①拆卸前悬架下臂球节,按照下列顺序拆卸前悬架下臂球节。

拆卸前轮;拆卸前桥轮毂螺母;分离前轮转速传感器;分离横拉杆接头分总成;分离前盘式制动器制动钳总成;拆卸前制动盘;分离前悬架下臂;拆卸前桥总成;拆卸前下球节;用台虎钳固定前桥总成(小心:使用台钳时不要过度夹紧);拆下开口销和螺母;如图3-5所示,将SST工具安装至前下球节(小心:检查并确保SST工具和前桥总成间的间隙测量值为1mm)。

用SST工具从前桥总成上拆下前下球节,SST09960-20010(09961-02010,09961-02050)。

注意:安装SST工具使A和B平行;确保将扳手放至如图3-6所示的位置;不要损坏前下球节防尘罩。

②检查前悬架下臂球节。检查球节的力矩。用铝板将前下球节固定在台钳上。将螺母安装至前下球节球头销。用力矩扳手以3~5s一圈的速度连续转动

螺母,并在第五圈时读取力矩,读数为 0.98~3.40N·m。

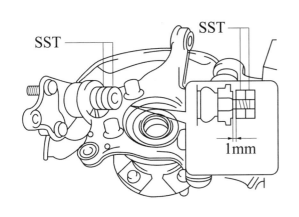 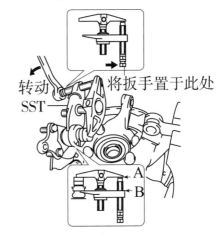

图 3-5　将 SST 安装至下球节　　　　图 3-6　拆卸前下球节

提示:如果力矩不在规定范围内,换上新的前下球节。

检查防尘罩。检查并确认防尘罩无裂纹且其上没有润滑脂,如图 3-7 所示。

③安装前悬架下臂球节。

a. 安装前悬架下臂球节。用台钳固定前桥总成(小心:使用台钳时不要过度夹紧)。用螺母将前下球节安装至前桥总成,力矩为 133N·m。安装新的开口销(小心:如果开口销孔没有对齐,将螺母进一步拧紧,最多可拧紧 60°),如图 3-8 所示。

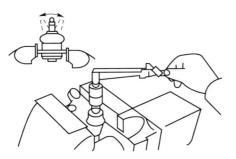 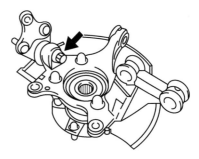

图 3-7　检查前悬架下臂球节　　　　图 3-8　安装新的开口销

b. 安装前桥总成。

c. 安装前悬架下臂。

d. 安装横拉杆接头分总成。

e. 安装前制动盘。

f. 安装前盘式制动器制动钳总成。

g. 安装前轮转速传感器。

h. 安装前桥轮毂螺母。

i. 安装前轮,轮胎螺母拧紧力矩为103N·m。

j. 检查并调整前轮定位,检查转速传感器信号。

三 学习拓展——麦弗逊悬架

麦弗逊悬架(MacPhersan)是现在非常常见的一种独立悬架型式,大多应用在车辆的前轮。简单地说,麦弗逊式悬架主要由螺旋弹簧、减振器及A字下摆臂组成,如图3-9所示。减振器可以避免螺旋弹簧受力时向前、后、左、右偏移的现象,限制弹簧只能作上下方向的振动,并且可以通过对减振器的行程、阻尼以及搭配不同硬度的螺旋弹簧对悬架性能进行调校。

麦弗逊悬架最大的特点就是体积比较小,有利于对比较紧凑的发动机舱布局。不过,也正是由于结构简单,对侧向不能提供足够的支撑力度,因此,转向侧倾以及制动点头现象比较明显。

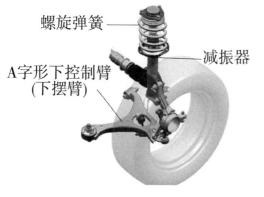

图3-9 麦弗逊悬架

麦弗逊式悬架是为适应前置发动机前轮驱动(FF)车型的出现而诞生的。FF车型不仅要求发动机要横向放置,而且还要增加变速器、差速器、驱动机构、转向机,以往的前悬架空间不得不加以压缩并大幅删掉,因此,工程师才设计出节省空间、低成本的麦弗逊式悬架,以符合汽车需求。

麦弗逊(Macphersan)是这套悬架系统发明者的名字,1891年麦弗逊出生在美国伊利诺伊州。大学毕业后,他曾在欧洲搞了多年的航空发动机,并于1924年加入通用汽车公司的工程中心。

20世纪30年代,通用的雪佛兰汽车公司想设计一种真正的小型汽车,总设计师就是麦弗逊。他对设计小型轿车非常感兴趣,目标是将这种四座轿车的质量控制在0.9t以内,轴距控制在2.74m以内。设计的关键是悬架。麦弗逊一改当时盛行的板簧与扭杆弹簧的前悬架方式,创造性地将减振器和螺旋弹簧组合在一起装在前轴上。

实践证明,这种悬架形式的构造简单,占用空间小,而且操纵性很好。后来,麦弗逊跳槽到福特公司,1950年福特公司在英国的子公司生产的两款车,是世界上首次使用麦弗逊悬架的商品车。

四 评价与反馈

❶ 自我评价

(1)通过本学习任务的学习,你是否已经知道以下问题:

①悬架故障有哪些形式?_____
_____。

②悬架故障有哪些基本检查项目和内容?_____
_____。

(2)汽车悬架故障诊断操作过程中用到了哪些设备?_____
_____。

(3)通过本学习任务的学习,你认为自己的知识和技能还有哪些欠缺?
_____。

     签名:_____ _____年____月____日

❷ 小组评价(表3-1)

小组评价表   表3-1

序号	评 价 项 目	评 价 情 况
1	着装是否符合要求	
2	是否能合理规范地使用仪器和设备	
3	是否按照安全和规范的流程操作	
4	是否遵守学习、实训场地的规章制度	
5	是否能保持学习、实训场地整洁	
6	完成工作任务情况	

  参与评价的同学签名:_____ _____年____月____日

❸ 教师评价

_____
_____。

    教师签名:_____ _____年____月____日

五 技能考核

根据学生完成实训任务的情况对学习效果进行评价。技能考核标准见表3-2。

技能考核标准   表3-2

序号	项目	操作内容	规定分	评分标准	得分
1	悬架基本检查	车辆、工具、器材准备	3分	工具准备是否齐全	
		安全检查确认	3分	安全检查是否到位	
		悬架基本项目检查内容和检查要求	24分	明确悬架初步检查内容；严格按照技术标准流程	
		现场5S管理	3分	是否进行此操作	
		综合能力表现	4分	分别按突出表现进行加分	
2	前悬架下臂球节的检查与更换	车辆、工具、器材准备	3分	工具准备是否齐全	
		安全检查确认	3分	安全检查是否到位	
		故障现象确认	20分	思路清晰,方法得当,操作合理,分析正确	
		前悬架下臂球节的拆卸、检查与更换	30分	严格按照技术标准流程,最后检查故障是否排除	
		现场5S管理	3分	是否进行此操作	
		综合能力表现	4分	分别按突出表现进行加分	
		总分	100分		

学习任务 4　电控悬架的检修

学习目标

★ **知识目标**

1. 熟悉汽车电控悬架系统结构组成；
2. 了解汽车电控悬架系统工作原理；
3. 掌握汽车电控悬架系统故障诊断方法；
4. 熟悉电控悬架维护检查技术流程和规范。

★ **技能目标**

1. 熟悉《维修手册》的使用方法；
2. 学会对汽车电控悬架系统进行检测；
3. 学会汽车电控悬架系统故障诊断流程。

建议课时

6课时。

任务描述

一辆雷克萨斯轿车行驶里程35684km，车主反映电控悬架系统车身高度控制不起作用，以前没有出现类似故障现象。现在请根据车主反映的情况，进一步检查确认故障现象，并按照规范流程检修电控悬架系统。

一　理论知识准备

1 电子控制悬架系统的作用

传统的汽车悬架一般具有固定的弹簧刚度和减振阻尼力，它只能保证在一种特定的道路状态和速度下达到性能最优，因而，不能同时满足汽车行驶平顺性和操纵稳定性的要求。例如降低弹簧刚度,平顺性会更好,乘坐更舒适,但会使操纵稳定性变差;增加弹簧刚度,虽可提高操纵稳定性,但会使车辆对路面不平度更敏感,平顺性降低。因此,理想的悬架系统应在不同的行驶条件下具有不同的弹簧刚度和减振器阻尼力,以同时满足平顺性与操纵稳定性的要求。

电控悬架系统通过对悬架系统参数进行实时控制,使悬架的刚度、减振器的阻尼系数、车身高度能随汽车的载荷、行驶速度、路面状况等行驶条件变化而变化,使悬架性能总是处于最佳状态,同时满足汽车的行驶平顺性、操纵稳定性等方面的要求。电控悬架的控制功能如图4-1所示。目前,中级轿车上采用的电控悬架(半主动悬架)一般只能实现减振器阻尼力的调节功能和横向稳定器侧倾刚度的调节,而一些高级轿车上的电控悬架(主动悬架)则能实现上述全部功能。

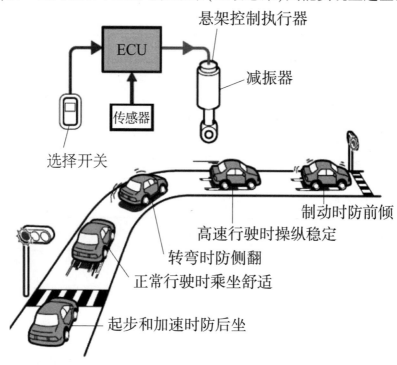

图4-1 电控悬架的控制功能

❷ 电子控制悬架系统的分类

(1)根据控制目的不同,可分为:车高控制系统、刚度控制系统、阻尼控制系统、综合控制系统等。

(2)根据悬架系统的结构型式,可分为:电控空气悬架系统和电控液压悬架系统。

(3)根据控制系统有源或无源,可分为四类:全主动悬架系统(有源主动悬架)、慢主动悬架系统(部分有源主动悬架)、半主动悬架系统(无源主动悬架)和馈能型主动悬架系统。

①半主动悬架系统是指悬架元件中的弹簧刚度和减振器阻尼力之一可以根据需要进行调节。

②全主动悬架系统则能根据需要自动调节弹簧刚度和减振器阻尼力,主动悬架兼顾汽车的平顺性与操纵稳定性。

全主动悬架系统的性能明显优于半主动悬架系统。

车辆悬架的分类如图4-2所示。

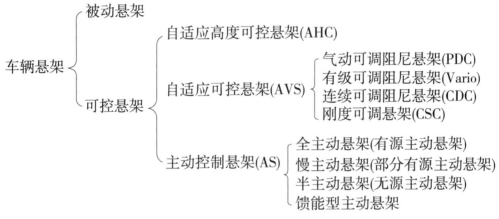

图4-2 悬架的分类

❸ 电子控制悬架系统功能

电子控制悬架系统为空气弹簧主动悬架,可以根据行驶条件自动控制弹簧刚度、减振器阻尼力及车身高度,以抑制加速时后坐、制动时点头、转向时侧倾等汽车行驶状态的不利变化,明显改善乘坐舒适性和操纵稳定性。

1)系统控制功能

电控悬架系统主要对车速及路面感应、车身姿态、车身高度三个方面进行控制。

(1)车速与路面感应控制。

①当车速高时,提高弹簧刚度和减振器阻尼力,以提高汽车高速行驶时的操纵稳定性。

②当前轮遇到凸起时,减小后轮悬架弹簧刚度和减振器阻尼力,以减小车身的振动和冲击。

③当路面状况差时,提高弹簧刚度和减振器阻尼力,以抑制车身的振动。

(2)车身姿态控制。

①转向时侧倾控制:急转向时,提高弹簧刚度和减振器阻尼力,以抑制车身

的侧倾。

②制动时点头控制：紧急制动时，提高弹簧刚度和减振器阻尼力，以抑制车身的点头。

③加速时后坐控制：急加速时，提高弹簧刚度和减振器阻尼力，以抑制车身的后坐。

(3) 车身高度控制。

①高速感应控制：车速超过90km/h，降低车身高度，以减少空气阻力，提高汽车行驶的稳定性。

②连续差路面行驶控制：车速在40～90km/h，提高车身高度，以提高汽车的通过性；车速在90km/h以上，降低车身高度，以满足汽车行驶的稳定性。

③点火开关控制：驻车时，当点火开关关闭（OFF）后，降低车身高度，便于乘客的乘降。

④自动高度控制：当乘客和载质量变化时，保持车身高度恒定。

2）控制系统操作

雷克萨斯LS400的电控悬架系统有三个操作开关：高度选择开关、高度控制开关和模式控制开关。

高度选择开关（ON/OFF）安装在汽车尾部行李舱的左边。当高度选择开关处于ON位置时，系统可按选择方式进行车身高度自动控制；当高度选择开关处于OFF位置时，系统不执行车身高度控制。

高度控制开关和模式控制开关安装在驾驶室内变速操纵杆的旁边。

高度控制开关用于选择控制车身高度。当高度控制开关处于HIGH（高）位置时，系统对车身高度进行"高值自动控制"；当高度控制开关处于NORM时，车身高度则进入"常规值自动控制"状态。

模式控制（LRC）开关用于选择控制悬架的刚度、阻尼力参数。当模式控制（LRC）开关处于"SPORT"位置时，系统进入"高速行驶自动控制"；当模式控制（LRC）开关处于"NORM"位置时，系统对悬架刚度、阻尼力进行"常规值自动控制"。此时，悬架ECU根据车速传感器等信号，使悬架的刚度、阻尼力自动地处于软、中或硬3种状态。

4 电子控制悬架系统组成及工作原理

1）系统组成

虽然现代汽车电控悬架系统结构型式多种多样，但它们的基本组成却是相同的，即由感应汽车运行状况的各种传感器、开关、电子控制单元及执行机构等组成。传感器一般有车身高度传感器、车速传感器、加速度传感器、转向盘转角传感器、节气门位置传感器等;开关主要有模式选择开关、制动灯开关、停车开关和车门开关等;执行机构有可调节减振器阻尼力的电动机,可调节弹簧刚度的步进电动机和可调节车身高度的电磁阀等。雷克萨斯 LS400 轿车悬架电子控制系统组成如图 4-3 所示。

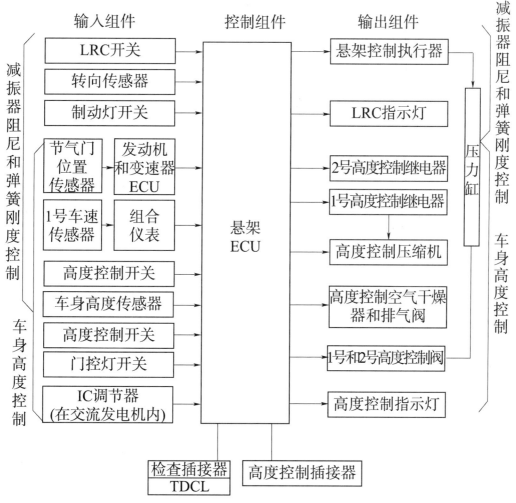

图 4-3 雷克萨斯轿车主动悬架系统组成

2)工作原理

利用各种传感器(包括开关)检测汽车行驶时路面的状况和车身的状态,输入悬架 ECU 后进行处理,然后通过驱动电路控制悬架系统的执行器动作,完成悬架特性参数的调整,如图 4-4 所示。

3)电控悬架系统主要元件分布

电控悬架系统元件在车上的位置如图 4-5 所示。

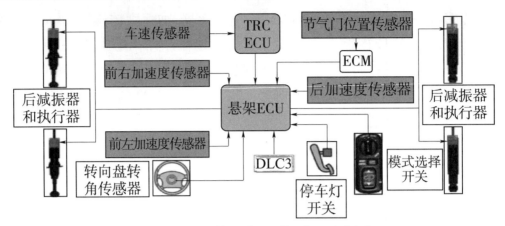

图 4-4　电控悬架工作原理示意图

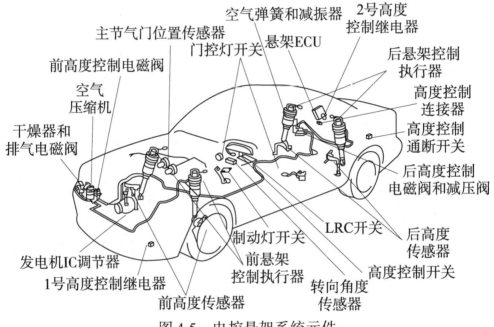

图 4-5　电控悬架系统元件

①车身高度指示灯。指示灯位于组合仪表上,用于指示所选择的车身高度。当高度控制开关的位置改变时,指示灯能马上指示出所切换到的位置,但到达所设定的车身高度需要一定的时间。

②LRC指示灯。此灯也位于组合仪表上,用于指示当前减振器和空气弹簧的工作模式("NORMAL AUTO"或"SPORT AUTO"),选择"SPORT AUTO"模式时灯亮,否则灯熄灭。

③高度控制插座。连接该插座上的相应端子,可以不通过ECU而直接控制空气压缩机电动机、高度控制电磁阀及排气电磁阀,从而使检修方便。此插座上还提供了用于清除存储器中故障码的端子。

④转向盘转角传感器。转向盘转角传感器采用光电式转向传感器,如图4-6所示。此传感器由带窄缝并随转向盘一起转动的圆盘和一对遮光器组成。每个遮光器又由相对安装的发光二极管和光敏晶体管组成,两元件间光的变化将被转变成通/断信号。带窄缝的圆盘在发光二极管和光敏晶体管之间旋转。当该盘随转向盘一起转动时,便控制着两元件间光的传导。两对遮光器有相位差,悬架ECU根据两遮光器输出信号的变化检测转向盘的转动方向和角度。

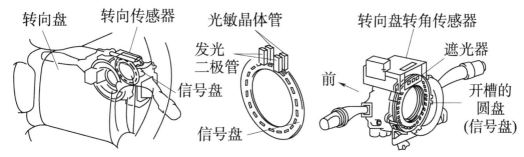

图4-6　转向盘转角传感器

⑤高度控制传感器。汽车的四个角各装有高度控制传感器。其通过不断地监测车身与悬架下臂间的距离,而测出车身高度的变化。高度控制传感器的结构与原理和转向盘转角传感器相似。每个传感器都由随连接臂一起转动带窄缝的圆盘和四对遮光器组成。圆盘在各遮光器的发光二极管和光敏晶体管间转动,高度控制传感器根据各遮光器输出的信号的不同组合,将车身的高度范围分成16个区,并送给ECU,如图4-7所示。

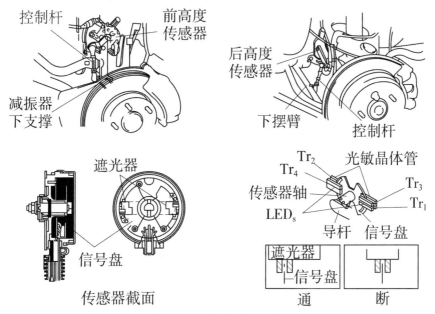

图4-7　高度传感器

⑥悬架电控单元(ECU)。悬架电控单元(ECU)用于控制减振器的阻尼力、悬架的刚度及车身高度。其具有故障自诊断功能。工作中一旦发现悬架的电子控制系统出现故障,ECU便将故障以代码形式存在内存中,并及时向驾驶人报警。ECU的失效保护功能使其在系统出现故障时暂停对悬架的控制。

⑦悬架控制执行器。悬架控制执行器(直流电动机式)装在各空气弹簧和减振器的上方,用于同时驱动减振器的转阀和空气弹簧的连通阀,以改变减振器的阻尼力和空气弹簧的刚度。

⑧空气弹簧。空气弹簧由充有低压氮气且阻尼特性可变的减振器、一个主气室和一个副气室组成。为了改变弹簧的弹性,在主气室与副气室之间装有连通阀,并由驱动器通过控制杆驱动。当阀门打开时,主、副气室连通,气室内的有效容积增大,弹簧的弹性系统降低。反之,当连通阀关闭时,仅有主气室中的空气容积是有效的,由于有效压缩容积减少,使得压力上升较快,从而使弹性系数增加。减振器阻尼系数的变化是靠改变活塞阻尼孔的开度来实现的,阻尼孔的开度则由控制杆驱动的转阀控制。车身高度的调节通过高度控制阀以及用以保持或释放主气室内压缩空气的排气阀实现,如图4-8所示。

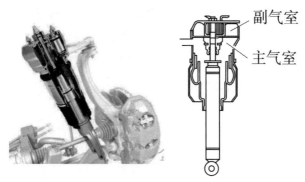

图4-8 空气弹簧

4)控制过程

①车身高度控制。车身高度控制系统由压缩机、干燥器、排气阀、1号高度控制继电器、2号高度控制继电器、1号高度控制阀、2号高度控制阀、前后左右四个空气弹簧、四个车身高度传感器及悬架ECU等组成。图4-9所示为车身高度控制系统示意图。

当点火开关接通时,ECU使2号高度控制继电器线圈通电,2号高度控制继电器触点闭合,使前、后、左、右四个高度传感器接通蓄电池电源。当车身高度需要上升时,从ECU的RCMP端子送出一个信号,使1号高度控制继电器接通,1号高度控制继电器触点闭合,压缩机控制电路接通产生压缩空气。ECU使高度控制电磁阀线圈通电后,电磁线圈将高度控制阀打开,并将压缩空气引向空气弹簧,从而使车身高度上升。

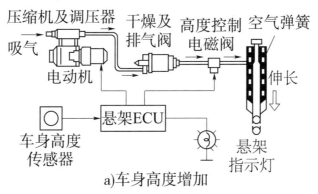

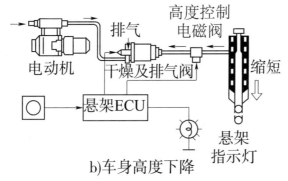

图 4-9 车身高度控制系统示意图

当车身高度需要下降时,ECU 不仅使高度控制阀电磁线圈通电,而且还使排气阀电磁线圈通电,排气阀电磁线圈使排气阀打开,将空气弹簧中的压缩空气排到大气中。

1 号高度控制阀用于前悬架控制,它有两个电磁阀分别控制左右两个空气弹簧。2 号高度控制阀用于后悬架控制,与 1 号高度控制阀一样,也有两个电磁阀。为了防止空气管路中产生不正常的压力,2 号高度控制阀中采用了一个溢流阀。

② 弹簧刚度和减振器阻尼力控制。悬架控制执行器(直流电动机式)装在各空气弹簧和减振器的上方,用于同时驱动减振器的转阀和空气弹簧的连通阀,ECU 将信号送至悬架控制执行器以同时驱动减振器的阻尼调节杆和空气弹簧的气阀控制杆,从而改变减振器的阻尼力和悬架弹簧刚度。

二 任务实施

1 准备工作

(1)将实训车辆停放在维修区域。

(2)检查举升机工作是否正常,安全机构工作是否正常。

(3)准备常用工具套件、车辆挡块、翼子板垫布及防护三件套等。

(4)准备常用的故障诊断仪。

❷ 技术要求与注意事项

对电控悬架系统的检修主要包括基本检查、故障自诊断、故障分析与电路故障诊断等。现代电控悬架系统都设有故障自诊断系统,随时监测系统的工作情况,为故障分析和排除提供了很好的参考和指导作用,只要在检修过程中注意正确的操作方法,就能迅速排除故障。

电控选件检修时的注意事项如下:

(1)当用千斤顶将汽车顶起时,应将高度控制开关拨到 OFF 位置。如果在高度控制开关拨到 ON 位置的情况下顶起汽车,则 ECU 中会记录一个诊断代码。如果记录了诊断代码,务必将它从存储器中清除掉。

(2)在放下千斤顶前,应将汽车下面所有的物件搬走。

(3)在开动汽车之前,应将汽车的高度调整到正常状态。

(4)脱开一个接触式空气管接头,再将它重新接上。在脱开和重新接上一个接触式空气管接头时,以遵守以下秩序:①拆开支座;②张开卡簧,缓慢地将管子直接拔出(在拔出管子时会喷出压缩空气)。

(5)前安全气囊传感器安装在空气悬架压缩机和 1 号车身高度控制阀上面,除非必要时,不要触及这个传感器。应按照 SRS 安全气囊维修中的说明,进行安全气囊传感器的所有操作。

❸ 操作步骤

以雷克萨斯 LS400 轿车电控悬架系统为例,介绍电控悬架系统的检修。

1)汽车电控悬架系统的基本检查

电控悬架的基本检查主要是针对悬架的基本功能、元件工作状态进行检查和调整,以便及时发现和解决问题,确保电控悬架系统正常工作。

首先进行初步检查,即轮胎充气压力是否正确,标准数据:前轮为 230kPa;后轮为 250kPa。

(1)汽车高度调整功能的检查。操作高度控制开关,检查执行动作响应时间和汽车高度的变化是否符合标准。首先检查轮胎气压,必要时进行调整。

检查汽车高度。起动发动机,将高度控制开关从"NORM"位置转换到"HIGH"位置,从操作高度控制开关到压缩机开始工作时间应约为 2s,从压缩机启动工作到完成高度调整时间应为20~40s,汽车高度的变化量应为10~30mm,否则进行调整,如图4-10所示。

汽车处于"HIGH"调整状态下,起动发动机并将高度控制开关从"HIGH"位置转换到"NORM"位置,从操作高度控制开关到开始排气时间约2s,从开始排气到完成高度调整时间应为20~40s,汽车高度变化量应为10~30mm,否则进行调整。

图4-10 高度调整功能检查

(2)汽车高度的调整。汽车高度的调整必须在水平路面,高度控制开关处于"NORM"位置时进行,务必将汽车高度调整到标准值范围内。

检查高度控制传感器连接杆长度,自由状态下两只锁紧螺母之间的距离,前为53.5mm,后为27.5mm。

松动高度控制传感器连接杆上的两只锁紧螺母。

转动高度控制传感器连杆的螺栓,以调节其长度,高度控制传感器连接杆每转一圈,可使汽车高度变化约4mm。

检查高度传感器连接杆的尺寸是否小于极限值(前、后均为13mm)。

拧紧锁紧螺母,再次检查汽车高度,必要时再次调整。调整完毕按规定为(440N·m)拧紧锁紧螺母,并确保球节与托架平行。

(3)溢流阀的检查。迫使压缩机工作,检查溢流阀的动作情况(该项检查过程中,悬架ECU会记录一个故障码,因此,完成检查后应将故障码按程序清除),如图4-11所示。

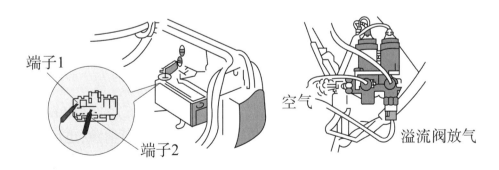

图4-11 溢流阀的检查

将点火开关置于ON,用导线将安装在行李舱中的高度控制连接器端子短接,接通压缩机控制电路,迫使其工作。

待压缩机工作一段时间后,溢流阀处应有空气放出,否则应检修或更换溢流阀。

(4)漏气检查。管路中一旦有漏气,将直接影响系统气压的建立和保持,影响悬架的正常调节功能,因此要经常检查系统的密封性能。漏气一般发生在管路接头处,检查的步骤如下:

①起动发动机,将高度控制开关拨到"HIGH"位置,使汽车的高度上升。

②使发动机停转。

③在管子和软管的各接头处加肥皂水,检查是否有漏气现象。若有气泡,则证明此处漏气,应及时修复或更换。

2)系统故障自诊断

自诊断系统可以检测电控悬架运行参数,判断系统是否正常,并可以在出现故障时点亮仪表板上的指示灯提示驾驶人,同时,将故障信息以代码的形式存储在 ECU 内部,供维修人员在检查时根据指示灯的闪烁规律读取故障码。

(1)故障指示灯。电控悬架系统的故障指示灯有两个,一个是 LRC 指示灯,一个是高度控制指示灯。在点火开关打开后的 2s 左右时间里,系统进行自检,两个指示灯应该常亮;自检结束后,两灯的亮灭则取决于其控制开关的位置。当 LRC 开关拨到"SPORT"位置时,LRC 指示灯亮起;当高度控制开关拨到"NORM"或"HIGH"位置时,相应的指示灯亮起;在系统出现故障后,高度控制"NORM"指示灯会以 1s 间隔闪烁。

(2)故障码的读取与清除。

①故障码的读取。用跨接线将故障诊断器或诊断插座的端子 Tc 与 E1 跨接起来,打开点火开关到 ON 位置,根据仪表板上的高度控制"NORM"指示灯的闪烁读取故障码,也可以用故障诊断仪直接读取故障信息。

②故障码的清除。

方法一:关闭点火开关,拆下 1 号接线盒中的 ECU-B 熔断器 10s 以上,故障码即可清除。

方法二:关闭点火开关,将高度控制插接器的端子 8(E)和 9(CLE)连接,同时连接诊断插座的端子 Ts 与 E1,保持 10s 以上,故障码即可清除,也可用故障诊断仪的清除故障码功能直接清除故障信息。

注意:无论用什么方法清除故障码,在清除之前必须保证对应的故障已被排除,否则,相应的故障码无法被清除。雷克萨斯轿车电控悬架的故障码见表 4-1。

项目一 汽车悬架系统的检修

雷克萨斯轿车电控悬架的故障码 表4-1

代码	系统	故障诊断	故障部位	指示灯	存储器
11	右前车身高度传感器电路	车身高度传感器电路开路或短路	ECU与车身高度控制传感器之间的线路或插接器;车身高度控制传感器;ECU	○	○
12	左前车身高度传感器电路			○	○
13	右后车身高度传感器电路			○	○
14	左后车身高度传感器电路			○	○
21	前悬架控制执行器电路	悬架控制执行器开路或短路	ECU与悬架控制执行器之间的线路或插接器;悬架控制执行器;ECU	○	○
22	后悬架控制执行器电路			○	○
31	1号高度控制阀电路	高度控制阀电路开路或短路	ECU与高度控制阀之间的线路或插接器;高度控制阀;ECU	○	○
33	2号高度控制阀电路(用于右悬架)			○	○
34	2号高度控制阀电路(用于左悬架)			○	○
35	排气阀电路	排气阀电路开路或短路	ECU与排气阀之间的线路或插接器;排气阀;ECU	○	○
41	1号高度控制继电器	1号高度控制继电器电路开路或短路	ECU与1号高度控制继电器之间的线路或插接器;ECU	○	○

续上表

代码	系统	故障诊断	故障部位	指示灯	存储器
42	压缩机用电动机电路	压缩机用电动机电路短路；压缩机用电动机被卡住	ECU与压缩机用电动机之间的线路或插接器；压缩机用电动机；ECU	○	○
51	至1号高度控制继电器的持续电流	向1号高度控制继电器的供电时间为8.5min以上	压缩机电动机；压缩机；空气管；1号、2号控制阀；排气阀；车身高度传感器连接杆；车身高度传感器；溢流阀；ECU	—	○
52	排气阀的持续电流	向排气阀的供电时间为6min以上	高度控制阀；排气阀；空气管；车身高度传感器连接杆；车身高度传感器；ECU	—	○
61	悬架控制信号	ECU故障		—	○
71	高度控制开关电路	高度控制开关位于OFF位置或高度控制开关电路短路	ECU与高度控制开关之间的线路或插接器；高度控制开关；ECU	—	○
72	悬架控制执行器供电电路	悬架控制执行器供电电路开路或熔断器烧断	AIR SUS熔断器；ECU与发动机主继电器之间的线路或插接器；ECU	—	—

3）电控悬架系统故障检修

当故障自诊断系统无故障码输出，但是系统依然有明显的故障症状时，就需要根据故障症状来进行故障分析。

在进行故障检测诊断时，要认真查阅该车型的系统控制电路，做到检测工作和理论分析结合，才能尽快找到故障原因。图4-12所示为雷克萨斯轿车电控悬架电路图。

项目一 汽车悬架系统的检修

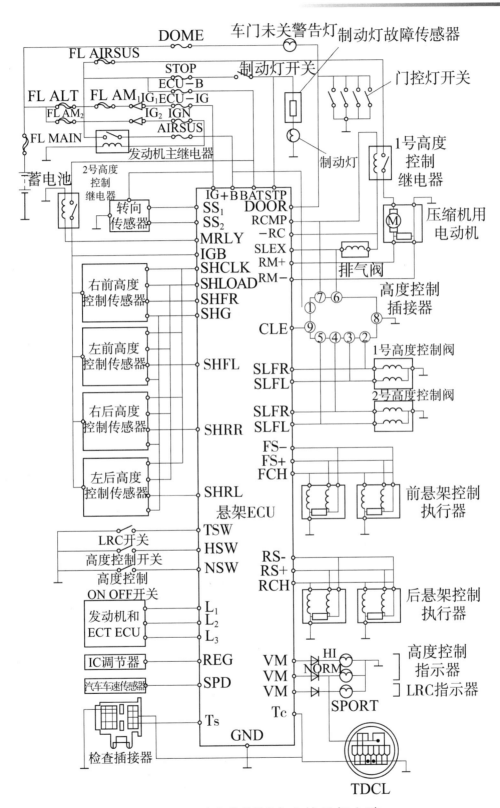

图 4-12 雷克萨斯轿车电控悬架电路

电控悬架系统常见的故障有两大类,一是悬架系统刚度和阻尼力控制失效,二是车身的高度控制失灵。在查找故障原因时的顺序见表 4-2。首先进行各主要元件 ECU 输入信号进行初步检查,如果各主要元件的 ECU 输入信号不正常,则对元件进行进一步检查。

主要元件检查 ECU 输入信号检查　　　　表 4-2

检查项目	操作 1	指示灯状态 停转	指示灯状态 运行	操作 2	指示灯状态 停转	指示灯状态 运行
转向传感器	车向前摆正直行	○	—	转向角 45°以上	—	○
停车灯开关	OFF(不踩制动踏板)	○	—	ON(踩下制动踏板)	—	○
门控灯开关	OFF(所有车门关闭)	○	—	ON(所有车门打开)	—	○
节气门位置传感器	不踩加速踏板	○	—	加速踏板踩到底	—	○
1 号车速传感器	车速低于 20km/h	○	—	车速 20km/h 以上	—	○
高度控制开关	NORM 位置	○	—	HIGH 位置	—	○
LRC 开关	NORM 位置	○	—	SPORT 位置	—	○
高度控制开关	ON 位置	○	—	OFF 位置	—	○

在各主要元件输入 ECU 信号检查没有问题后,可按表 4-3 对元件进行逐个逐次排查(表中的数字代表检查的先后顺序),以便尽快找到故障原因和部位进行排除。

雷克萨斯轿车控制悬架主要故障类型诊断表　　表 4-3

故障现象		高度控制传感器电路	悬架控制执行器电路	1号高度控制阀、排气阀电路	压缩机用电动机电路	高度控制ON/OFF	控制执行器电源电路	汽车高度控制电源电路	IC调节器电路	LRC开关电路	高度控制开关电路	停车灯开关电路	转向传感器电路	车速传感器电路	节气门位置信号电路	门控灯电路	T_c端子电路	T_s端子电路	高度传感器连接杆	空气泄漏	压力缸/减振器	悬架ECU
弹簧刚度和减振器阻尼控制失效	无论怎么操纵LRC开关，LRC指示灯的状态不变									1												2
	悬架刚度和阻尼系数控制失效	1				6		4									2	3			5	7
	只有防侧倾控制失效												1									2
	只有防下蹲功能失效													1								2
	只有防点头功能失效							1							2							3
	只有高速控制失效													1								2
车身的高度控制失灵	高度控制指示灯状态不随开关位置改变	4					3	2	1													5
	汽车高度控制功能失效	5			4		2	1	3													6
	只有高速时汽车高度控制失效													1								2

续上表

故障现象		高度控制传感器电路	悬架控制执行器电路	1号高度控制阀、排气阀电路	压缩机用电动机电路	高度控制ON/OFF	控制执行器电源电路	汽车高度控制电源电路	IC调节器电路	LRC开关电路	高度控制开关电路	停车灯开关电路	转向传感器电路	车速传感器电路	门控灯开关电路	节气门位置信号电路	T_c端子电路	T_s端子电路	高度传感器连接杆	空气泄漏	压力缸/减振器	悬架ECU
车身的高度控制失灵	汽车高度变化没有规律不可控	2																		1	3	
	汽车有高度调节作用,但是各个悬架的高度调节不均匀			1															2			
	汽车有高度调节作用,但高度过高或过低																		1			
	进行车高调整时,汽车处于非常高或非常低的位置	1																				
	汽车高度控制开关在OFF位置时,汽车高度控制仍起作用										1											2
	点火开关OFF控制不起作用(点火开关关闭后,汽车高度不下降到驻车状态)							2							1							3

续上表

故障现象		高度控制传感器	悬架控制执行器电路	1号高度控制阀、排气阀电路	压缩机用电动机电路	高度控制继电器电路	控制执行器电源电路	汽车高度控制ON/OFF	IC调节器电路	LRC开关电路	高度控制开关电路	停车灯开关电路	转向灯开关电路	节气门位置信号电路	车速传感器电路	车门灯开关电路	T_c端子电路	T_s端子电路	高度传感器连接杆	空气泄漏	压力缸/减振器	悬架ECU
车身的高度控制失灵	车门打开时,点火开关OFF控制仍起作用															1						2
	汽车驻车高度过低(汽车驻车时,短时间内或1~2天内车高下降得太多)																			1	2	
	压缩机用电动机仍然运转				2	3															1	4

三 学习拓展——汽车悬架系统的新技术

近年来,为提高汽车的安全性、可靠性和乘坐舒适性,汽车悬架系统采用了许多新部件和新式装置。悬架和转向系统中出现的新技术有空气弹簧、电控减振器、主动悬架电控平顺性和操纵稳定性等。

1 新型悬架电控系统

悬架系统一般由弹性元件和阻尼元件构成,用以缓冲和吸收因路面不平而产生的激振力,同时承受汽车转向时产生的侧倾力。而汽车行驶的平顺性与操纵稳定性在汽车设计中又是矛盾的,故传统悬架系统难以同时满足这种要求。

电控空气悬架是利用压缩空气充当弹簧作用的悬架,弹簧的刚度和车身的高度根据汽车行驶状况进行自动控制,减振器的减振力控制也用来抑制汽车行驶和停驶时车身姿态的变化。其具体功能为：在水平路面上高速行驶时，使车身变低、弹簧变软，以提高舒适性；在凹凸不平的路面行驶时，车身变高，使悬架变硬，以消除颠簸，提高通过性，防止纵向仰头和栽头及横向倾斜，保持前照灯光轴不变，提高安全性。电子调节空气悬架的控制包括减振力和弹簧刚度控制以及汽车高度控制两方面。

❷ 空气弹簧

在计算机控制的悬架系统中，空气弹簧将取代传统的螺旋弹簧。空气弹簧能改善汽车的乘坐舒适性，使前轮和后轮负荷自动分配。每一弹簧均有充装加压空气的加强胶囊，胶囊底端与一倒置活塞式底座相连接，振动时底座会使胶囊内气体体积变化。在弹簧受压缩时，胶囊内气压增加，胶囊刚度变大。有些汽车装有自动调平装置，如果汽车不水平，该装置使用空气压缩机给插在普通螺旋弹簧里面的空气囊加压。空气囊和空气弹簧不同，空气囊是螺旋弹簧的补充物，而空气弹簧起悬架弹簧的作用。为调节汽车高度，使之方便运送或拖拉重物，可装上空气减振器，减振器内空气压力的大小决定了汽车高度和减振器高度。减振器内空气压力可通过外部空气源或汽车上的空气压缩机来改变。

❸ 电控减振器

电控减振器基本上是遥控减振器，驾驶人可通过移动开关选择减振刚度。改变减振器内量孔大小可设定不同的减振器阻尼，减振器内的控制杆由装在减振器顶端的小型执行电动机来转动。该控制杆可改变量孔大小，从而改变减振器刚度，使之由硬到中等，再到软。一些系统还装有防车辆点头和后坐的控制装置。横向和纵向传感器及转向盘位置传感器可触动计算机迅速改变阻尼比，以响应转向和制动。这些系统还装备一个开关，允许驾驶人选择喜欢的行车形式：运动型或舒适型。

❹ 主动悬架

主动悬架系统的车轮上装有双作用液压缸和电磁阀控制。每一个执行器与其他执行器一起保持某种液压平衡来支撑汽车质量，同时保持理想的车身姿态。每一个执行器还用作减振器和弹簧，改变液压缸内的压力可改变有效弹簧刚度，增加或降低某个执行器中的液压力，可使每一个车轮独立地对路面变化做出响应。

这种悬架系统由执行器、阀、各种传感器和底盘计算机组成。每一个执行器有一个线性位移传感器和一个加速度传感器，可保证计算机获得执行器相对位置的信息，并能追踪每一个执行器的伸缩情况，了解每一个车轮是跳起还是回

项目一 汽车悬架系统的检修

弹。车轮中还装有负载传感器和轮毂加速度传感器,用来测量车轮负载。节气门位置传感器和制动系统内传感器用于决定汽车是加速还是减速。汽车转向时,转向盘传感器将信号传给计算机。为检测车身运动,使用了翻转、高度、垂直和横向加速度传感器。计算机还检测系统液压及液压泵的速度。根据上述输入变量和内部程序,计算机可调节每一个执行器内的压力。

⑤ 电控平顺性和操纵稳定性

现有各种形式的电控减振器系统都是根据节气门位置传感器和制动传感器的输出调整阻尼刚度,较新的系统还在减振器上安装位置传感器。检测仪测量悬架压缩速度,位置传感器能快速检测压缩速度的变化,使计算机在极短时间内调整减振阀。传感器和阀能在减振器的一个跳起、回弹过程中循环几次。与大多数电控主动悬架系统一样,驾驶人可调整整个系统行驶操纵性。

现代汽车各种前、后悬架形式如图4-13所示。

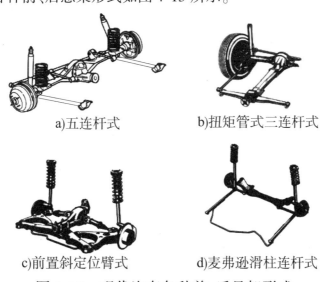

a)五连杆式　　　　　　b)扭矩管式三连杆式

c)前置斜定位臂式　　　d)麦弗逊滑柱连杆式

图4-13　现代汽车各种前、后悬架形式

⑥ 汽车悬架系统上的最优预见控制

最优预见控制是利用汽车前轮的扰动信息预估路面的干扰输入,将测量的状态变量反馈给前后电子控制器,以实施最优控制。由于这种电控技术可通过某种方法提前检测到前方路面的状态和变化,将使控制系统有足够的时间采取措施,因此,可大大降低悬架系统的能耗,且改善悬架系统的控制性能。根据预见信息的测量及利用方法不同,可构成不同的预见控制系统,如对4轮全进行预见控制系统和利用前轮扰动信息对后轮进行预见控制系统。对4轮全进行预见控制系统是在汽车的前部设有特殊的预见传感器,以测试前方路况,然后将信息传给电子控制器,电子控制器将相应信号送至4个车轮中的每一个悬架执行机构,这种系统需要设置特殊的预见传感器。

在利用前轮扰动信息对后轮进行预见控制系统中,在决定后轮的控制指令时,电子控制器不仅考虑当时后轮传感器得到的各种信息,而且也考虑当时的车速、前后轮间的跨距以及前轮各传感器所得到的信息。因此,在后轮的执行机构上实行的是反馈加前向反馈的双作用控制。在该系统中无须设置特殊的预见传感器,只需改变控制软件,便可提高后轮的减振效果。

传统的被动悬架已不能满足人们对汽车行驶平顺性和操纵稳定性的要求。现代控制理论在汽车悬架系统振动控制中也得到广泛应用,但是在实际应用中选取哪一种或哪几种综合的电控技术,应结合实际工况才能决定。

四 评价与反馈

1 自我评价

(1)通过本学习任务的学习,你是否已经知道以下问题:

①电控悬架结构和工作原理是什么？_____

_____。

②电控悬架故障有哪些的基本检查项目和内容？_____

_____。

(2)汽车电控悬架故障诊断操作过程中用到了哪些设备？

_____。

(3)汽车电控悬架的检修完成情况如何？

_____。

(4)通过本学习任务的学习,你认为自己的知识和技能还有哪些欠缺？

_____。

签名:_____   ____年____月____日

2 小组评价(表4-4)

小组评价表　　　　　　　表4-4

序号	评价项目	评价情况
1	着装是否符合要求	
2	是否能合理规范地使用仪器和设备	

续上表

序号	评价项目	评价情况
3	是否按照安全和规范的流程操作	
4	是否遵守学习、实训场地的规章制度	
5	是否能保持学习、实训场地整洁	
6	完成工作任务情况	

参与评价的同学签名：_____　　_____年____月____日

❸ 教师评价

_____

_____。

教师签名：_____　　_____年____月____日

五 技能考核

根据学生完成实训任务的情况对学习效果进行评价。技能考核标准见表4-5。

技能考核标准　　　　　　　　　　　　　　　表4-5

序号	项目	操作内容	规定分	评分标准	得分
1	电控悬架基本检查	车辆、工具、器材准备	3分	工具准备是否齐全	
		安全检查确认	3分	安全检查是否到位	
		电控悬架基本检查项目	24分	明确悬架的基本检修内容，严格按照标准流程操作	
		现场5S管理	3分	正确使用工具、量具，零件摆放整齐，工具、现场清洁与安全	
		综合能力表现	4分	分别按突出表现进行加分	

续上表

序号	项目	操作内容	规定分	评分标准	得分
2	电控悬架故障诊断	车辆、工具、器材准备	3分	工具准备是否齐全	
		安全检查确认	3分	安全检查是否到位	
		电控悬架故障码读取	20分	严格按照标准流程	
		车身高度不能调整故障诊断	30分	思路清晰,方法得当,操作合理,分析正确	
		现场5S管理	3分	是否进行此操作	
		综合能力表现	4分	分别按突出表现进行加分	
总分			100分		

学习任务5　车轮定位的检测与调整

学习目标

知识目标

1. 能够理解车轮定位的作用、相关定位参数的定义;
2. 能够理解车轮定位对车辆的影响;
3. 能够熟知车轮定位检测与调整流程。

技能目标

1. 熟悉《维修手册》的使用方法;
2. 能熟练操作气泡水准仪,熟悉电脑四轮定位仪的使用;
3. 能够正确检测前(后)轮前束,会进行相应调整;能够正确检测前轮主销后(内)倾角、前轮外倾。

建议课时

14课时。

项目一　汽车悬架系统的检修

一辆北京现代 ix25 紧凑型 SUV 行驶里程近 5 万 km,车主反映汽车在 80km/h 以上高速行驶时,出现行驶不稳、摆头,甚至转向盘抖动。现在请根据车主反映的故障现象,进一步检查确认故障现象,并按照规范的流程,正确使用相应仪器,对汽车进行故障诊断和排除。

一 理论知识准备

1 车轮定位概述

车轮定位通常是指前轮,但在轿车上,车轮定位包括前轮和后轮。车轮定位对于保证汽车车轮与地面的良好接触、轻便转向及行驶安全平顺非常重要。当定位角度发生变化后,车辆在行驶过程中就会出现跑偏、吃胎、转向故障,油耗增加、安全系数下降、底盘部件快速磨损等不良现象。当发生上述现象时,车辆底盘就需要用四轮定位仪进行检测,并通过调整使已变化的定位角度恢复到标准出厂参数,从而保证汽车正常安全行驶。

在下述情况下,应对车轮定位进行检查:注意到轮胎磨损不均匀时;转向有拉向一侧的趋势;悬架因事故而经过维修后,更换悬架相关部件。由于所有车轮定位部分均处于一种精细的平衡状态,所以,必须按照正确的顺序一次完成其检查和调整。精确的车轮定位将带来良好的燃油经济性、轮胎振动和噪声减低、更大的前轮运动空间、良好的方向稳定性、转向轻便、轮胎寿命延长,提高安全性。

前轮决定着行驶方向。转向完成后,前轮应该顺利地回正,这需要一些零件(如前桥和主销)能够协调一致地工作。影响前轮定位的角度参数有五个,分别是主销后倾、主销内倾、前轮外倾、前轮前束和转弯半径。后轮定位包括车轮外倾角、后轮前束角和推力角三个定位参数,如图 5-1 所示。汽车前轮定位和后轮定位总称为四轮定位。四轮定位就是检测汽车车架、悬架构件,车轮三者之间及四个车轮之间,在 x、y、z 轴方向的角度位置关系。

2 车轮定位参数

(1) 主销后倾。主销后倾是指主销的顶部向后或向前倾斜一个角度。向后倾斜为正后倾,向前倾斜为负后倾。主销后倾角是在纵向平面内,主销中心线与过车轮中心的实际垂线之间的夹角。主销后倾角的例子有如普通自行车和家具地脚轮等,图 5-2 所示。自行车是正后倾,家具地脚轮是负后倾。两种后倾均使滚动物体能自动回正。例如,骑车人双手离把而自行车仍可以继续保持直线行驶。

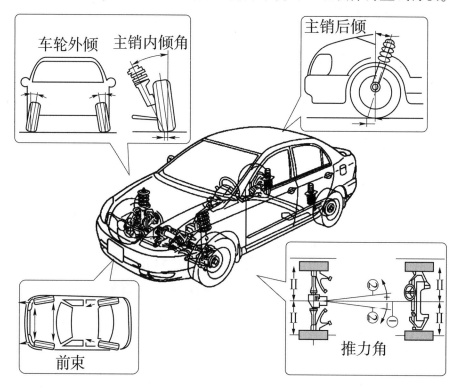

图 5-1　车轮定位各参数在车上的位置

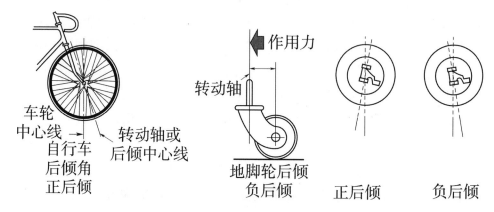

图 5-2　普通自行车和家具地脚轮主销后倾

从汽车一侧观察时,大多数主销都设置有图 5-3a)所示的角度,这个角度就称为主销后倾角,通常在 0.5°~4°。上球头或支柱顶端与下球头的连线(转向时,车轮围绕其进行转向运动的转向轴)在几何中心线方向,向前或向后倾斜的角度。向前倾斜称为负主销后倾角,向后倾斜称为正主销后倾角,如图 5-3 所示。

四轮定位参数

项目一 汽车悬架系统的检修

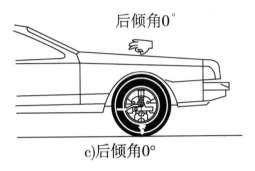

图 5-3 主销后倾角

前悬架中主销后倾主要有以下作用：
①使前轮自动回正,有助于提高汽车的方向稳定性。
②转弯完成后,帮助前轮回到直线行驶位置。
③弥补路面不平对汽车的方向稳定性的影响。

主销后倾
基本原理

主销后倾角过大,会造成转向困难、路面冲击过大和前轮摆动；主销后倾角过小,在高速行驶时可造成漂移、摆振和方向稳定性不好等。

主销正后倾有助于提高汽车的方向稳定性,同时也增加了转向阻力。当然,这些增加的转向阻力可通过动力转向来克服。只有机械转向系统的汽车,通常采用很小的主销后倾或主销负后倾。在一些新型的轿车上,采用主销负后倾角是必要的。

(2)前轮外倾。前轮外倾是车轮中心线与实际垂线之间的夹角。前轮外倾角随车型不同而不同,但通常前轮外倾角都在 0.5°～2°。现代汽车中,由于悬架等比过去的坚固,加上路面平坦,车轮外倾角都较小,并且零倾角或负外倾角的车辆越来越多。当车轮上部向外倾斜,此车轮具有正前轮外倾角；上部向内倾斜,车轮具有负前轮外倾角。图 5-4 所示为前轮正外倾和负外倾的例子。检查该角度的目的是确认车轮与路面垂直。这样布置可使两侧轮胎胎面一致,从而使载荷分配和整个胎面磨损均匀。正确设置前轮外倾角,可使汽车承受质量时阻止车轮向内倾斜过多,使胎面与路面的接触面积最大、胎面与路面的接触面正好处于载荷点的下方以及转向轻便。

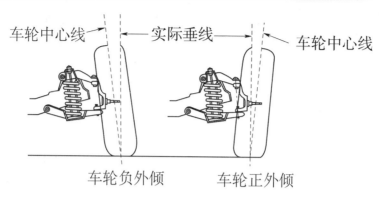

图 5-4 前轮外倾

如前轮外倾角设置不正确会造成：球头铰和车轮轴承磨损、转向时车轮一侧滑磨以及轮胎过度磨损，这种磨损情况如图 5-5a) 所示。前轮负外倾过大，将造成轮胎内侧磨损加剧；前轮正外倾过大，将使轮胎外侧磨损加剧。

图 5-5b) 更进一步说明了前轮外倾角设置不正确时轮胎的磨损情况。从图 5-5b) 中可发现，车轮不同部分的滚动半径不同，对于轮胎上每个点来说，其运动都是沿着各自不同的直径来滚动，车轮就像一个圆锥体在滚动，圆锥体上的点沿着许多不同的直径滚动而且有向外沿圆周滚开的趋势。但实际上，车轮由结构强制作用只能沿直线滚动，轮胎外侧或滚动直径较小一侧试图滚动更快，这导致胎面外侧部分在地面上打滑，磨损加剧。

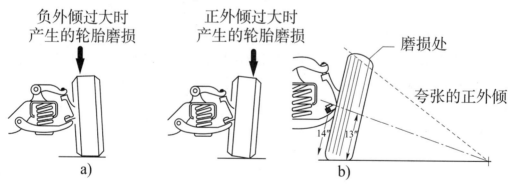

图 5-5 轮胎过度磨损

（3）前轮前束。前束就是车轮前部胎面中心之间距离与车轮后部胎面中心之间距离的差值，通常前束介于 2～8mm（0.08～0.31in）。如果车轮前部宽于车轮后部，这就称为负前束。

前束具有以下作用：当汽车向前行驶时，会产生某些使前轮向外滚开趋势的力，在汽车上采用小角度的前束，可抵消这些力。在汽车行驶中，转向传动机构之间的间隙可能会造成轮胎前端向外偏摆。从这一点来说,前轮前束应该为零。在前轮驱动的汽车中,前轮设置成负前束以便获得一些其他的力。前轮驱动的汽车趋于使前轮回到合适的直线向前位置。前轮前束调整不合适会使轮胎磨损加剧并且造成转向困难,如图5-6所示。

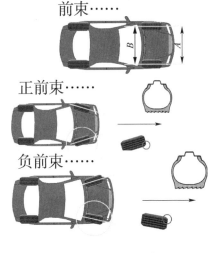

图5-6 前轮前束

（4）主销内倾。从车辆前方看前轮时,主销的上部好像在向内倾斜,主销的延长线与地面的垂直线之间的角度称为主销内倾角,这个角度是不能调整的。图5-7所示为各种悬架主销内倾角。主销内倾角随车型不同而不同,通常情况下主销内倾角在6°~9°。

主销内倾的作用是：
①可防止前轮外倾角过大；
②减小转向阻力臂,使转向轻便；
③提高操纵稳定性；
④减少轮胎磨损；
⑤提高方向稳定性；
⑥使汽车质量的分配更接近轮胎与路面接触区。

主销内倾基本原理

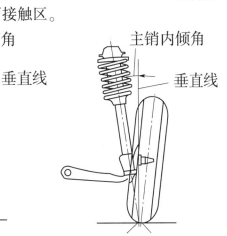

a) 主销型　　b) 球头型　　c) 撑杆型

图5-7 主销内倾

（5）磨胎半径（主销偏置）。主销具有内倾角,如果沿着主销内倾角从主销和车轴的连接点到路面之间画一条假想的线,则此假想的线的端点可能与轮胎胎面中心线之间有间隙,这就称为磨胎半径（主销偏置）。磨胎半径随车型不同而不同,前置前驱车辆通常具有负的磨胎半径。磨胎半径如图5-8所示。

图5-8 磨胎半径

磨胎半径越大,转向所需的力就越大。转弯行驶过程中,如果主销轴线与地面交点在轮胎支承面中心的内侧,当驾驶人转动转向盘时,轮胎不是绕着其支承面中心转动,而是作前后运动。由于轮胎与路面间的摩擦,所需转向力大大增加。可以看出前轮正外倾加上主销内倾可使磨胎半径降到最小。

(6)转弯半径。转弯半径也称为转弯时的前轮负前束,是指在转弯时,一侧前轮超过另一侧前轮所偏转的量,它以度为单位。其主要目的是保证正确转向。

为确定前轮摆振的原因,需要对这些项目进行检查。偏转角是使前轮围绕汽车的回转中心,如图5-9所示。汽车转弯行驶时,外侧车轮转过18°偏转角,内侧车轮转过20°偏转角。如果这些偏转角设得不合适,前轮与路面之间会产生滑磨。

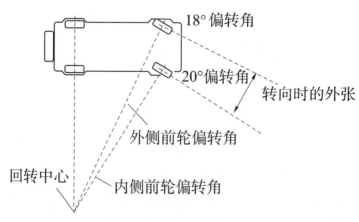

图5-9 转弯半径

转弯半径通常是不能调整的。然而,对于某一汽车来说,转弯半径是可以检查的。检查转弯半径是在车轮定位的其他各项参数的检查完成之后进行的。转弯半径超出规定值,常常预示着转向传动机构的某些构件可能变形或前轮定位不合适。

(7)后轮的外倾和前束。后轮外倾和前束如图 5-10 所示,在有些前置前驱的轿车上,后轮是从动轮。汽车的驱动力 F 通过纵臂作用于后轴上,如果车轮没有前束角,当汽车行驶时,在驱动力 F 作用下,后轴将产生一定弯曲,使车轮出现前转现象,会使轮胎出现偏磨损。

(8)推力角。如图 5-11 所示,推力角是车辆在俯视平面内纵向轴线和推力线(是一条假想的线,从后轴中心向前延伸,由两后轮共同确定的后轴行驶方向线)的夹角。推力线相对纵向轴线向左侧偏斜为正,向右侧偏斜为负。正常情况下推进角应该为0°,以使车辆沿车辆中心线的方向直线行驶。如果存在推进角,当前轮转动到与推进线一致的方向时,车辆就会沿推进线的方向跑偏。该参数一般在电脑四轮定位检测仪中才能进行检测。

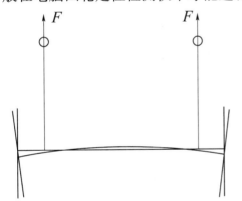

图 5-10 后轮的外倾和前束

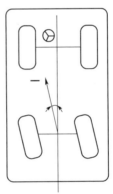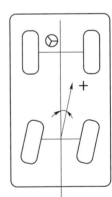

图 5-11 汽车推力角

(9)夹角。夹角是主销内倾角和前轮外倾角的合角,如图 5-12 所示,它是用于确定悬架系统零件是否安装正确、变形或损坏的因素之一。例如,如果夹角符合技术参数而主销内倾角超出技术参数,则悬架系统零件可能弯曲或变形。

电控悬架系统通过对悬架系统参数进行实时控制,使悬架的刚度、减振器的阻尼系数、车身高度能随汽车的载荷、行驶速度、路面状况等行驶条件变化而变化,使悬架性能总是处于最佳状态,同时满足汽车的行驶平顺性、操纵稳定性等方面的要求。

图 5-12 汽车夹角

3 车轮定位检测与调整

（1）汽车车轮定位的检测方法。汽车车轮定位检测有静态检测法和动态检测法两种。

① 静态检测法是在汽车静止的状态下，根据车轮旋转平面与各车轮定位间存在的直接或间接的几何关系，用专用检测设备对车轮定位进行几何角度的测量。使用的检测设备一般有气泡水准式、光学式、激光式、电子式和微机式等前轮定位仪或四轮定位仪。前轮定位仪和四轮定位仪可统称为车轮定位仪。

② 动态检测法是在汽车以一定车速行驶的状态下，用检测设备检测车轮定位产生的侧向力或由此引起的车轮侧滑量。为了确知前轮前束和前轮外倾配合是否恰当，可使用动态检测法检测前轮的侧滑量。使用的检测设备有滑板式侧滑试验台和滚筒式车轮定位试验台两种。目前，国内几乎全部采用滑板式侧滑试验台（以下简称侧滑试验台）进行动态检测。该试验台是使汽车在滑板上驶过，用测量滑板左、右方向移动量的方法来检测前轮侧滑量，并判断是否合格的一种检测设备。后轮带有外倾和前束的汽车，也可以通过侧滑试验台测得后轮前束与后轮外倾的配合是否符合要求。

（2）车轮定位流程及标准。车轮定位检测有气泡水准定位仪检测和电脑四轮仪检测，进行车轮定位，须遵循一定的流程，如图 5-13 所示。

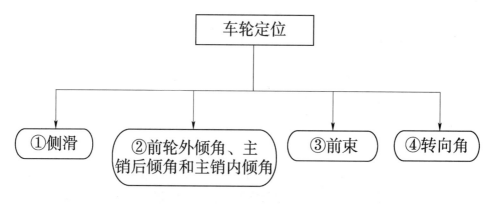

图 5-13 车轮定位检测流程

进行车轮定位前，先检测侧滑量，如果测量值在规定范围内，则认为车轮定位正确，不需要进一步进行检查和调整。侧滑测试仪可以用来测量前轮外倾角（朝向车辆外侧的作用力）和前束朝向车辆内侧的作用力的综合效应。如果车辆的转向稳定性差或者在初始检查过程中发现异常状况，则需要进一步进行车轮定位检查。车轮侧滑在检测线上进行,如图5-14所示。

车辆调整的顺序是:先调后轮,再调前轮;后轮先调外倾角后调前束,前轮先调主销后倾角,后调外倾角,再后调前束。其原因是调整主销后倾角时会使前束角变化,而调整前束时不会影响角度变化。

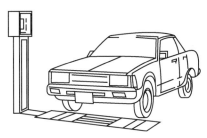

图5-14 车轮侧滑测量

车轮定位技术标准与要求:以(1ZR)定位角为例,见表5-1。

丰田卡罗拉轿车参考值　　　表5-1

车轮定位参数	悬　架	
	前	后
主销后倾角	-5°32′±45′	—
车轮外倾角	-0°04′±45′(3.2mm)	-1°23′±30′
前束	2.0±2mm (0.085°单边)	1.1±3mm (0.17°±0.17°单边)
转向角	内侧:35°45′±2° 外侧:29°30′±2°	主销内倾角:8°±45′

(3)车轮定位检测仪器。常用的四轮定位检测仪器有气泡水准测量仪和电脑四轮定位仪。

①气泡水准定位仪。气泡水准仪也分为两种,一种适用于大、中、小型汽车,另一种仅适用小型汽车。由于其结构简单、价格低廉、便于携带等优点,在国内汽车维修行业获得了广泛应用。但是,它也存在安装、测试费时费力和不能同时检测前轮定位、后轮定位等不足。气泡水准车轮定位仪一般由转盘、支架、水准仪等组成,如图5-15所示。适用于大、中型汽车的水准仪,带有两个定位锁,以便插入支架中心孔固装在支架上;适用于小型汽车的水准仪,带有永久磁铁和定位针,可以对准转向节枢轴中心孔吸附在轮毂的端面上,因而省去了支架。

支架是水准仪与轮辋之间的连接装置。支架固定在轮辋上,水准仪则插在支架的中心孔内,由锁紧螺钉锁住。支架有卡紧式和磁力式两种,如图5-16所示。

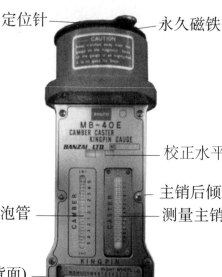

图 5-15 气泡水准仪

转盘一般由固定盘、活动盘、扇形刻度尺、游标指示针、锁止销和若干滚珠等组成。

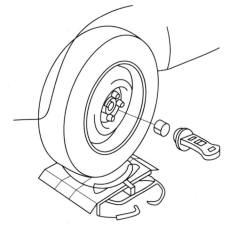

图 5-16 气泡水准仪转盘及支架

②电脑四轮定位仪。相对于气泡水准仪来说,电脑四轮定位仪检测的参数更多,检测的精确度较高。一般情况下,除了测量前轮外倾角、主销后倾角、主销内倾角和前束外,电脑车轮定位仪还可以测量推进角、退缩角、夹角,可同时检测前、后轮的车轮定位参数。因此,使用电脑四轮定位测试仪可以更准确地检查和调整车轮定位。

电脑四轮定位仪一般由计算机、显示器、键盘、传感器、转盘、支架、打印机和遥控器等组成,往往制成可移动台式,如图5-17所示。它由安装在车轮上的传感器把车轮定位角的几何关系转变成电信号,送入微机处理、分析和判断,然后,由显示屏显示和打印机打印输出。测试过程中,可通过操作全功能红外线遥控器,在汽车的任何位置实现远距离的测试控制。

a. 主机柜:主机柜内放置电脑四轮定位仪的许多部件,包括电源、计算机、显示器、键盘、打印机、电池充电器,还有放置传感头、车轮夹具的机柜。主机柜的上面放置显示器和键盘,中间一层是一个放打印机的抽屉,下面机柜里安装了运行定位仪程序的计算机主机。大机柜左右下面的机柜、小机柜两侧,用来收放传感头和车轮卡具。机柜的里面固定有电池充电器。电脑四轮定位仪的总开关在放置显示器的机柜的右侧。四个传感器充电插头放置在显示器的机柜的左右两侧。

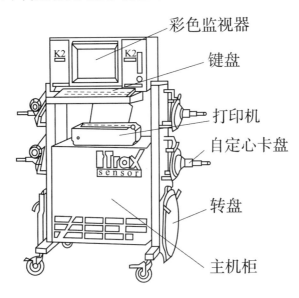

图 5-17　电脑四轮定位仪外形

b. 红外线传感器:电脑四轮定位仪采用红外无线通信原理,实现了测量头的全无线化。主计算机通过安装车间内的红外线通信头来控制各个传感头,传感头将测量到的数据通过其上面的红外线窗口传给主计算机的红外线通信头,红外线通信头再把收到的各传感头的测量数据给主计算机并显示在屏幕上。红外线通信头安装在机柜或支撑架上,通过电缆与主机相连接。传感器如图 5-18 所示。

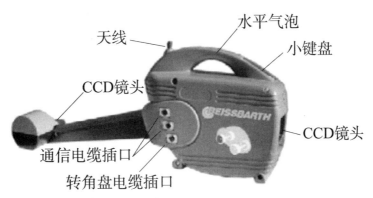

图 5-18　传感器

传感头内安装有精密测量元件,使用和保存中请保持干燥洁净,避免击打和碰撞。传感头上安装的束角传感器是光学检测部件,要保持清洁,请用专门的镜头纸来清洁前面的保护玻璃。传感头的外壳可以用中性的清洁剂来清洗。

二 任务实施

❶ 准备工作

(1)将实训车辆停放在维修区域。
(2)检查举升机工作是否正常,安全机构工作是否正常。
(3)准备常用工具套件、车辆挡块、翼子板布及防护三件套等。
(4)准备相应的车轮定位检测仪器,并对仪器进行校准。

❷ 技术要求与注意事项

为了对车轮进行适准确的检查和调整,必须检查以下项目:

(1)解除驻车制动,以获得精确的测量值。
(2)确认未对悬架系统进行过改造。
(3)检查轮胎尺寸、充气气压及轮胎的径向振摆。
(4)按动车身,使车辆上下跳动数次,以稳定悬架系统。
(5)检查悬架系统球头情况(用手握持住车轮,上下左右摇动,检查是否摆动),如图5-19所示。

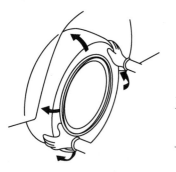

图5-19 检查悬架球头情况

❸ 操作步骤

(1)车轮定位参数检测。车轮定位检测与调整主要以前轮为例进行讲解,使用仪器为气泡水准仪。

①前束值的检测与调整。检查胎压确保气压正常,将汽车两前轮放于转盘上,找正直驶位置后,在检测前束的过程中不得再转动转向盘。调节标杆长度,使同一标杆两标牌之间的距离略大于被测轮距,并能使聚光器光束指针大致投射到标牌的中间位置。两套标杆一定要调整到等长,特别是标牌之间的距离一定要相等,否则,将影响检测结果。将已调好的两套标杆放置在被测车桥的前后两侧,并平行于该车桥。每一标杆距车轮中心的距离为车轮上规定前束测点处半径的7倍。车轮上规定前束测点依车型而定,有的测点在胎面中心处,有的测点在胎侧突出处,而有的测点在轮辋边缘处,检测前束应注意查阅汽车使用说明书。先将车轮一侧聚光器的光束投向前标杆的标牌上,使光束指针指于某一整

数位置上,如图 5-20 所示。再将该聚光器的光束向后投射到后标杆的标牌上,并平行移动后标杆使光束指针落在与前标牌同一数值上。然后,将另一侧聚光器分别向前标杆、后标杆投射光束,读出光束指针指示值,计算前束。若前标杆指示值为 25mm,后标杆指示值为 28mm,则前束值为 28mm – 25mm = 3mm。若前标杆指示值为 28mm,后标杆指示值为 25mm,则前束值为 –3mm,即为负前束。

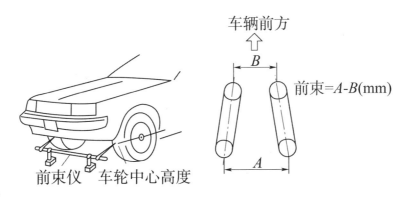

图 5-20　前轮前束检测

如果检测到车轮前束与标准值不符,则通过调整两个前轮侧拉杆的长度来进行调整,如图 5-21 所示,须注意要将两侧的拉杆调整到大致相等的数值,切勿只调整一侧拉杆长度来调整前轮前束值。

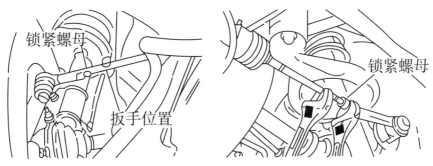

图 5-21　前轮前束调整

②车轮外倾角的检测。在车轮保持直驶位置不动的情况下,拆下轮毂盖,将水准仪黑箭头指示的定位销插入车轮上支架的中心孔内,并使水准仪在左右方向上大致处于水平状态。轻轻拧紧弹簧卡锁紧螺钉,固定水准仪,如图 5-22 所示。转动水准仪上的 A 调节盘,直到对应气泡管内的气泡处于中间位置为止,然后在黑刻度盘上读出 A 盘红线所指角度值,该角度值即为前轮外倾角。用同样的方法可检测其他

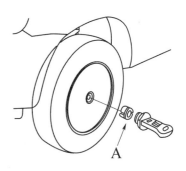

图 5-22　车轮外倾角检测

车轮的外倾角。

外倾角的调整有如下几种调整方法。

方法一：车架与控制臂之间加减垫片调整法，如图5-23所示。

方法二：大梁槽孔的调整。如果控制臂的安装是用螺栓孔的，可用上悬臂的长方螺栓孔进行调整。只要前后两个螺栓孔位置相对移动的刻度相同，就可以调整外倾角，如图5-24所示。

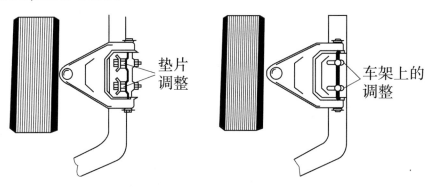

图5-23 垫片调整　　　　图5-24 调整孔调整

方法三：同心凸轮的调整和偏心球头的调整，如图5-25所示。

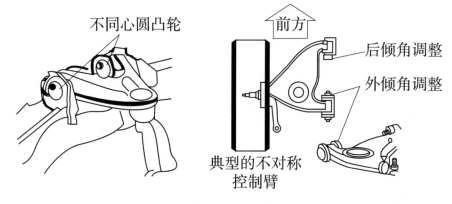

图5-25 凸轮调整及偏心球头调整

③主销后倾角的检测。前轮外倾角测定后，可不动水准仪，接着进行主销后倾角的检测。

将前轮向内转20°（左前轮向左转，右前轮向右转，下同），松开弹簧卡锁紧螺钉，使水准仪左右方向处于水平状态，然后拧紧锁紧螺钉。转动水准仪上的BC调节盘，使其上红线与蓝、红、黄刻度盘零线重合。调整对应气泡管的旋钮，使气泡居中。将前轮向相反方向转40°，转动BC盘使气泡管居中，在蓝盘上读出BC盘红线所示之值即为主销后倾角。

进行主销后倾测量后,和技术手册的标准值进行对比,对于后倾角的调整,应根据车型的不同,进行分析判断,然后进行调整,其调整方法有下列几种:垫片、不同心凸轮轴、偏心球头、大梁槽孔、平衡杆等。凸轮螺栓的调整如图5-26所示。

④主销内倾角的检测。检测前应使前轮处于制动状态,以防止转动转向盘时前轮滚动。

将定位销插入支架中心孔内,轻轻拧紧锁紧螺钉,如图5-27所示。将被测前轮向内转20°,松开锁紧螺钉,使水准仪在左右方向上处于水平状态,然后拧紧锁紧螺钉。

转动BC调节盘,使其红色刻线与蓝、红、黄刻度盘零线重合。调节对应气泡管旋钮,使气泡居中。将前轮向外转40°,调节BC盘使水泡管气泡居中。此时,BC盘红线在红刻度盘或黄刻度盘所示之值即为主销内倾角。检测左前轮时,在黄刻度盘上读数;检测右前轮时,在红刻度盘上读数(图5-27)。

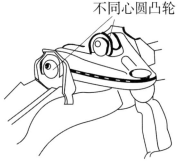

图5-26　不同心凸轮螺栓调整

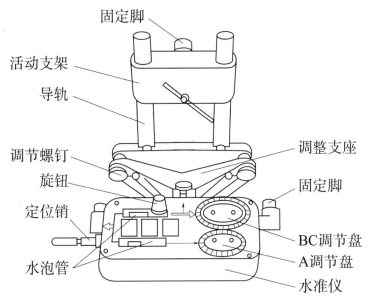

图5-27　主销内倾角检测

主销内倾角一般来说是不可以调整的。

一般情况下,除了测量前轮外倾角、主销后倾角、主销内倾角和前束外,车轮定位仪还可以测量推进角、退缩角、夹角,因此,使用四轮定位测试仪可以更准确地检查和调整车轮定位。

四轮定位仪的具体使用办法请参阅仪器的使用说明手册。

在对汽车进行四轮定位仪检测后,一定要做一个故障综合分析,从理论上讲,四轮定位要求每项参数都一定调整到原厂规定值,然而,由于很多汽车无预留调整部位,往往只能调整外倾和前束,甚至有的只能调前束,但当前束调整得非常准确时,由于轴头间隙的因素、轮胎磨损度的因素、左右轮胎气压不相等因素、转向系统不良等因素的影响,汽车行驶时仍会产生不良现象,这也是做电脑四轮定位最头疼的问题,解决的办法只有凭经验对产生的现象作综合分析,排除影响因素或更换配件。这是会产生新的维修费用,有时车主会无法接受。全部四轮定位参数之间是相互配合、相互协调的工作,因此,当某一个角度无法调整时或调整正确后仍然产生不良现象,这时可灵活的考虑将与之相关的另一个参数跳到非标准状态,来弥补无法调整参数所带来的负面影响,以跑偏为例,一辆车如果可采用将前轮外倾调整为向相反方向跑偏的趋势来抵消退缩角带来的不良影响,另外一种现象,原本不跑偏或轻微跑偏,但在前轮前束调整后出现跑偏或跑偏加重,人们很容易把这一现象归因于前束调整,其实不然,因为车辆在直行时总是处于左右两轮前束相等位置,所以前束本身不会造成跑偏。但如果前束不对,轮胎与地面摩擦力加大,反而可以掩盖跑偏。事实上,此时车辆内由于其他原因已经具有跑偏倾向,不过是被掩盖了而已。跑偏倾向被掩盖时,往往表现出吃胎较为严重。此时,如果不综合地分析跑偏因素,盲目地调整前束,将会把原本不严重的故障彰显出来。总之,对疑难问题一定要小心地进行综合分析,从中找出一个行之有效的解决方案。

(2)四轮定位仪使用简介。

①检测前的准备。

a.把汽车开上举升平台,托住车轮,把汽车举升0.5m(第一次举升)。

b.托住车身,把汽车举升至车轮能自由转动(第二次举升)。

c.拆下各车轮,检查轮胎磨损情况,要求各轮胎磨损基本一致。

d.检查轮胎气压,使其符合标准值。

e.作车轮动平衡试验,动平衡完成后,将车轮装回车上。

f.检查车身高度,检查车身四个角的高度和减振器技术状况,如车身不平应先调平,同时检查转向系统和悬架是否松旷,如松旷则应先紧固或更换零件。

②检测步骤。

a.把传感器支架安装在轮辋上,再把传感器(定位校正头)安装到支架上,并按使用说明书的规定调整。

b. 开电脑主机进入测试程序,输入被测汽车的生产国家、厂家、车型和生产年份,如图5-28、图5-29所示。

```
WHEEL ALIGNMENT 上：↑ 下：
↓ ESC：退回 ENTER 确认

     请选择汽车生产国家!
        国产
        韩国
        美国
        德国
        意大利
        日本
        其他
```

```
WHEEL ALIGNMENT 上：↑ 下：
↓ ESC：退回 ENTER 确认

     请选择汽车公司!
        现代汽车公司(HYUNDAI)
        大宇汽车公司(DAEWOO)
        起亚汽车公司(KIA)
        三星汽车公司(SAMSUNG)
        其他汽车公司
```

图5-28　选择汽车生产国家　　　　图5-29　选择汽车生产厂商

c. 进行轮辋变形补偿,转向盘位于直驶位置,使每个车轮旋转一周,即可把轮辋变形误差输入电脑。

d. 降下第二次举升量,使车轮落到平台上,把汽车前部和后部向下压动4～5次,使各部位落到实处。

e. 用制动锁压下制动踏板,使汽车处于制动状态,如图5-30所示。

f. 将转向盘左转至电脑显示"OK",输入左转角度数;然后将转向盘右转至电脑显示"OK",输入右转角度数。

g. 将转向盘回正,电脑显示出后轮的前束及外倾角数值。

h. 调下转向盘,并用转向盘锁锁止转向盘,使之不能转动。

i. 将安装在四个车轮上的定位校正头的水平仪调到水平线上,此时电脑显示出转向轮的主销后倾角、主销内倾角、转向轮外倾角和前束的数值。电脑将比较各测量数值,得出"无偏差""在允许范围内"或"超出允许范围"的结论,如图5-31所示。

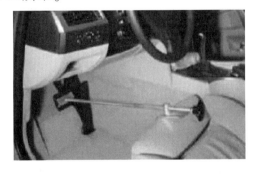

图5-30　用制动锁压下制动踏板

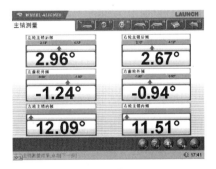

图5-31　测量结果显示

j. 若"超出允许范围",按电脑提示的调整方法进行针对性调整。调整后仍不能解决问题,则应更换有关零部件。

再次压试汽车,将转向轮左右转动,观察屏幕上数值有无变化。若有变化,应重新调整。

拆下定位校正头和支架,进行路试,检查四轮定位调整的效果。

三 学习拓展——四轮定位

车辆的四轮、转向机构、前后车轴之间的安装应具有一定的相对位置,这个相对位置是由厂家制定的标准值。调整恢复这个位置的安装,就是四轮定位。四轮定位是以车辆的四轮参数为依据,通过调整以确保车辆良好的行驶性能并具备一定的可靠性。

轿车的转向车轮、转向节和前轴三者之间的安装具有一定的相对位置,这种具有一定相对位置的安装称为转向车轮定位,也称前轮定位。前轮定位包括主销后倾(角)、主销内倾(角)、前轮外倾(角)和前轮前束四个内容,这是对两个转向前轮而言。对两个后轮来说,也同样存在与后轴之间安装的相对位置,称后轮定位。后轮定位包括车轮外倾(角)和逐个后轮前束。前轮定位和后轮定位总称四轮定位。

车轮定位的作用是使汽车保持稳定的直线行驶和转向轻便,并减少汽车在行驶中轮胎和转向机件的磨损。

(1)什么情况下要做四轮定位?

①车辆的行驶性能受到了影响,例如,驾驶人感受最为直接的跑偏、打方向不自动回轮等。

②因事故造成底盘及悬架的损伤。

③轮胎出现磨损异常,但也要考虑到是否因胎压不正常才导致了异常磨损。

一般情况下,胎压过高会加剧胎面中央的磨损,而胎压过低会加剧胎面两侧的磨损。

如果一侧出现偏磨,则有可能是外倾角出现偏差。

④车桥以及悬架的零件被拆下过。

(2)四轮定位要调整的数据。

①主销后倾。该参数的作用是直线稳定性,转向回正。

②主销内倾。该参数的作用是稳定性,转向回正。

③车轮外倾(负外倾)。该参数的作用是增大轮胎接触面,抵消不良影响。

四 评价与反馈

❶ 自我评价

(1)通过本学习任务的学习,你是否已经知道以下问题:

①四轮定位的定义和对车辆有哪些影响?_____
_____。

②四轮定位的检查和初步调整如何进行?_____
_____。

(2)汽车四轮定位检测操作过程中用到了哪些设备?
_____。

(3)汽车四轮定位检测与调整完成情况如何?
_____。

(4)通过本学习任务的学习,你认为自己的知识和技能还有哪些欠缺?
_____。

     签名:_____　　　　_____年____月____日

❷ 小组评价(表5-2)

小组评价表　　　　　　　　　　表5-2

序号	评价项目	评价情况
1	着装是否符合要求	
2	是否能合理规范地使用仪器和设备	
3	是否按照安全和规范的流程操作	
4	是否遵守学习、实训场地的规章制度	
5	是否能保持学习、实训场地整洁	
6	完成工作任务情况	

  参与评价的同学签名:_____　　　_____年____月____日

❸ 教师评价

_____
_____。

     教师签名:_____　　　　_____年____月____日

五 技能考核

根据学生完成实训任务的情况对学习效果进行评价。技能考核标准见表5-3。

技能考核标准　　　　　表5-3

序号	项目	操作内容	规定分	评分标准	得分
1	水准仪检测车轮定位	车辆、工具、器材准备	3分	工具准备是否齐全	
		安全检查确认	3分	安全检查是否到位	
		车轮定位检查项目	24分	前轮定位项目检查流程合乎标准,检查结果准确,仪器操作熟练	
		现场5S管理	3分	是否进行此操作	
		综合能力表现	4分	分别按突出表现进行加分	
2	四轮定位仪检测车轮定位	车辆、工具、器材准备	3分	工具准备是否齐全	
		安全检查确认	3分	安全检查是否到位	
		仪器校准与使用	20分	按照标准流程对四轮定位仪进行校准,正确操作使用仪器	
		车轮定位检测	30分	方法得当,操作规范,流程合理,测试准确	
		现场5S管理	3分	是否进行此操作	
		综合能力表现	4分	分别按突出表现进行加分	
	总分		100分		

项目二 汽车转向系统的检修

学习任务6 转向操纵机构的拆装与检查

 学习目标

 知识目标

1. 掌握转向系统作用、类型、组成及工作原理；
2. 了解转向时车轮的运动规律；
3. 了解转向系统角传动比以及对汽车转向的影响；
4. 掌握转向操纵机构作用、组成及类型；
5. 掌握转向操纵机构组成部件名称及安装位置；
6. 熟悉转向操纵机构拆装、检查的流程和技术规范；
7. 清楚转向操纵机构检测技术的技术标准。

技能目标

1. 能完成转向操纵机构的拆装；
2. 能完成转向操纵机构部件的检测和更换。

建议课时

6课时。

一辆北京现代 ix35 紧凑型 SUV 累计行驶 15 万 km，该车经常野外行驶，车主发现出现转向操纵不稳并在高速行驶时车辆有忽左忽右摆动现象。请进一步检查确认故障现象，按照规范的流程对汽车进行检查，重点对转向操纵系统进行检查，必要时拆装更换零部件，排除故障。

一 理论知识准备

汽车在行驶过程中，需要按驾驶人的意志改变行驶方向，同时，转向轮由于受到地面侧向干扰力的作用后自动偏转而改变行驶方向。汽车需要改变或恢复行驶方向，必须使汽车转向车轮绕主销轴线偏转一定角度，直到新的行驶方向符合驾驶人的要求，再将转向轮恢复到直线行驶的位置。这种由驾驶人操纵、转向轮偏转和回位的一套机构，称为汽车转向系统。

1 转向系统的作用、类型、组成及工作原理

（1）作用。转向系统是用来改变和保持汽车的行驶方向的。

（2）类型。按转向动力形式不同，转向系统可分为机械转向系统和动力转向系统；根据悬架导向机构对转向系统的安装要求不同，分为与非独立悬架和独立悬架配用的机械转向系统，如图 6-1、图 6-2 所示。根据各国的交通法规不同，转向系统又分为右置转向系统和左置转向系统。汽车前进时，靠道路右侧行驶者，转向系统的转向盘装置在驾驶室的左侧，称为左置转向系统；反之，称为右置转向系统。其目的在于改善驾驶人的前方视野，有利于两车安全交会。

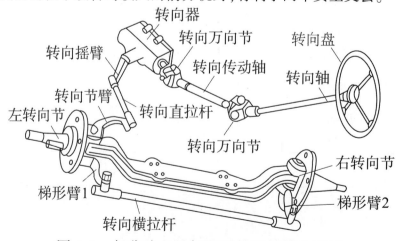

图 6-1 与非独立悬架配用的机械转向系统

项目二　汽车转向系统的检修

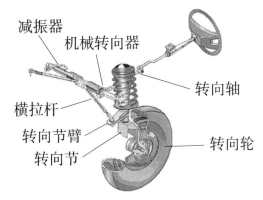

图 6-2　与独立悬架配用的机械转向系统

(3) 组成及工作原理。

①机械转向系统的组成与工作原理。机械转向系统以驾驶人的体力作为转向动力(又称为人力转向系统),主要由转向操纵机构、转向器和转向传动机构三大部分组成。

需要转向时,驾驶人施加给转向盘一个力矩,经转向器放大后传给转向传动机构。通过转向节臂使左转向节带动左转向轮偏转;由于左梯形臂、转向横拉杆的作用,使右转向节带动右转向轮做相应的偏转,实现汽车转向。由于转向时内、外侧转向轮偏转角不一样,为使汽车能顺利转向,减少轮胎磨损,其中由梯形臂、转向横拉杆组成的机构必须是转向梯形机构。

②动力转向系统的组成与工作原理。动力转向系统是通过在机械转向系统的基础上增设了一套转向加力装置而形成的,转向加力装置主要由助力储油罐、液压助力泵、转向控制阀和转向动力缸等组成,如图 6-3 所示。在正常情况下,汽车转向所需要的动力,只有一小部分由驾驶人独立提供,大部分是由发动机通过转向加力装置供给。但在转向加力装置失效时,仍应能由驾驶人独立承担汽车转向任务。

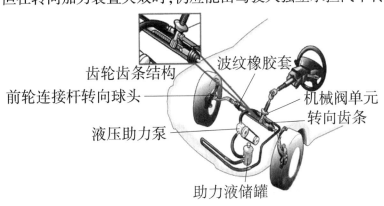

图 6-3　动力转向系统示意图

当驾驶人逆时针转动转向盘时,转向摇臂推动转向直拉杆后移。直拉杆的推力作用于转向节臂,并依次传到梯形臂和转向横拉杆,使之右移。与此同时,转向直拉杆还带动转向控制阀中的滑阀,使转向动力缸的左腔接通转向油泵的出油口,右腔则接通转向油液压力为零的转向油罐,于是,转向动力缸的活塞所受到的向右液压作用便经推杆施加在横拉杆上。因此,为了克服地面作用于转向轮上的转向阻力矩,驾驶人需要加于转向盘上的转向力矩,比用机械转向系统时所需的力矩小得多。

(4) 汽车转向性能参数。

① 转向梯形。为了使汽车能顺利地转向,且保持汽车在转向时,车轮只向前滚动而无横向滑动,则要求外侧车轮滚过的路程大于内侧车轮滚过的路程。对一般的汽车而言,后桥左右两侧车轮由于差速器的作用,能以不同的转速滚过不同的距离。但对前桥左、右两侧的转向轮,要在同一时刻滚过不同的距离,必然引起车轮沿路面边滚动边滑动,既增大了转向阻力,又加快了轮胎的磨损,甚至无法转向。为避免这一现象,只有转向轮的内转向角 β 大于外转向角 α,两者之差 $(\beta-\alpha)$ 称为前展。为产生前展,将转向机构设计成梯形。这样汽车转向时仍可使内外转向轮产生不同的偏转角,使车轮的轴线都交于同一点 O,实现车轮的纯滚动,此交点 O 称为汽车的转向中心。从转向中心 O 到外侧转向轮与地面接触点的距离 R 称为汽车的转向半径。转向半径越小,则汽车转向时所需的场地就越小,汽车的机动性也越好,如图 6-4 所示。

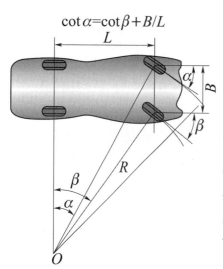

图 6-4 汽车转向时各车轮运动轨迹

② 转向系统的角传动比 i_ω。

转向系统角传动比 i_ω:转向盘的转角与安装在转向盘同侧的转向轮偏转角之比值。

转向器的角传动比 $i_{\omega 1}$:转向盘的转角与转向摇臂摆角之比。

转向机构的角传动比 $i_{\omega 2}$:转向摇臂摆角与安装在转向盘同侧的转向车轮偏转角之比。

③ 转向系统角传动比对汽车转向特性的影响。转向传动机构的角传动比 $i_{\omega 2}$ 一般为 1 左右,所以,转向系统的角传动比主要取决于转向器的角传动比 $i_{\omega 1}$。一般货车的 $i_{\omega 1}$ 为 16~32,轿车的 $i_{\omega 1}$ 为 12~22。不同的转向器,其角传动比 $i_{\omega 1}$ 各不相同,有

些是常量,有些则是变量。

转向系统角传动比 i_ω 影响汽车的操纵轻便性和转向灵活性。i_ω 越大,操纵转向盘的力矩越小,当转向盘直径一定时,驾驶人作用于转向盘的力矩也越小,即转向操纵越轻便。但 i_ω 不能过大,否则,将导致转向操纵不灵活,即转向轮偏转角一定时,i_ω 越大,需要转到转向盘的圈数越多。现代汽车转向系统的角传动比均兼有较好的转向轻便性和灵活性。

汽车的转向操纵性能并不完全取决于转向系统,还与行驶系统有关。汽车在直线行驶中,转向轮会受到偶然出现的地面侧反力而发生意外偏转,因而使汽车意外地转向,为了使汽车能稳定地保持直线行驶,要求转向轮偶然发生偏转后能立即回复到相应于直线行驶的中立位置。在行驶系统中所述的转向轮定位即是保证转向轮自动回正性能的结构措施之一。此外,悬架导向机构的结构和布置以及车轮的径向和侧向刚度都对汽车的转向操纵性有很大影响。

❷ 转向操纵机构的功用

转向操纵机构产生转动转向器所必需的操纵力,并具有一定的调节和安全性能。

转向操纵机构要将驾驶人操纵转向盘的力传给转向器,同时,为了驾驶人的舒适驾驶,还要求转向操纵机构可以进行调节,以满足不同驾驶人的需求;为了防止车辆撞击后对驾驶人造成损伤,还要求转向操纵机构具有一定的安全保护装置,如图 6-5 所示。

图 6-5 汽车转向操纵机构

❸ 转向操纵机构的组成

转向操纵机构一般由转向盘、安全气囊、组合开关、转向柱、点火开关等组成,如图 6-6 所示。

转向操纵机构组成

图 6-6 转向操纵机构的分解图

(1) 转向盘。转向盘由一个坚硬的轮圈和许多连接轮圈的中心轮毂的辐条组成,其中心和转向轴上端装配在一起。多数转向盘的轮毂都有内花键,与转向轴的外花键装配到一起。中心轮毂的螺栓或螺母能确保转向盘固定到转向轴上,如图6-7所示。

　　(2) 转向柱。转向柱主要由转向轴、中间轴和万向节等零部件组成,如图6-8所示。通过转向柱可以把转向盘的旋转运动传递到转向器上。

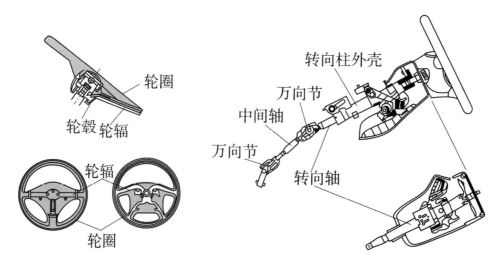

图6-7　转向盘　　　　　　　图6-8　转向柱

　　(3) 附件。转向操纵机构除了转向盘和转向柱外还有很多附件,包括安全气囊、组合开关、电缆盘、点火开关、防撞机构、高度与斜度调节机构等。

　　① 安全气囊。安全气囊是由覆有氯丁橡胶的尼龙布制成的一种装置。气囊被叠放且位于转向盘的前中央位置,此部分称为膨胀单元(膨胀单元和转向盘可作为一整体被拆卸,以便于维修转向盘和转向柱)。在遇到前部碰撞时,气囊在几分之一秒内打开,从而在驾驶人与转向盘和仪表板之间提供缓冲作用。膨胀单元包括一个点火器、可燃气体的储气罐及许多氮化钠颗粒。氮化钠颗粒燃烧很快,且在燃烧时快速释放出氮气。当汽车前部遇到撞击时,氮气会充满气囊,气囊表面材料会撕开,然后从转向盘、风窗玻璃及仪表板释放出来。从传感器反应到气囊打开整个过程,只用30～65ms的时间。在膨胀后的1s内,气囊开始缩小,氮气从另一侧的出口排掉。气囊一旦打开就不能再用,如图6-9所示。

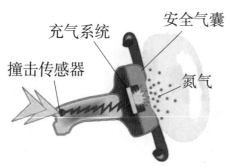

图6-9　安全气囊工作原理

②组合开关、电缆盘。组合开关和电缆盘都安装在转向柱上。电缆盘是用来连接汽车喇叭的,其工作原理如下:汽车喇叭开关一般都装在转向盘上,可以随转向盘相对车身转动,而与喇叭连接的导线固定在车身和转向盘柱管上,不能旋转。因此,与喇叭连接的导线必须与转向盘的旋转部分进行电气连接。目前,多数汽车都装有集电环。由于集电环是机械接触,长时间使用会因为触点磨损而影响导电性,从而发生喇叭不响的现象,甚至会引起安全气囊在汽车发生碰撞时不能正常工作。所以,现在装备安全气囊的汽车开始采用电缆盘。电缆盘将导线卷入盘内,在转向盘旋转范围内,导线靠卷筒自由伸缩。采用这种结构,可靠性大大提高,如图6-10所示。

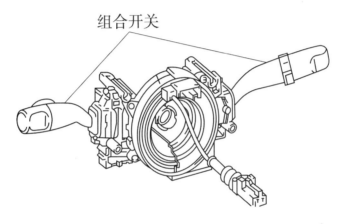

图6-10　组合开关、电缆盘结构

③防撞机构。为了保证驾驶人的安全,同时也为了更加舒适、可靠地操纵转向系统,现代汽车通常在转向操纵机构上增设相应的防撞机构。这种防撞机构是一种安全装置,具有碰撞吸能的作用,既可以减轻车辆碰撞冲击,还可以帮助防止转向主轴伤及驾驶人。常见的安全转向柱有以下几种结构。

a. 可分离式安全转向柱:它能在撞车时,依靠切断安全元件而吸收撞击能量,同时减小转向柱和转向盘朝驾驶人侧的移动量,起到较好的保护效果,如图6-11所示。

b. 网格状安全转向柱:利用网格状管柱削弱局部强度,撞车时此处被压缩并能吸收冲击能量,使转向柱和转向盘后移量较小,从而对驾驶人起到缓冲保护作用,如图6-12所示。

c. 双层管式安全转向柱:双层管式安全转向柱结构在撞车时,利用内管和外管产生的相对运动,依靠装配时在两者之间具有较大过盈量的钢球,在相对运动中产生较大的摩擦力有效吸收撞击能量,起到缓冲保护作用,如图6-13所示。

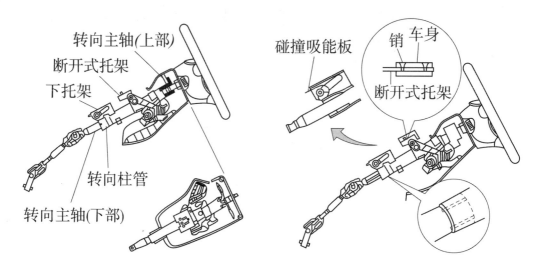

图6-11　可分离式安全转向柱　　　图6-12　网格状安全转向柱

④高度与斜度调节机构。为了保证驾驶人的安全,同时也为了更加舒适、可靠地操纵转向系,满足驾驶人不同的需要,现代汽车通常在转向操纵机构上增设相应的调节装置。它的作用是能够使驾驶人在一定的范围内调节转向盘的位置。

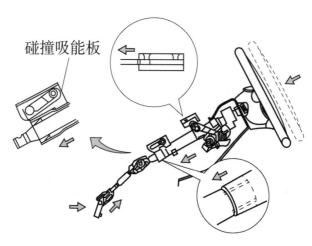

图6-13　双层管式安全柱

a.倾斜角度调节装置:倾斜角度调节装置的结构特点是转向柱管的上段和下段分别通过倾斜调节支架和下托架与车身相连并夹持固定住转向柱管。倾斜调节用锁紧螺栓穿过调节支架上的长孔和转向柱管,调整手柄即拧在该螺纹上。其工作原理是当向下扳动手柄时,锁紧螺栓的螺纹放松,转向柱管即可以以枢轴为中心在支架长孔的范围内上下移动。当确定了转向柱管的合适位置后,向上扳动调整手柄,从而将转向柱管定位,如图6-14所示。

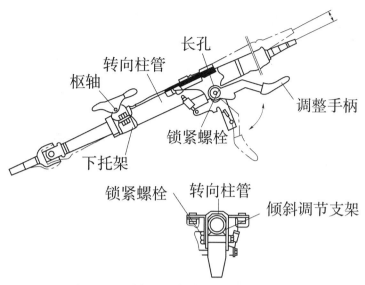

图 6-14 转向柱倾斜角度调整装置

b. 转向柱伸缩装置:转向柱伸缩装置的结构特点是转向柱分为上下两段,两者通过花键连接。上转向柱由调节螺栓通过楔状限位块夹紧定位,调节螺栓的一端拧有调节手柄。其工作原理是当需要调整转向轴的轴向位置时,先向下推调节手柄,使限位块松开,再轴向移动转向盘,调到合适的位置后,向上拉调节手柄,将上转向轴锁紧定位,如图 6-15 所示。

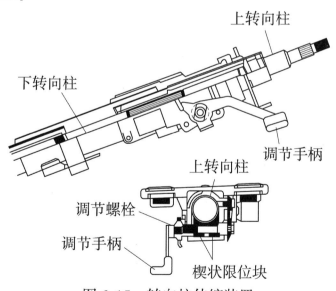

图 6-15 转向柱伸缩装置

⑤转向柱上点火开关和锁止机构。转向柱上安装有点火开关。在点火开关上通常都安装有机械的锁止机构,如果汽车钥匙拨开后,转向柱被锁止,汽车不能实现转向,可起到防盗作用。

推式点火钥匙筒的锁止过程:①在 ACC 位置,把点火开关推进;②点火开关插入后,旋至 LOCK 位置,如图 6-16a)所示。

按钮式点火钥匙筒的锁止过程:①在 ACC 位置,按下按钮;②保持按钮按下,点火开关旋至 LOCK 位置,如图 6-16b)所示。

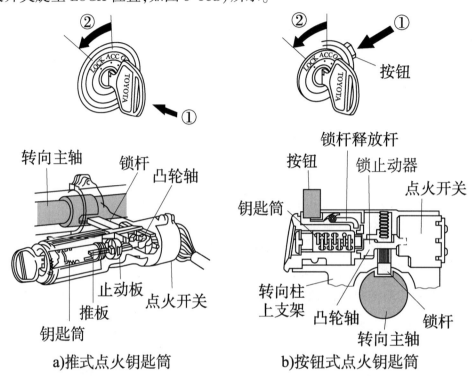

图 6-16　两种类型的点火开关和锁止机构

二　任务实施

1　准备工作

(1) 将实训车辆停放在维修区域。

(2) 检查举升机工作是否正常,安全机构工作是否正常。

(3) 准备常用工具套件、车辆挡块、翼子板布及防护三件套等工具。

2　技术要求与注意事项

(1) 转向柱上装有一套组合开关,包括点火开关、前风窗玻璃刮水器及洗涤剂开关、转向灯开关及远近光变光开关,因此,在拆卸前必须将蓄电池电源线断开,将转向指示灯开关放在中间位置,并使车轮处在直线行驶位置。

(2) 使用拆卸工具,必须严格遵守操作规程及使用说明操作。

项目二　汽车转向系统的检修

(3)各螺栓螺母必须按照规定力矩进行拧紧,安装或拆卸必须遵循相关的顺序。

(4)在安装转向盘时,应使车轮处于直线行驶位置,转向灯开关处于中间位置,才能安装,否则,在安装转向盘时,当分离爪齿通过接触环上的簧片时,有可能造成损坏。

(5)应更换所有的自锁螺母和螺栓,转向柱如有损坏,不能通过焊接修理。

❸ 操作步骤

(1)转向柱和转向轴的拆卸。

注意:从蓄电池上分离蓄电池负极导线并等待30s。转动转向盘使车辆前轮处于直线向前位置。

①拧松位于转向盘两侧上的螺栓,如图6-17所示。

②拆卸安全气囊总成A,如图6-18所示。

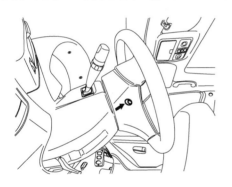
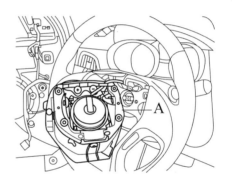

图6-17　拧松位于转向盘
两侧上的螺栓
　　图6-18　拆卸安全气囊总成

注意:切勿将身体正面朝向安全气囊。

③拆卸转向盘,如图6-19所示。

分离连接器B,拧下锁紧螺母A,从转向柱轴拆卸转向盘。

注意:拆卸时不要敲击转向盘,否则,会损坏转向柱。规定力矩:39.2~49.0N·m。

④拆卸转向柱上盖A和下盖B,如图6-20所示。

⑤拆卸时钟弹簧A,如图6-21所示。

注意:做好装配记号。

⑥拆卸组合开关A,如图6-22所示。

拧下螺栓,拆卸组合开关。

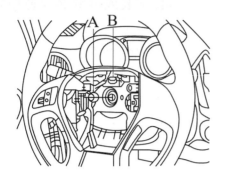

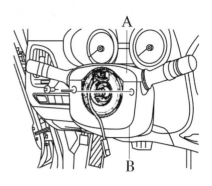

图 6-19　拆卸转向盘　　　　图 6-20　拆卸转向柱
　　　　　　　　　　　　　　　　　上盖和下盖

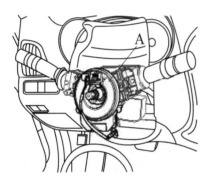

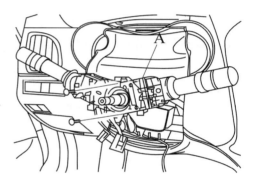

图 6-21　拆卸时钟弹簧　　　图 6-22　拆卸组合开关

⑦拆卸侧仪表板、下仪表板，如图 6-23 所示。

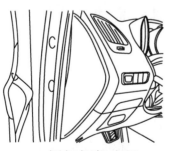

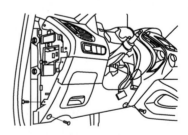

a)拆卸侧仪表板　　　　　b)拆卸下仪表板

图 6-23　拆卸侧仪表板和下仪表板

⑧拆卸仪表板 A，如图 6-24 所示。

拧下螺母，拆卸仪表板。

⑨拆卸防尘盖，如图 6-25 所示。

拧下螺母，拆卸防尘盖。规定力矩：12.7～17.7N·m。

项目二 汽车转向系统的检修

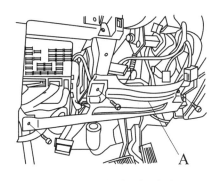 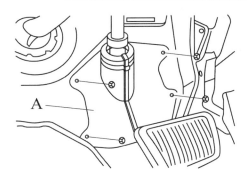

图 6-24 拆卸仪表板　　　　　　图 6-25 拆卸防尘盖

⑩分离转向器小齿轮的万向节总成,如图 6-26 所示。拧下螺母 A,然后从转向器壳体的小齿轮上分离万向节总成 B。

注意:处理转向盘时保持其在中间位置,防止损坏时钟弹簧的内部导线。规定力矩:32.4~37.3N·m。

⑪分离所有连接至转向柱的连接器。

⑫拆卸转向立柱,如图 6-27 所示。

拧下螺母,拆下转向立柱。规定力矩:12.7~17.7N·m。

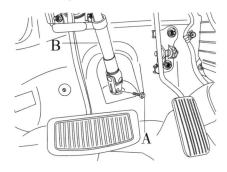

图 6-26 分离万向节总成　　　　图 6-27 拆卸转向立柱

⑬分解万向节,如图 6-28 所示。

拧下螺栓 A,分离转向柱总成万向节总成。

(2)检查。

①检查转向柱、转向球头、倾斜支架,如图 6-29 所示。

检查转向柱是否变形和损坏;检查转向球头是否变形和磨损;检查倾斜支架是否牢固和变形。

②检查钥匙锁止总成。检查钥匙锁止总成工作是否正常并按要求进行更换。

(3)装配。

按拆卸的相反顺序安装。连接蓄电池,检查设备的电气操作。

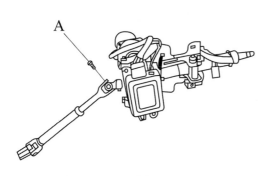

图 6-28　分解万向节

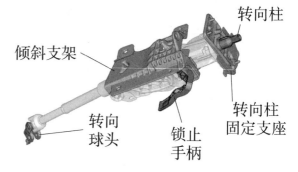

图 6-29　转向柱、转向球头、倾斜支架的检查

三　学习拓展——车辆转向系统的发展趋势

随着全球经济形势的快速发展，计算机芯片技术、控制理论、汽车传感器技术已经上升到了一个较高水平，工程技术人员尝试着取消车辆转向系统中的机械连接装置，赋予转向系统更加灵活的布置方式，线控转向系统开始出现。1990年，奔驰公司研发了前轮线控转向系统。此系统中转向盘和转向轮之间没有机械连接，是断开的，通过总线传输必要的信息。来自转向盘传感器和各种车辆当前状态的信息送给电子控制子系统后，利用计算机对这些信息进行控制运算，然后对车辆转向子系统发出指令，使车辆转向。同时车轮转向子系统中的转向阻力传感器给出的信息也经电子控制子系统，传给转向盘子系统中的模拟路感的部件。

综合上面的分析可以看出，电动助力转向系统将是未来转向系统发展的主流，而在此系统上发展进化的新型转向系统将是未来的主流之一，例如：转弯时可辅助驾驶人操作系统，自动泊车系统，自动转向规避碰撞系统。

未来的转向系统应该更加智能、安全、环保和节能，电动助力转向系统在主动安全性、环保节能、可靠性、集成电控和环境适应性等方面具有明显的优点，代表着汽车转向系统的发展方向。

四　评价与反馈

❶ 自我评价

（1）通过本学习任务的学习，你是否已经知道以下问题：
①汽车转向系统结构、工作原理是什么？＿＿＿＿＿＿＿＿＿＿＿＿＿＿＿＿

项目二 汽车转向系统的检修

②转向操纵机构的组成和功用是什么?＿＿＿＿＿＿＿＿＿＿＿＿＿＿＿＿＿

＿＿＿＿＿＿＿＿＿＿＿＿＿＿＿＿＿＿＿＿＿＿＿＿＿＿＿＿＿＿＿＿＿＿。

(2)汽车转向操纵机构拆装过程中用到了哪些设备?＿＿＿＿＿＿＿＿＿＿

＿＿＿＿＿＿＿＿＿＿＿＿＿＿＿＿＿＿＿＿＿＿＿＿＿＿＿＿＿＿＿＿＿＿。

(3)汽车转向操纵机构在拆装过程中应注意哪些问题?＿＿＿＿＿＿＿＿＿

＿＿＿＿＿＿＿＿＿＿＿＿＿＿＿＿＿＿＿＿＿＿＿＿＿＿＿＿＿＿＿＿＿＿。

(4)通过本学习任务的学习,你认为自己的知识和技能还有哪些欠缺?

＿＿＿＿＿＿＿＿＿＿＿＿＿＿＿＿＿＿＿＿＿＿＿＿＿＿＿＿＿＿＿＿＿＿。

签名:＿＿＿＿＿＿＿　　　＿＿＿年＿＿月＿＿日

❷ **小组评价**(表6-1)

小组评价表　　　　　　表6-1

序号	评价项目	评价情况
1	着装是否符合要求	
2	是否能合理规范地使用仪器和设备	
3	是否按照安全和规范的流程操作	
4	是否遵守学习、实训场地的规章制度	
5	是否能保持学习、实训场地整洁	
6	团结协作情况	

参与评价同学签名:＿＿＿＿＿＿＿　　＿＿＿年＿＿月＿＿日

❸ **教师评价**

＿＿＿＿＿＿＿＿＿＿＿＿＿＿＿＿＿＿＿＿＿＿＿＿＿＿＿＿＿＿＿＿＿＿

＿＿＿＿＿＿＿＿＿＿＿＿＿＿＿＿＿＿＿＿＿＿＿＿＿＿＿＿＿＿＿＿＿＿。

教师签名:＿＿＿＿＿＿＿　　　＿＿＿年＿＿月＿＿日

五 技能考核

根据学生完成实训任务的情况对学习效果进行评价。技能考核标准见表6-2。

技 能 考 核 标 准　　　　　　　表 6-2

序号	项目	操作内容	规定分	评分标准	得分
1	汽车操纵机构拆卸	车辆、工具、器材准备	3分	工具准备是否齐全	
		安全检查确认	3分	安全检查是否到位	
		转向盘、转向柱、万向节拆卸	20分	严格按照技术标准流程	
		现场5S管理	3分	是否进行此操作	
		综合能力表现	4分	分别按突出表现进行加分	
2	汽车操纵机构装配	车辆、工具、器材准备	3分	工具准备是否齐全	
		安全检查确认	3分	安全检查是否到位	
		转向盘、转向柱、万向节装配	20分	严格按照技术标准流程	
		现场5S管理	3分	是否进行此操作	
		综合能力表现	4分	分别按突出表现进行加分	
3	汽车操纵机构检测	车辆、工具、器材准备	3分	工具准备是否齐全	
		安全检查确认	3分	安全检查是否到位	
		转向盘、转向柱、万向节检测	21分	严格按照技术标准流程	
		现场5S管理	3分	是否进行此操作	
		综合能力表现	4分	分别按突出表现进行加分	
	总分		100分		

项目二 汽车转向系统的检修

学习任务7　转向器的拆装与检查

学习目标

★ 知识目标

1. 掌握转向器作用、组成及类型；
2. 掌握转向器组成部件名称及安装位置；
3. 熟悉转向器进行拆装、检查的技术流程和规范；
4. 清楚转向器检查技术标准；
5. 熟悉转向传动机构的作用、类型及结构特点。

★ 技能目标

1. 能完成转向器的拆装；
2. 能完成转向器的检查和更换。

建议课时

10课时。

 任务描述

车主购买一辆新的北京现代索纳塔轿车，正常使用3个月后，发现车辆在转向时有异响，经常出现"嘎巴嘎巴"的声音，尤其在原地打方向的时候，响声更加明显。请进一步检查确认故障现象，重点对转向器进行检查，必要时进行拆装检查，排除故障。

一　理论知识准备

❶ 转向器概述

（1）功用。转向器是转向系统中的减速增矩传动装置，其功用是增大由转向

转向器功用　转向器类型

盘传到转向节的力,并改变力的传动方向。

(2)类型。按转向器中的传动副的结构形式分,可以分为齿轮齿条式、循环球式、蜗杆曲柄指销式、蜗杆滚轮式等几种。目前,轿车广泛使用的是齿轮齿条式转向器和循环球式转向器。

(3)转向器的传动效率。

①定义。转向器传动效率是指转向器输出功率与输入功率之比。当功率由转向盘输入,从转向横拉杆(转向摇臂)输出时称为正传动效率。反之,当转向横拉杆(转向摇臂)受到道路冲击而传到转向盘的传动效率则称为逆效率。

②按传动效率分类。按传动效率的不同,转向器还可以分为可逆式转向器、极限可逆式转向器和不可逆式转向器。

可逆式转向器是指正、逆传动效率都很高的转向器。这种转向器有利于汽车转向后转向轮的自动回正,转向盘"路感"很强,但也容易在坏路行驶时出现"打手",所以,主要应用于经常在良好路面行驶的车辆。

极限可逆式转向器是指正传动效率远大于逆传动效率的转向器。这种转向器能实现汽车转向后转向轮的自动回正,但"路感"较差,只有当路面冲击力很大时才能部分地传到转向盘,主要应用于中型以上的越野汽车、工矿用自卸汽车等。

不可逆式转向器是指逆传动效率很低的转向器。这种转向器使驾驶人不能得到路面的反馈信息,没有"路感",而且转向轮也不能自动回正,所以很少采用。

(4)转向盘的自由行程。转向盘为消除转向系统各传动件之间的装配间隙、克服弹性变形空转的角度称为转向盘自由行程。由于转向系统各传动件之间都存在装配间隙,这些间隙随零件的磨损而增大,在一定的范围内转动转向盘时,转向节并不同步转动,而是在消除这些间隙并克服机件的变形后,才作相应的转动,即转向盘有一空转过程。

转向盘自由行程对于缓和路面冲击及避免驾驶人过于紧张是有利的,但过大的自由行程会影响转向灵敏性。所以,汽车维护中应定期检查转向盘自由行程。一般汽车转向盘的自由行程应在10°~15°,否则,应进行调整。

❷ 转向器的结构、原理、检修和调整

(1)齿轮齿条式转向器。

①结构、原理。齿轮齿条式转向器分两端输出式和中间(或单端)输出式两种。

两端输出式齿轮齿条式转向器主要由转向器壳体、转向齿轮、转向齿条等组成。作为传动副主动件的转向齿轮轴通过轴承安装在转向器壳体中,其上端通过花键与万向节叉和转向轴连接;与转向齿轮啮合的转向齿条水平布置,两端通过球头座与转向横拉杆相连;弹簧通过压块将齿条压靠在齿轮上,保证无间隙啮合。弹簧的预紧力可用调整螺塞调整。当转动转向盘时,转向齿轮轴转动,使与之啮合的齿条沿轴向移动,从而使左右横拉杆带动转向节左右转动,使转向车轮偏转,实现汽车转向,如图7-1所示。

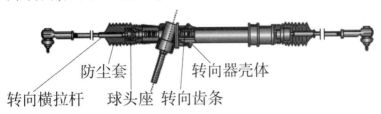

图7-1 两端输出的齿轮齿条式转向器

中间输出的齿轮齿条式转向器结构及工作原理与两端输出的齿轮齿条式转向器基本相同,不同之处在于它在转向齿条的中部用螺栓与左右转向横拉杆相连,如图7-2所示。

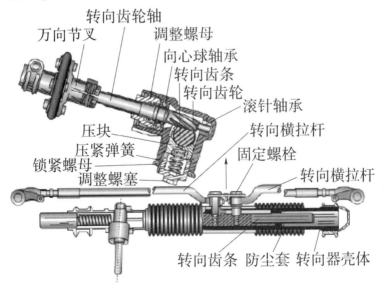

图7-2 中间输出的齿轮齿条式转向器

齿轮齿条式转向器结构简单,可靠性好,也便于独立悬架的布置。同时,由于齿轮齿条直接啮合,转向灵敏、轻便,所以,在各类型汽车上的应用越来越多。

②检查。将汽车前轮处于直线行驶状态,用指尖向左、右侧轻轻推动转向盘,在转向盘外圆周上测量手感变重轮胎开始转动时的自由行程。如果测量值在规定值之内,说明状况正常。原则上运动副为无间隙配合,应无自由行程,当

自由行程过大时，说明齿条与转向齿轮啮合间隙偏大，各结合处松旷，齿条磨损。通过调整补偿弹簧的压力，可使齿条微量变形，实现无间隙或小间隙啮合。北京现代轿车转向盘自由行程在转向盘边缘处测量，其值为 15～20mm，当转向盘的自由行程超过 20mm，需要调整或换件。

③检修。分解清洗后，检查转向横拉杆、转向齿条、转向器壳体有无磨损与损坏，当零件出现裂纹时，应更换零件或总成件。在总成修理时应进行隐伤检验；转向齿条的直线度误差不得大于 0.20mm；齿面上应无疲劳剥蚀及严重磨损，若出现左右大转角时转向沉重，且又无法调整时应更换，如图 7-3 所示。

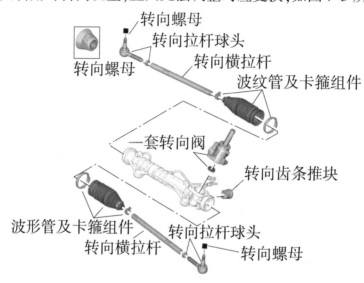

图 7-3　齿轮齿条式转向器检修

④调整。齿轮齿条式转向器的调整是调整转向齿条与转向齿轮的啮合间隙，也称为转向齿条的预紧力。因结构的差异，调整方法也有所不同，但常见的有两类。

一种方法是改变转向齿条导块与盖之间的垫片厚度来调整转向齿条与转向齿轮轮齿的啮合间隙，完成预紧力调整。其调整步骤是：先不装弹簧以及盖之间的垫片，进行 x 值的调整，使转向齿轮轴上的转动力矩为 1～2N·m；然后用塞尺测量 x 值，在 x 值上加 0.05～0.13mm，此值就是应加垫片的厚度，也就是转向齿条和转向齿轮合格的啮合间隙所要求的垫片厚度，如图 7-4 所示。

另一种方法是用盖上的调整螺塞改变转向齿条导块与弹簧座之间的间隙值，完成预紧力的调整。其调整步骤是：先旋转盖上的调整螺塞，使弹簧座与导块接触，再将调整螺塞旋出 30°～60°之后，检查转向齿轮的转动力矩，如此重复操作，直至转向齿轮的转动力矩符合原厂规定，最后紧固锁紧螺母，如图 7-5 所示。

项目二 汽车转向系统的检修

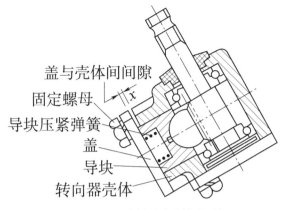

图 7-4 预紧力调整机构

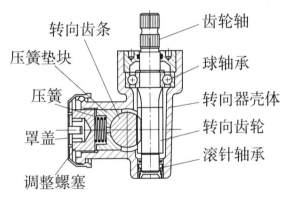

图 7-5 预紧力调整机构

(2) 循环球式转向器。

①结构、原理。循环球式转向器有两级传动副。第一级传动副是转向螺杆和转向螺母,转向螺母的下平面加工成齿条,与齿扇轴内的齿扇相啮合,构成齿条—齿扇第二级传动副。显然,转向螺母即是第一级传动副的从动件,也是第二级传动副的主动件。通过转向盘转动转向螺杆时,转向螺母不能随之转动,而只能沿杆转向移动,并驱使齿扇轴(即摇臂轴)转动,如图 7-6 所示。

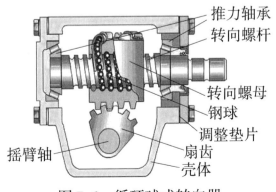

图 7-6 循环球式转向器

转向螺杆支承在两个推力轴承上,轴承的预紧度可用调整垫片调整。在转向螺杆上松套着转向螺母。为了减少它们之间的摩擦,两者的螺纹并不直接接触,其间装有许多钢球,以实现滚动摩擦。

当转动转向螺杆时,通过钢球将力传给转向螺母,使螺母沿螺杆轴向移动。随着螺母沿螺杆做轴向移动,其齿条便带动齿扇绕着转向摇臂轴作圆弧运动,从而使转向摇臂轴连同摇臂产生摆动,通过转向传动机构使转向轮偏转,实现汽车转向。

转向螺母下平面上加工出的齿条是倾斜的,与之相啮合的是变齿厚齿扇。只要使齿扇轴相对于齿条做轴向移动,便可调整两者的啮合间隙。调整螺钉旋装在侧盖上。旋入调整螺钉,则齿条与齿扇的啮合间隙减小;旋出调整螺钉则啮合间隙增大。调整好后用锁紧螺母锁紧,如图7-7所示。

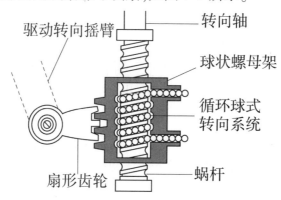

图7-7 循环球式转向器啮合间隙调整机构

②调整。循环球式转向器的调整主要是转向器啮合间隙的调整,方法如下:首先使转向器的传动副处于中间位置(直行位置)。然后通过调整螺钉,调整转向器传动副的啮合间隙,在直线位置上应呈无间隙啮合。在中间位置上,转向器转动力矩应为1.5~2.0N·m。当转向器转动力矩调整合格后,按规定力矩锁紧调整螺钉。

❸ 转向传动机构作用、类型及结构特点

(1)转向传动机构的作用、类型。转向传动机构的作用是将转向器输出的力和运动传到转向桥两侧的转向节,使两侧转向轮偏转以实现汽车转向,且使两转向轮偏转角按一定关系变化,以保证汽车转向时车轮与地面的相对滑动尽可能小。转向传动机构的组成和布置因转向器结构形式、安装位置及悬架类型而异。

转向传动机构按照悬架的分类可分为与非独立悬架配用的转向传动机构和与独立悬架配用的转向传动机构两大类。

(2)与非独立悬架配用的转向传动机构。与非独立悬架配用的转向传动机构由转向摇臂、转向直拉杆、转向节臂和由转向横拉杆与两个梯形臂组成的转向梯形机构组成,如图7-8所示。

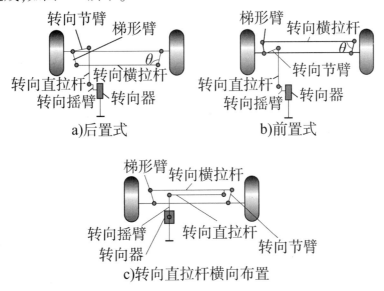

图7-8　与非独立悬架配用的转向传动机构示意图

(3) 与独立悬架配用的转向传动机构,如图7-9所示。

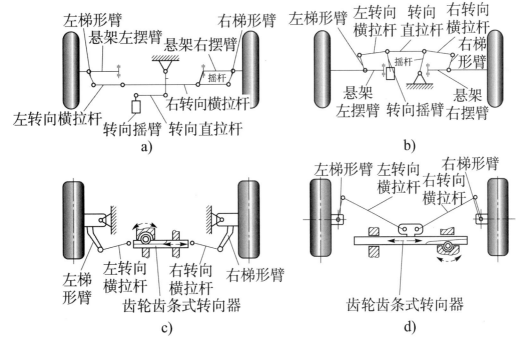

图7-9　与独立悬架配用的转向传动机构示意图

(4) 转向传动机构的主要部件。转向传动机构的主要部件有转向摇臂、转向直拉杆、转向横拉杆及转向减振器等。转向摇臂的作用是把转向器输出的力和运动

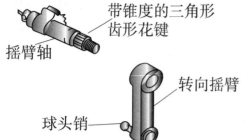

图 7-10 转向摇臂的结构

传给转向直拉杆或转向横拉杆,进而推动转向轮偏转。转向摇臂的结构如图 7-10 所示。

转向直拉杆的作用是把转向摇臂传来的力和运动传给转向梯形臂或转向节臂,它既受拉力也受压力,转向直拉杆及接头的结构如图 7-11 所示。

转向横拉杆的作用是连接左右梯形臂并使其协调工作,它在行驶中反复承受拉力和压力,转向横拉杆及接头的结构如图 7-12 所示。

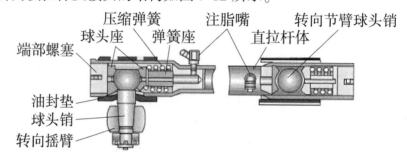

图 7-11 转向直拉杆的结构

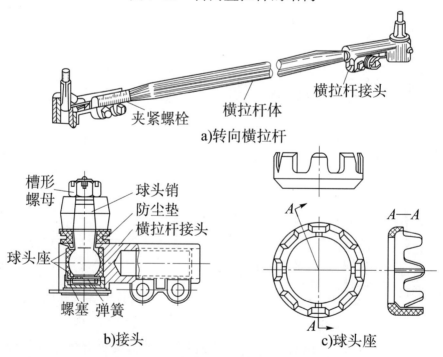

图 7-12 转向横拉杆及接头的结构

转向减振器的作用是克服汽车行驶时转向轮产生的摆振,并提高汽车行驶的稳定性和舒适性,转向减振器的结构如图 7-13 所示。

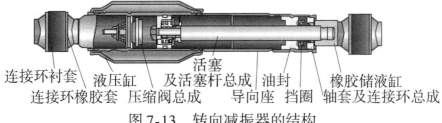

图 7-13　转向减振器的结构

(5) 转向传动机构的维护。

转向传动机构的维护主要是各连接球头的检查和润滑。转向传动机构的分解如图 7-14 所示。

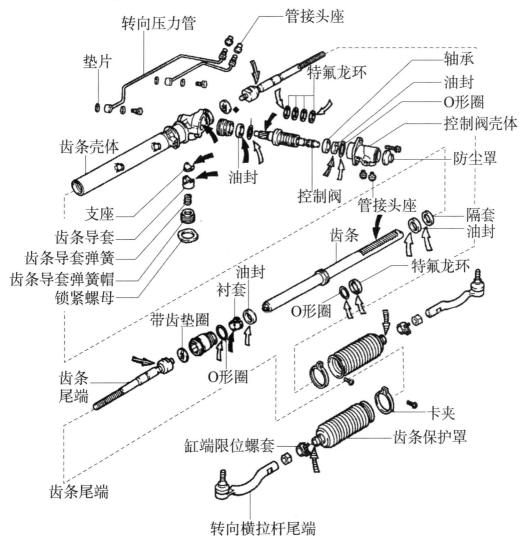

图 7-14　转向传动机构分解

分解清洗转向传动机构以后,转向传动装置重点进行以下几个方面检修。

①检查转向柱与柱管是否有变形与损坏情况,检查转向轴承磨损与烧蚀情况,严重时应更换。检查万向节在十字轴的两个方向的径向间隙,若有间隙应更换万向节的轴承。

②检查横拉杆是否弯曲,不严重时,可校正,严重时更换;检查调整螺栓的螺纹是否损坏。检查横拉杆内、外球头销的转动力矩和摆动力,应符合相应技术标准。检查横拉杆内衬套是否损坏和老化,如有应及时更换。

二 任务实施

❶ 准备工作。

(1)将实训车辆停放在维修区域。

(2)检查举升机工作是否正常,安全机构工作是否正常。

(3)准备常用工具套件、扭力扳手、台虎钳、铜棒、手压机等。

(4)准备车辆挡块、翼子板布及防护三件套等。

❷ 技术要求与注意事项

(1)使用车辆的举升机前应清除举升机附近妨碍作业的器具及杂物,并检查操作手柄是否能正常工作,操作机构是否灵敏有效。液压系统不允许有爬行现象。支车时,四个支脚应在同一平面上;调整支脚胶垫高度使其接触车辆底盘支撑部位;车辆不可支得过高;支起后四个托架要锁紧。待举升车辆驶入后,应将举升机支撑块调整移动对正该车型规定的举升点。

举升时人员应离开车辆,举升到需要高度时,必须插入保险锁销,并确保安全可靠才可开始车底作业,支车时举升要稳,降落要慢。

(2)使用各式气动工具,务必遵照各种安全规定及使用说明操作。要选用适当的工具作业,工具过大容易造成工件伤害,工具过小容易致使工具损害。气动工具由于具有转速高、扭力强、噪声大等特点,要求使用人员在使用前佩戴好防护眼镜、纱线手套、耳塞等。

(3)各螺栓务必按照规定力矩进行拧紧,安装或拆卸必须遵循相关的顺序。

(4)当拆卸转向器压力油管和回油软管时,注意要用容器回收动力转向油,以免造成污染和浪费。

❸ 操作步骤

(1)车辆转向器的拆卸(齿轮齿条式转向器)。

①拆卸前轮和轮胎,如图7-15所示。

拆卸左前车轮,做好记号,安装气管,检查旋转方向,安装套筒,对角分两次拆下车轮螺栓(用风动扳手,注意旋向、连接及拆卸顺序)。规定力矩:88.3~107.9N·m。

②分离压力软管A,如图7-16a)所示。

分离回油软管B,如图7-16b)所示。

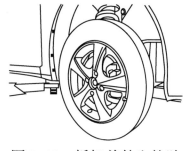

图7-15 拆卸前轮和轮胎

注意:排放动力转向油时用容器回收动力转向油。

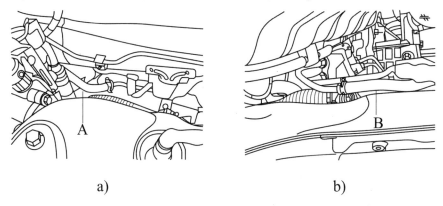

a)　　　　　　　　　　b)

图7-16 分离压力软管A和回油软管B

③拆卸横拉杆末端,如图7-17所示。

用扭力扳手拧下螺母,从前桥拆卸横拉杆末端。

④拆卸下摆臂,如图7-18所示。

用扭力扳手拧下螺母,拆卸下摆臂A。规定力矩:58.8~70.6N·m。

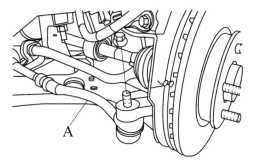 

图7-17 拆卸横拉杆末端　　图7-18 拆卸下摆臂

⑤分离万向节总成,如图7-19所示。

用梅花扳手或套筒扳手拧下螺母A,然后从转向器壳体的小齿轮上分离万向节总成。

注意：转向盘应保持在中间位置防止损坏时钟弹簧的内部导线。规定力矩：32.4~37.3N·m。

⑥拆卸橡胶悬架，如图7-20所示。

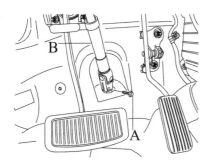
图7-19　分离万向节总成

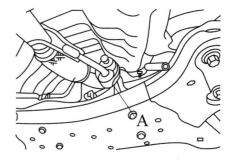
图7-20　拆卸橡胶悬架

⑦拆卸横梁，如图7-21所示。

用扭力扳手拧下滚子杆螺栓，从车身上拆卸横梁。规定力矩：53.9~63.7N·m。

⑧拆卸前副车架，如图7-22所示。

用扭力扳手拧下螺栓，拆卸前副车架。规定力矩：156.9~176.5N·m。

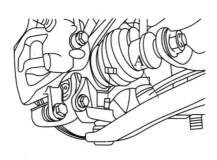
图7-21　拆卸横梁

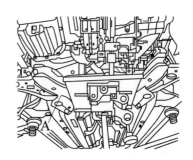
图7-22　拆卸前副车架

⑨拆卸转向器总成，如图7-23所示。

拧下装配螺栓，拆下转向器。规定力矩：58.8~78.8N·m。

⑩按拆卸的相反顺序安装，向动力转向油储油罐内添充动力转向油。动力转向油为PSF油。排出动力转向系统的空气。

(2)分解转向器总成。

①拆卸横拉杆端部B，如图7-24所示。

用两开口扳手配合从横拉杆A上拆卸横拉杆端部。

②拆卸防尘套，如图7-25所示。用螺丝刀从球头A拆卸防尘套B。

项目二　汽车转向系统的检修

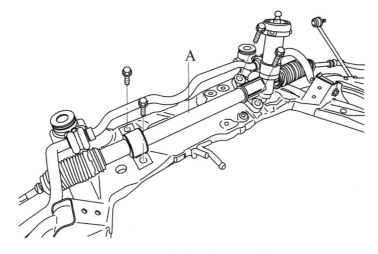

图7-23　拆卸转向器总成

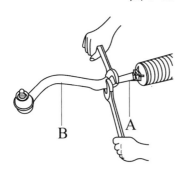

图7-24　拆卸横拉杆B　　图7-25　拆卸防尘套

③拆卸波纹管箍带A,如图7-26所示。

④拆卸波纹管夹,如图7-27所示。

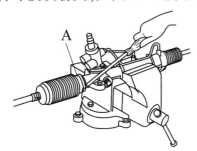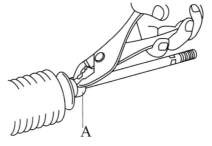

图7-26　拆卸波纹管箍带　　图7-27　拆卸波纹管夹

⑤朝横拉杆方向拉出波纹管。

注意:更换波纹管时,检查齿条是否生锈。

⑥拆卸供油管,如图7-28所示。

⑦缓慢移出齿条,排放齿条壳中的液体。

⑧松动有耳垫圈A,如图7-29所示。

用錾子松动固定横拉杆 B 和齿条 C 的有耳垫圈。

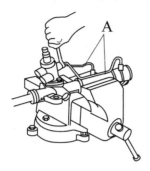

图 7-28　拆卸供油管　　图 7-29　松动有耳垫圈 A

⑨拆卸横拉杆 B,如图 7-30 所示。

固定齿条 A,用活扳手拆卸横拉杆 B。

注意: 从齿条 A 拆卸横拉杆 B 时,不要扭曲齿条。

⑩拆卸压块锁止螺母 A,如图 7-31 所示。

用活动扳手拆卸压块锁止螺母。

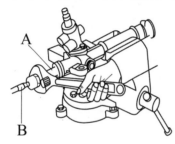 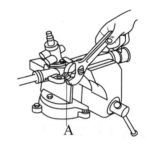

图 7-30　拆卸横拉杆 B　　图 7-31　拆卸压块锁止螺母

⑪拆卸螺塞 B,如图 7-32 所示。用 14mm 的套筒扳手拆卸螺塞 B。

⑫拧下锁止螺母、塞、弹簧和齿条压块,如图 7-33 所示。

从转向器上拧下锁止螺母 A、塞 B、弹簧 C 和齿条压块 D。

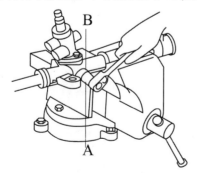 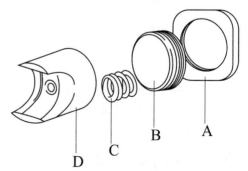

图 7-32　拆卸螺塞　　图 7-33　拧下锁止螺母、塞、
　　　　　　　　　　　　　　　弹簧和齿条压块

⑬拆卸弹簧卡环,如图 7-34 所示。

当弹簧卡环的末端从壳齿条缸的凹孔 B 出来时,顺时针转动齿条止动器 A,拆卸弹簧卡环。

注意:不要损坏齿条。

⑭拆卸弹簧卡环,如图 7-35 所示。

当弹簧卡环的末端从壳齿条缸的凹孔 A 出来时,逆时针转动齿条止动器 B,拆卸弹簧卡环。

注意:不要损坏齿条。

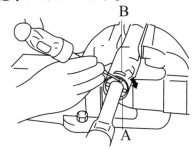

图 7-34 拆卸弹簧卡环一　　图 7-35 拆卸弹簧卡环二

⑮拆卸齿条衬套和齿条。

⑯从齿条壳 B 上拆卸 O 形环 A,如图 7-36 所示。

用螺丝刀将 O 形环 A 从齿条壳 B 上拆卸下来。

⑰分离油封 B,如图 7-37 所示。

从齿条壳 A 上分离油封 B。

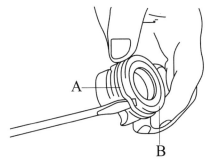 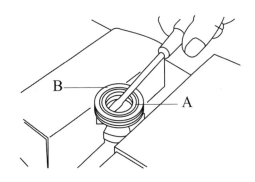

图 7-36 拆卸 O 形环　　图 7-37 分离油封

⑱拆卸阀体 A,如图 7-38 所示。

用软锤子从阀体壳 B 拆卸阀体 A。

⑲使用专用工具,从阀体壳拆卸油封和球轴承。

⑳从齿条壳上拆卸油封和 O 形环。

注意：小心避免损坏齿条壳内的小齿轮缸。

㉑拆卸油封 A，如图 7-39 所示。

使用专用工具(09573-33100，09555-21000)，从齿条壳拆卸油封 A。

注意：不要损坏齿条壳内的齿条缸。

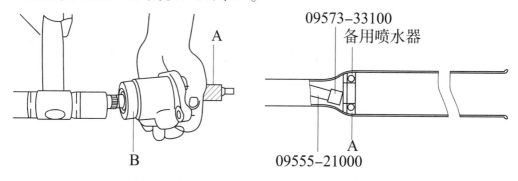

图 7-38　拆卸阀体　　　　图 7-39　拆卸油封

(3)齿轮齿条式转向器的装配，按分解的相反顺序组装。

(4)齿轮齿条式转向器的检修。

①检查齿条，如图 7-40 所示。

将齿条放在 V 形块上，用百分表检查齿条的摆差，最大摆差为 0.15mm；齿条径向圆跳动不超过 0.30mm。

检查齿面：检查齿条背面是否磨损或损坏，如有问题应予更换。

②检查齿条衬套，如图 7-41 所示。

齿条衬套工作表面是否磨损或损坏。

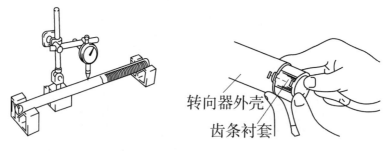

图 7-40　检查齿条　　　　图 7-41　检查齿条衬套

③检查转向小齿轮油封，如图 7-42 所示。

检查油封接触面是否损坏；检查密封环是否损坏或磨损；检查油封是否损坏或磨损。

④更换小齿轮轴承调整螺钉的油封，如图 7-43 所示。

使用专用工具拆下油封；使用专用工具敲入新油封。

注意：在新油封的唇部涂敷动力转向液压油。

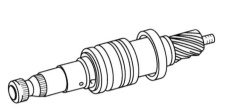

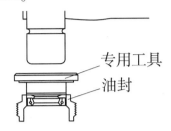

图7-42 检查转向小齿轮油封

图7-43 更换小齿轮轴承调整螺钉的油封

⑤检查、更换转向小齿轮轴承，如图7-44所示。

首先，拆下轴承。方法：将齿条壳体加热到80℃以上，用塑料锤子敲打齿条壳体，拆下轴承；然后，检查轴承是否磨损或损坏；最后将齿条壳体加热到80℃以上，使用专用工具安装新轴承。

注意：在壳体的底部涂敷二硫化钼锂基润滑脂；转向器螺杆轴承预紧力矩为$1.0 \sim 1.8 \text{N} \cdot \text{m}$。

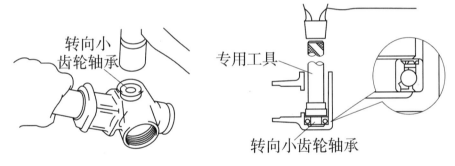

图7-44 检查、更换转向小齿轮轴承

(5)齿轮齿条式转向器的调整。

①调整转向小齿轮轴承预紧力，如图7-45所示。

首先，把小齿轮装进壳体后，用扳手调整小齿轮的调整螺钉并锁紧；然后，使用扭力扳手在两个方向上测量轴承的预紧力矩；最后，拧紧调整螺母。转动时的预紧力矩为$0.1 \sim 0.2 \text{N} \cdot \text{m}$。

②调整转向小齿轮与齿条的间隙，如图7-46所示。

首先，安装齿条导套、调整弹簧和调整螺钉并锁紧。然后，以$25\text{N} \cdot \text{m}$的力矩拧紧调整螺钉。最后，再将调整螺钉向松开的方向回转25°。

③确定总预紧力矩，如图7-47所示。

使用专用工具和扭力扳手在两个方向测量从中间位置开始转一圈之内的总

预紧力矩,转动时的预紧力矩为 0.7~1.7N·m。调整后将调整螺钉上的锁紧螺母拧紧。

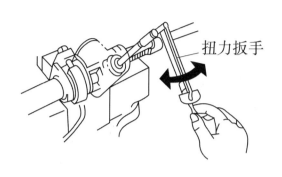

图 7-45 调整转向小齿轮轴承预紧力

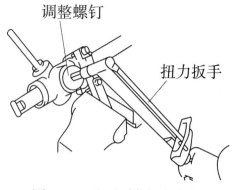

图 7-46 调整转向小齿轮与齿条的间隙

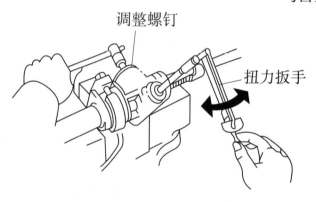

图 7-47 确定总预紧力矩

三 学习拓展——车辆转向器的发展趋势

目前主要的转向器类型有四种:循环球式(BS 型)、齿轮齿条式(RP 型)、蜗杆指销式(WP 型)、蜗杆滚轮式(WR 型)。

在轿车上发展转向器的观点各异,美国和日本重点发展循环球式转向器,比率都已达到或超过 90%,欧洲则重点发展齿轮齿条式转向器,比率超过 50%,法国已高达 95%。由于齿轮齿条式转向器的种种优点,在小型车上的应用(包括轿车、小型货车或客货两用车)得到突飞猛进发展,而大型车辆则以循环球式转向器为主要结构。

动力转向系统的应用日益广泛,不仅在重型汽车上必须装备,在中、高级轿车上也广泛使用。主要优点是能减轻驾驶人疲劳,提高操纵轻便性和稳定性。虽然带来成本较高和结构复杂等问题,但由于优点明显,还是得到很快的发展。

四 评价与反馈

❶ 自我评价

(1)通过本学习任务的学习,你是否已经知道以下问题:

①汽车转向器的类型、工作原理是什么?_____

_____。

②汽车转向器的检查项目和内容有哪些?_____

_____。

(2)汽车转向器拆装操作过程中用到了哪些设备?

_____。

(3)汽车转向器拆装检查任务完成情况如何?

_____。

(4)通过本学习任务的学习,你认为自己的知识和技能还有哪些欠缺?

_____。

签名:_____   ____年___月___日

❷ 小组评价(表7-1)

小组评价表   表7-1

序号	评 价 项 目	评 价 情 况
1	着装是否符合要求	
2	是否能合理规范地使用仪器和设备	
3	是否按照安全和规范的流程操作	
4	是否遵守学习、实训场地的规章制度	
5	是否能保持学习、实训场地整洁	
6	团结协作情况	

参与评价的同学签名:_____   ____年___月___日

❸ 教师评价

_____

_____。

教师签名:_____   ____年___月___日

五 技能考核

根据学生完成实训任务的情况对学习效果进行评价。技能考核标准见表7-2。

技能考核标准　　　　　　　　表7-2

序号	项目	操作内容	规定分	评分标准	得分
1	汽车转向器拆卸	车辆、工具、器材准备	3分	工具准备是否齐全	
		安全检查确认	3分	安全检查是否到位	
		转向器拆卸	20分	严格按照技术标准流程	
		现场5S管理	3分	是否进行此操作	
		综合能力表现	4分	分别按突出表现进行加分	
2	汽车转向器安装	车辆、工具、器材准备	3分	工具准备是否齐全	
		安全检查确认	3分	安全检查是否到位	
		转向器安装	20分	严格按照技术标准流程	
		现场5S管理	3分	是否进行此操作	
		综合能力表现	4分	分别按突出表现进行加分	
3	汽车转向器各部件检修与调整	车辆、工具、器材准备	3分	工具准备是否齐全	
		安全检查确认	3分	安全检查是否到位	
		壳体及主要传动部件检修与调整	21分	严格按照技术标准流程	
		现场5S管理	3分	是否进行此操作	
		综合能力表现	4分	分别按突出表现进行加分	
	总分		100分		

项目二　汽车转向系统的检修

学习任务8　液压助力式转向系统的拆装与检查

 学习目标

★ **知识目标**

1. 掌握液压助力转向系统作用、组成及类型；
2. 掌握液压助力转向系统组成部件名称及安装位置；
3. 熟悉液压助力转向系统各组成部件拆装、检查的技术流程和规范；
4. 清楚液压助力转向系统检测的技术标准。

★ **技能目标**

1. 能完成液压助力转向系统的拆装；
2. 能完成液压助力转向系统的检测和更换。

 建议课时

6课时。

 任务描述

一辆北京现代瑞纳轿车已行驶12.2万km，车主反映发动机在怠速运转时转向助力泵发出"嗡嗡"响声，当左右转动转向盘时异响加重。该车在一个月内更换了2个转向助力泵，更换第一个转向助力泵时使用了约20天噪声便出现了，第二个则只用了7天同样的问题便又出现了。请根据车主的反映，检查确认故障现象，制订计划，根据规范的流程诊断排除故障。

一　理论知识准备

液压助力式转向系统兼用驾驶人体力和发动机动力为转向能源，是在机械转向系统的基础上加一套转向加力装置而成的,如图8-1所示。

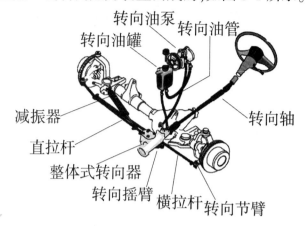

图8-1 液压助力转向装置

(一)转向加力装置的组成、工作原理及类型

转向加力装置主要由转向油泵、转向油管、转向油罐及转向控制阀、机械转向器和转向动力缸等组成。其工作过程,当驾驶人转动转向盘时,通过转向传动机构将动力传递给转向轮上的转向节臂,使转向轮偏转,从而改变汽车的行驶方向。

与此同时,转向器输入轴带动转向器内部的转向控制阀转动,使转向动力缸产生液压作用力,帮助驾驶人进行转向操纵。这样,为了克服地面作用于转向轮上的转向阻力矩,驾驶人需要加于转向盘上的转向力矩,比用机械转向系统时所需的转向力矩小得多。

转向加力装置按传能介质不同,可分为液压式和气压式两种。由于液压系统的工作压力高,部件尺寸小,工作无噪声,工作滞后时间短,而且能吸收来自不平路面的冲击,所以,转向加力装置多采用液压形式的。液压转向加力装置按液流形式不同又可分为常压式和常流式两种。

❶ 常压式转向加力装置

常压式转向加力装置的特点是液压系统的工作管路总是保持高压状态。当转向盘处于中立位置时,转向控制阀是关闭状态,此时,转向油泵输出的压力油充入储能器内,当储能器的压力达到转向控制阀开启压力时,储能器中的压力油便流入转向动力缸,产生推力以助转向。当转向盘回位停止转动时,转向控制阀关闭,助力作用停止。常压式液压转向加力装置工作原理示意如图8-2所示。

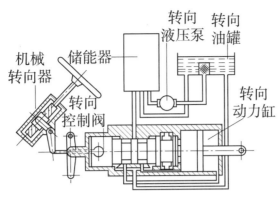

图 8-2 常压式液压转向加力装置工作原理示意图

常压式转向加力装置与常流式相比,液压元件较多、结构较复杂。又由于油泵长期处于工作状态,磨损大,降低了油泵的使用寿命,即使在转向阻力较小时,也需消耗较大的功率,所以,目前应用较少。

❷ 常流式转向加力装置

常流式转向加力装置的特点是液压系统工作管路中的油液总是在流动,压力较低,只有在转向时才产生瞬间高压。当转向盘处于中间位置时,流量控制阀保持开启,转向动力缸活塞两侧压力相等,不产生动作,油泵空转,油液处低压流动状态。当驾驶人转动转向盘时,机械转向器工作,同时带动转向控制阀动作,处于与某一转弯方向相应的工作位置,此时转向动力缸相应的工作腔与回油管路隔绝,压力急剧升高(此时与油泵输出管路相通),而另一工作腔则仍然与回油管路相通,压力较低,转向动力缸活塞在压力差的作用下移动,从而产生推力。当转向盘停止转动后,转向控制阀随即回到中间位置,动力缸停止工作。常流式液压转向加力装置工作原理示意如图 8-3 所示。

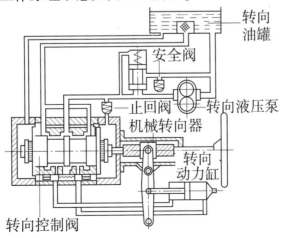

图 8-3 常流式液压转向加力装置工作原理示意图

常流式转向加力装置由于结构简单,油泵不经常处于工作状态,使用寿命长,漏油少,消耗功率也小,所以,在国内外得到广泛应用。

(二)转向助力装置主要零部件的结构及工作原理

1 转向液压泵

转向液压泵是液压式动力转向装置的能源,一般由发动机驱动,其作用是将输入的机械能转换成液压能输出。根据其内部结构不同,可分为齿轮泵、叶片泵和转子泵等几种形式。齿轮式液压泵的构造及工作原理与发动机润滑系统的齿轮式机油泵类似。叶片式和转子式液压泵示意图如图8-4所示。

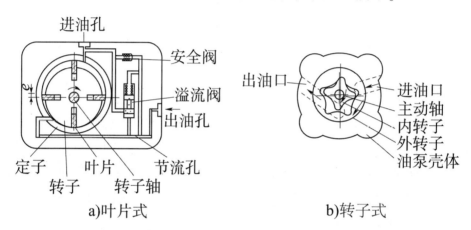

图 8-4 转向液压泵

汽车液压助力式转向系统所用的转向液压泵多为叶片式液压泵,其具有结构紧凑、质量轻、性能稳定、转速范围大、效率高、可靠耐用、维修方便等优点。叶片式转向液压泵俗称刮片泵,主要由定子、转子及叶片等组成。定子具有圆柱形内表面,转子上均布着径向切槽。矩形叶片安装在转子槽内,并且可在转子槽内滑动。矩形叶片两端与配油盘端面间隙配合,形成由转子外表面、定子内表面、叶片和配油盘组成的密封工作容积,如图8-5所示。

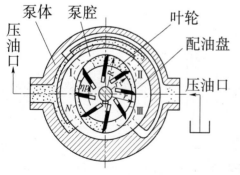

图 8-5 叶片泵

2 转向控制阀

按控制阀阀芯的运动方式不同,转向控制阀可分为转阀式和滑阀式两种。

(1)转阀式转向控制阀。阀体绕其圆心转动来控制油路的称为转阀式转向控制阀,由阀体、阀套、阀芯及扭杆等组成,如图8-6所示。

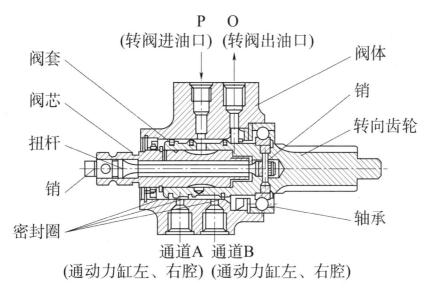

图 8-6 转阀式转向控制阀

阀套制成圆筒形,外表面切有 3 条较宽深的和 3 条较浅窄的环形槽。宽深的槽是油槽,其底部有与内壁相通的孔。窄浅的槽用于安装密封圈。阀套与转向齿轮制成一体。

阀芯也呈圆筒形,其外表面与阀套间隙配合,两者可以相对转动。阀芯与阀套组成偶件,配合间隙很小,配合精度很高,不可单独更换。阀芯通过销与扭杆和同转向轴相连,因而转向轴可通过扭杆带动转向齿轮转动。

扭杆弹簧安装在阀芯的孔中,转向时由于转向阻力矩可使扭杆弹簧产生弹性变形。

该转阀具有四个互相连通的进油口 P,通道 A、B 分别与动力缸的左、右腔连通。当阀芯顺时针转过一个很小的角度时,从液压泵来的压力油经 P 流入四个通道 A 或 B,继而进入动力缸的一个腔内,动力缸的另一个腔内的低压油在活塞的推动下经出油口 O 流回储油罐。

当汽车直线行驶时,阀芯处于阀体对中位置,压力油同时通左、右两腔,并且与油箱相通,左右动力缸油压相等,汽车保持直线行驶。汽车左转向时,阀芯与阀套的相对位置发生改变,液压油流入动力缸右腔,另一腔通油箱,产生压差,促进汽车左转。汽车右转向时,阀芯与阀套的相对位置发生改变,液压油流入动力缸左腔,另一腔通油箱,产生压差,促进汽车右转。

(2)滑阀式转向控制阀。滑阀中的阀与阀体以轴向移动方式来控制油路的称为滑阀式转向控制阀,由阀芯、阀套和阀壳等组成,如图 8-7 所示。

通动力缸　通油泵输　通动力缸　　通动力缸　通油泵输　通动力缸
左腔的通　出管路的　右腔的通　　左腔的通　出管路的　右腔的
道　　　　通道　　　道　壳体　　道　　　　通道　　　道

阀套

阀芯

a) 常流式滑阀　　　　　　b) 常压式滑阀

图 8-7　滑阀的结构

当汽车直线行驶时,阀芯相对于阀套保持在中间位置,转向控制阀内各环槽相通,自油泵输送出来的油液进入阀体环槽后,经油道分别流入动力缸的左腔和右腔,同时,多余的油液经回油管道流回储油罐。这时,阀芯与阀套各环槽槽肩之间的间隙大小相等,油路畅通,动力缸因左、右腔油压相等而不起加力作用。汽车保持直线行驶。汽车左转向时,阀芯与阀套的相对位置发生改变,液压油流入动力缸右腔,另一腔通油箱,产生压差,促进汽车左转。汽车右转向时,阀芯与阀套的相对位置发生改变,液压油流入动力缸左腔,另一腔通油箱,产生压差,促进汽车右转。

(3) 常流转阀式液压助力转向系统的基本工作原理。常流转阀式液压助力转向系统主要由齿轮齿条式机械转向器、转向油泵、转阀式转向控制阀和转向动力缸几大部分组成。通常除油泵外将三者设计成一个整体,如图 8-8 所示。

液压助力转向系统原理

① 汽车向右转向时:驾驶人向右转动转向盘,带动转向轴使扭力杆顺时针转动,从而带动阀芯顺时针转过一个角度,将阀套与阀芯同一凹槽所对的两进油孔一个被打开另一个被关闭,如图 8-8a) 所示。转向油泵输送来的液压油只能从右侧进入转向动力缸,液力油的作用将活塞即齿条推向动力缸左侧,对转向横拉杆起转向加力的作用,使转向轮向右偏转,实现汽车向右转弯。

停止转动转向盘并维持在某一位置不动时,扭力杆与阀芯也不再转动。但由于齿条因油压差作用继续左移,使转向齿轮连同阀套相对于阀芯反向转动,扭杆变形减小,阀芯与阀套的相对角位移减小,转向动力缸左、右两腔油压差减小。减小了的油压差作用在活塞、齿条上,仅能克服转向轮的回正力矩,便使转向轮的偏转角维持不动。

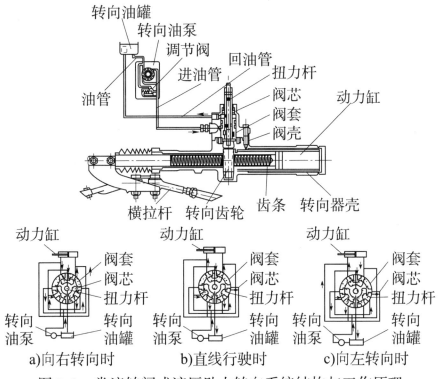

图8-8 常流转阀式液压助力转向系统结构与工作原理

转向过程中,转动转向盘的速度越快,扭力杆的扭转速度越快,阀芯相对于阀套偏转角速度也越快,转向动力缸左、右两腔形成压力差的速度加快,转向轮的偏转速度也相应加快,此作用即为液力系统的随动原理。

转向加力装置技术状况正常情况下,驾驶人作用于转向盘的转向力矩主要用来使弹性扭杆产生扭转变形,以控制转向过程。而克服路面转向阻力及转向传动结构摩擦阻力使转向轮偏转所需要的动力则主要由转向动力缸提供。

在维持的转向位置松开转向盘后,被扭转变形的扭力杆在其弹性下带动转向盘、阀芯自动回转一定角度恢复到直线行驶状态,转向动力缸停止工作;转向轮在回正力矩作用下自动回正。如果需要液力助力,驾驶人可以回转转向盘,使动力转向装置帮助转向轮回正。

转向时,动力缸内的油压随转向阻力变化,且又受控于扭力杆变形。转向阻力增大,扭力杆的扭转变形增大,阀芯相对于阀套的偏转角也随之增大,从而使动力缸内的油压升高;反之缸内油压降低。即扭力杆的扭转变形取决于转向阻力。在此过程中,使扭力杆产生扭转变形的转向力矩反应在转向盘上,即是转向时驾驶人操纵转向盘的"路感"。

②汽车直线行驶时:转向盘处于居中位置,阀芯不转动,阀芯的凹槽将阀套的油槽、油孔全部连通,转向油泵输送给阀套的液力油从阀套所有进油孔流入阀芯的两径向油孔,最后从阀芯第三个径向油孔流回转向油罐。因流经转向动力缸两侧油腔的油压相等,所以,转向加力装置没有加力作用,如图8-8b)所示。

汽车直线行驶时,若路面作用力使转向轮偏转(设转向轮向右偏转、驾驶人仍保持转向盘处于直线行驶位置),转向阻力通过转向传动机构、齿条—活塞、齿轮作用于阀芯,使阀芯相对于不转动的阀套逆时针方向转动,动力缸左腔油压升高,右腔油压降低,压力差作用在齿条—活塞上使其右移,并通过转向传动机构使转向轮向左偏转而回正,从而保证了汽车直线行驶的稳定性,并有效地避免了转向盘"打手"现象。

③汽车向左转向时:弹性扭杆的扭转方向、阀芯相对于阀套的转动方向以及动力缸中齿条—活塞轴向移动的方向均与前述相反,使转向轮向左偏转,转向控制阀的伺服原理及伺服过程如图8-8c)所示。

④当转向加力装置失效时:此时靠人转动转向盘将扭力杆转过一定角度后,扭力杆端部凸缘上的弧形缺口抵住阀套端部叉形凸块,由转向轴直接带动齿轮转动,以保证汽车转向。这时,带有转向加力装置的转向器即变为机械转向器,转向变得沉重,转向盘自由行程增大。

液力常流转阀式动力转向器的优点是灵敏度高,因而适用于高速行驶的轿车。

(4)常流滑阀式液压助力转向系统的基本工作原理。与转阀式相比,常流滑阀式液压助力转向系统仅仅是转向控制阀的结构不同,其他均相同。转向控制阀的两个阀芯(即左阀芯、右阀芯)与扭力杆相互垂直;扭力杆端头与转向柱通过销钉连接,下端部也用销钉与阀体连接,阀体与转向器齿轮制成一体。阀芯由拨叉拨动,拨叉与转向柱相连,如图8-9所示。

当汽车转向以较小的力作用于转向盘时,由于转向阻力影响,齿轮不转动只有扭力杆随转向柱转动而扭转变形;转向柱转动时,通过拨叉将阀芯在阀体内上下拨动,从而启、闭通往转向动力缸左右两侧的进回油孔,使动力缸左右两侧形成压力差,实现转向加力作用。

二 任务实施

转向油泵的拆装。

❶ 准备工作

(1)将实训车辆停放在维修区域。

(2)检查举升机工作是否正常,安全机构工作是否正常。

(3)准备常用工具套件、车辆挡块、翼子板布及防护三件套等。

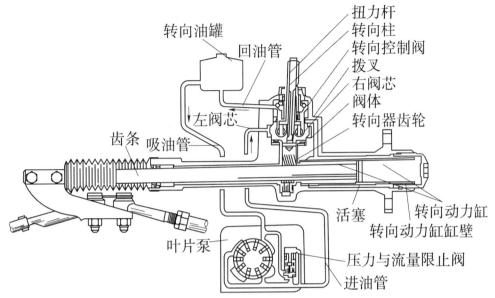

图 8-9 常流滑阀式液压助力转向系统的结构

❷ 技术要求与注意事项

(1)使用车辆的举升机前应清除举升机附近妨碍作业的器具及杂物,并检查操作手柄是否能正常工作,操作机构是否灵敏有效。液压系统不允许有爬行现象。支车时,四个支脚应在同一平面上,调整支脚胶垫高度使其接触车辆底盘支撑部位;车辆不可支得过高,支起后四个托架要锁紧。待举升车辆驶入后,应将举升机支撑块调整移动对正该车型规定的举升点。

举升时,人员应离开车辆,举升到需要高度时,必须插入保险锁销,并确保安全可靠才可开始车底作业。支车时举升要稳,降落要慢。

(2)各螺栓务必按照规定力矩进行拧紧,安装或拆卸必须遵循相关的顺序。

(3)当拆卸转向油泵压力油管和回油软管时,注意要用容器回收动力转向油,以免造成污染和浪费。

❸ 操作步骤

(1)动力转向油泵的拆装。

①拆卸驱动皮带。

②分离动力转向油泵总成压力管 A 和吸入软管 B,如图 8-10 所示。规定力矩:53.9~63.7N·m。

③拆卸动力转向油泵 A,如图 8-11 所示。规定力矩:16.7~27.5N·m。

④按拆卸的相反顺序安装。

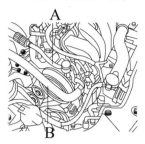

图8-10　分离动力转向油泵总成压力管和吸入软管

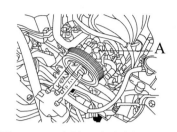

图8-11　拆卸动力转向油泵

(2) 分解动力转向油泵。

①分离 O 形环 A 和凸轮 B，如图 8-12 所示。

②拆卸吸入管 A 和 O 形环 B，如图 8-13 所示。

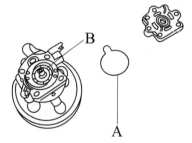

图8-12　分离 O 形环和凸轮

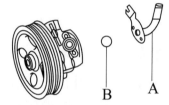

图8-13　拆卸吸入管和 O 形环

③分离流量控制阀连接器 A、流量控制阀 B 和流量控制阀弹簧 C，如图 8-14 所示。

④按分解的相反顺序组装。

(3) 检查。

①检查流量控制阀，如图 8-15 所示。

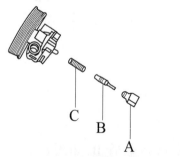

图8-14　分离流量控制阀连接器、流量控制阀和流量控制阀弹簧

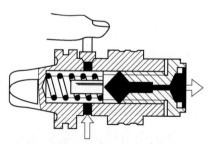

图8-15　检查流量控制阀

检查流量控制阀是否有漏油漏气现象,如有,应更换;检查弹簧的长度是否符合规格,有无损坏现象,如有,应更换。

②检查轴是否磨损和损坏,如有,应更换。

③检查V形带是否磨损或退化,如有,应更换。

④检查转子和叶片的凹槽是否出现梯级磨损,如有,应更换。

⑤检查凸轮环和叶片的接触面是否出现梯级磨损,如有,应更换。

⑥检查叶片、转子、定子表面是否有严重的烧蚀、磨损,如有,应更换液压泵。

(4)维护。

①转向储油罐液面高度的检查,如图8-16a)所示。

将车辆停放在平坦的路面上,使前轮处于直行的位置;起动发动机。使发动机怠速运转2min,左、右打几次转向盘,使油温达到40~80℃,关闭发动机;观察储油罐的液面,此时液面应处于"MAX"和"MIN"之间。

对于用油尺检查的汽车,先拧下带油尺的封盖,用布将油尺擦净,将带油尺的封盖插入储油罐内拧好,然后重新拧出,观察油尺上的标记,应处于"MAX"和"MIN"之间;必要时加注转向油至"MAX"处,如图8-16b)所示。

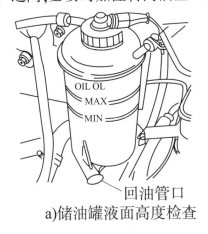

a)储油罐液面高度检查　　b)储油罐液面高度油尺检查

图8-16　转向储油罐液面高度的检查

注意:在常温状态下进行冷态检查;通常在80℃状态下进行热态检查,一般在起动发动机后,来回转动转向盘3min左右即可。

只有按照以热态检查为标准,以冷态检查为参考的原则所进行的检查才能正确反映转向器工作时的油量。

②转向油液的更换,如图8-17所示。

注意:始终使用纯正PSF-4。

提升储油罐,分离回油软管,排放动力转向油(注意避免喷溅);在分离的回油软管上连接直径合适的软管,插入到合适的容器中;用千斤顶顶起前轮,转动转向盘到左右极限位置,直到油不再溢出为止;重新在储油罐上连接回油软管;给储油罐加注动力转向油,进行动力转向系统放气。

③排空气,如图8-18所示。

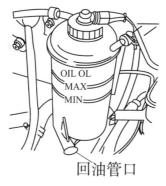
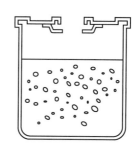

图8-17 转向油液的更换　　图8-18 排空气

用千斤顶举起前轮;充填动力转向油,达到储油罐上的"MAX"标记(此时不要起动发动机,否则会出现异响噪声);转动转向盘到左右极限位置5~6次,时间为15~20s;转动发动机1~2次,从"ON"位置到"起动"位置快速转动点火开关钥匙,但不起动发动机;转向盘到左右极限位置5~6次,时间为15~20s;起动发动机,转向盘反复转动到左右极限位置,直到发动机怠速时储油罐中不再出现气泡为止;检查储油罐中动力转向油的颜色和量,按需要补充达到"MAX"位置。

④检查助力转向油泵皮带的张紧力,如图8-19所示。

松开转向油泵支架上的后固定螺栓;松开张紧螺栓的螺母;通过张紧螺栓把皮带绷紧。当用手以约100N的力从皮带的中间位置按下时,皮带约有10mm挠度为合适。拧紧张紧螺栓的螺母,拧紧转向油泵支架上的固定螺栓。

⑤转向盘间隙的检查,如图8-20所示。

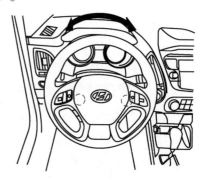

图8-19 检查助力转向油泵　　图8-20 转向盘间隙的检查
　　　　皮带的张紧力

转动转向盘使前轮直线向前;在前轮没有移动时,测量转向盘转动的距离;标准值:0~30mm以下。如果间隙超出规定值范围,检查转向柱、轴和连接部件。

⑥检查稳定转向力,如图8-21所示。

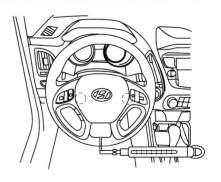

图8-21 检查稳定转向力

将车辆放置在水平地面上,把方向置于直线向前位置;起动发动机,转动转向盘到左右极限位置几次预热动力转向油;将弹簧秤连接至转向盘,发动机转速为500~700r/min状态拉弹簧秤,轮胎刚开始转动时读取数据,标准值:30N。如果测量值超过标准值范围,检查动力转向器和泵。

⑦检查转向油泵压力,如图8-22所示。

分离动力转向油泵的压力管,在油泵和压力管之间安装专用工具;起动发动机并转动转向盘数次,使油温上升到50~60℃;设定发动机转速约为600r/min;关闭专用工具的切断阀,测量油压。卸压压力:9.5~10MPa(注意:油压表切断阀关闭的时间不要超过10s);

拆卸专用工具。拧紧螺栓,将压力管连接至油泵;进行动力转向系统的放气操作。

⑧检查外观,如图8-23所示。

油管接头是否漏油;油管是否断裂或弯折;转向器壳体是否有由裂纹所引起的漏油。

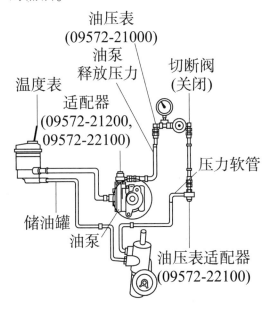

图8-22 检查转向油泵压力

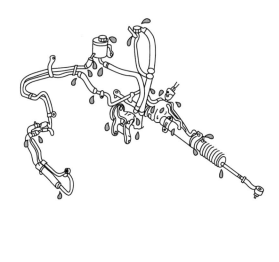

图8-23 检查外观

三 学习拓展——轿车四轮转向系统的发展趋势

汽车转向分为前轮转向(2WS)和四轮转向(4WS)。前轮转向汽车是以操纵转向盘使前轮的轮胎转向来发挥转弯机能的。

四轮转向(4WS)是指两后轮也和前轮相似，具有一定的转向功能，不仅可以与前轮同方向转向，也可以与前轮反方向转向，其主要目的是增强汽车在高速行驶或者在侧向风力作用下的操纵稳定性、汽车的转向机动性、行驶安全性及改善低速时的操纵轻便性。简单地说，在轿车上采用四轮转向系统，可使操作性能和驾驶舒适性皆达到最佳状态，并且在高速行驶时便于由一个车道向另一个车道的移动调整。在越野车上采用四轮转向系统可实现原地掉头，而大型运输车采用四轮转向系统可减少掉头时的转弯半径(对轿车而言，若后轮逆相位转向5°，则可减少最小转向半径约0.5m)。不过，对于原本就灵巧的紧凑车型而言，四轮转向技术在改善转向性能方面的效果并不显著。所以，如果从提高车辆的转向性能角度来说，四轮转向技术主要适用的车型并非是紧凑型车型，而是运输(军用运输)货车、SUV等大型车辆及多功能运动型车。所以，如果从提高车辆的操纵性能的角度来说，四轮转向技术主要适用的车型是高速轿车、跑车及赛车等。

随着信息时代的来临，尤其是当德尔福在第60届法兰克福国际汽车展上，向世人展示了其全新的QUADRASTEER后轮转向系统后，四轮转向汽车正式走入人们的生活。据数据统计，在欧洲，已有200多台电子转向系统的汽车装有QUA-DRASTEER在道路上行驶。虽然在我国的应用还不是很普遍，但通过各方面资料及有关数据显示，国内外学术界对四轮转向的研究方兴未艾，即四轮转向汽车将会是汽车业未来的发展趋势。

四 评价与反馈

❶ 自我评价

(1)通过本学习任务的学习，你是否已经知道以下问题：

①液压转向助力系统组成和工作原理是什么？_____

_____。

②液压转向助力系统基本检查有哪些内容？_____

_____。

(2)汽车液压助力转向系统在拆装过程中用到了哪些设备？

_____。

(3)汽车液压助力转向系统在拆装过程中应注意哪些问题？

_____。

项目二 汽车转向系统的检修

(4)通过本学习任务的学习,你认为自己的知识和技能还有哪些欠缺?

_____。

签名:_____   ____年___月___日

❷ 小组评价(表8-1)

小组评价表   表8-1

序号	评价项目	评价情况
1	着装是否符合要求	
2	是否能合理规范地使用仪器和设备	
3	是否按照安全和规范的流程操作	
4	是否遵守学习、实训场地的规章制度	
5	是否能保持学习、实训场地整洁	
6	团结协作情况	

参与评价的同学签名:_____   ____年___月___日

❸ 教师评价

_____

_____。

教师签名:_____   ____年___月___日

五 技能考核

根据学生完成实训任务的情况对学习效果进行评价。技能考核标准见表8-2。

技能考核标准   表8-2

序号	项目	操作内容	规定分	评分标准	得分
1	汽车转向油泵拆卸	车辆、工具、器材准备	3分	工具准备是否齐全	
		安全检查确认	3分	安全检查是否到位	
		转向油泵拆卸	20分	严格按照技术标准流程	
		现场5S管理	3分	是否进行此操作	
		综合能力表现	4分	分别按突出表现进行加分	

续上表

序号	项目	操作内容	规定分	评分标准	得分
2	汽车转向油泵装配	车辆、工具、器材准备	3分	工具准备是否齐全	
		安全检查确认	3分	安全检查是否到位	
		转向油泵装配	20分	严格按照技术标准流程	
		现场5S管理	3分	是否进行此操作	
		综合能力表现	4分	分别按突出表现进行加分	
3	汽车转向油泵检修	车辆、工具、器材准备	3分	工具准备是否齐全	
		安全检查确认	3分	安全检查是否到位	
		转向油泵检修	21分	严格按照技术标准流程	
		现场5S管理	3分	是否进行此操作	
		综合能力表现	4分	分别按突出表现进行加分	
	总分		100分		

学习任务9 电控液压助力转向系统的拆装与检查

学习目标

★ 知识目标

1. 掌握电控液压助力转向系统的作用、组成及类型；
2. 掌握电控液压助力转向系统组成部件名称及安装位置；
3. 熟悉电控液压助力转向系统进行拆装、检查的技术流程和规范；
4. 清楚电控液压助力转向系统检测的技术标准。

项目二　汽车转向系统的检修

★ **技能目标**

1. 能完成汽车电控液压助力转向系统的拆装；
2. 能完成电控液压助力转向系统部件的检测和更换。

 建议课时

6 课时。

 任务描述

一辆北京现代 1.8L 轿车，累计行驶里程为 11 万 km。据车主反映，该车在行驶时始终向右侧跑偏，且助力转向指示灯会偶尔点亮。请根据车主反映的情况，进一步检查和确认故障现象，制订工作计划，查阅相关资料，按照规范的流程进一步检查和排除故障。

■ 一　理论知识准备

1　转向系统的类型

按转向能源不同，汽车转向系统可分为机械转向系统和动力转向系统两类。机械转向系统是依靠驾驶人操纵转向盘的转向力来实现车轮转向，动力转向系统则是在驾驶人的控制下，借助于汽车发动机产生的液体压力或电动机驱动力来实现车轮转向。

电控动力转向系统根据动力源不同又可分为电控液压助力转向系统和电动助力转向系统。

电控液压助力转向系统是通过控制电磁阀的动作，使助力转向液压控制回路的油压能根据车速的变化而变化，即在低速时操纵力减轻，而在中低速以上时操纵力不致过小，保持一定的手感。电控液压助力转向系统如图 9-1 所示。

电动助力转向系统通过电动助力机的动作直接提供转向助力，省去了液压动力转向系统所必需的动力转向油泵、软管、液压油、传送带和装于发动机上的皮带轮等装置，既节省能量，又保护了环境。另外，其还具有调整简单、装配灵活以及在多种状况下都能提供转向助力的特点。

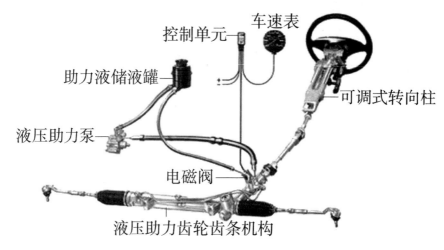

图 9-1　电控液压助力转向系统

❷ 电控液压助力转向系统

电控液压助力转向系统的转向油泵不再由发动机直接驱动,而是由电动机来驱动,并且在此基础上加装了电控系统,使得转向辅助力的大小不仅与转向角度有关,还与车速有关。此系统在机械结构上增加了液压反应装置和液流分配阀。新增的电控系统包括车速传感器、电磁阀、转向 ECU 等,其结构示意图如图 9-2 所示。

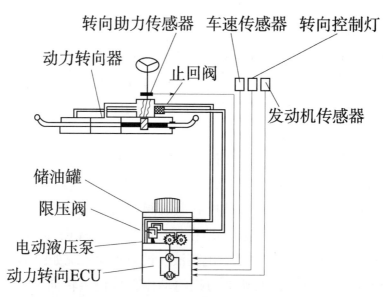

图 9-2　电控液压助力转向系统的示意图

(1) 电控液压助力转向系统的类型。根据控制方式的不同,电控液压助力转向系统可分为反力控制式、流量控制式、阀灵敏感控制式三种形式。下面以反力控制式动力转向系统为例介绍其组成及结构特点。

(2)电控液压助力转向系统的组成及结构特点。电控液压助力转向系统(反力控制式)主要由转向控制阀、电磁阀、分流阀、转向动力缸、转向液压泵、储油罐、车速传感器和电子控制单元组成,如图9-3所示。

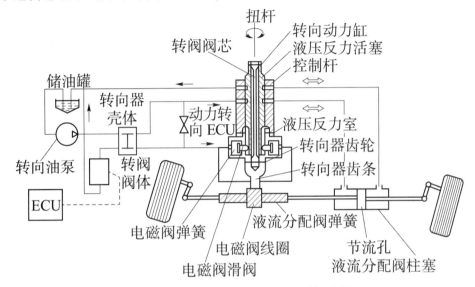

图 9-3 电控液压助力转向系统结构图

①转向控制阀。转向控制阀的基本结构是在传统的整体式动力转向控制阀的基础上增设了油压反力室而构成的。扭力杆的上端通过销子与转阀阀杆相连,下端与小齿轮轴的上端部通过销子与控制阀阀体相连。转向时,转向盘上的转向力通过扭力杆传递给小齿轮轴。当转向力增大,扭力杆发生扭转变形时,控制阀体和转阀阀杆之间将发生相对转动,于是就改变了阀体和杆之间油道的通、断关系和工作油液的流动方向,从而实现转向助力作用。

②分流阀。分流阀的作用是将来自转向油泵输出的液压油向转向器控制阀的一侧和电磁阀一侧分流,按照车速和转向的要求,改变转向器控制阀一侧与电磁阀一侧的油压,确保电磁阀一侧具有稳定的油液流量。阻尼孔的作用是把供给转向控制阀的一部分流量分配到油压反力室一侧。

③电磁阀。电磁阀由滑阀、电磁线圈、油路通道等构成。电磁阀油路的阻尼面积,可随电磁线圈通电电流占空比(通断比)的变化而变化。车速低时,通电电流大,滑阀被吸引,油路的阻尼面积增大,流向油箱的回流量增加。车速降低,通电电流大,阻尼面积大,油液将流回油箱。随着车速的升高,电流减小,油液的回流量也减小。

(3) 电控液压助力转向系统的工作原理。电控液压助力转向系统具有三种状态。电子控制单元(ECU)根据车速传感器的信号判断出车辆停止、低速状态与中高速状态,控制电磁阀通电电流大小。

①停车与低速状态。电子控制单元(ECU)控制电磁阀的通电电流为大电流,经分流阀分流的油液通过电磁阀流回油箱,故柱塞受到的背压(油压反力室压力)小。因此,柱塞推动控制阀柱的力矩和转向盘回正力矩可在扭杆处产生较大扭矩。回转阀被控制在小齿轮轴上,控制阀随扭杆扭转作用相应回转,使两阀油孔连通,油泵输出油压作用到动力缸左室(或右室),使动力活塞右移(或左移),产生转向助力。

②中高速直行状态。车辆直行时,转向角度小,扭杆相对扭矩也小,回转阀与控制阀连通的油孔开度减小,回转阀侧压力升高。由于分流阀的作用,使电磁阀侧油量增加。同时随车速升高,通电电流减小,电磁阀阻尼面积减小,油压反力室压力增大,使柱塞控制阀柱的力矩增大。这样,操纵力增加了扭杆的扭矩作用,柱塞产生的反力手感增强,从而随手感来变操纵力。

③中高速转向状态。在存在油压反力的中高速直行状态转向时,扭杆的扭转角更加减小,回转阀与控制阀连通,油孔的开度更加减小,使回转阀侧油压进一步升高。随着该油压上升,固定阻尼孔将向油压反力室供给油液,导致柱塞推力进一步增强。这样,操纵力将随转向角度的增大而增大,从而在高速领域可获得稳定的操纵力。

❸ 电动助力转向系统

电动助力转向系统最早用在微型车上,目前主要应用在轿车上,并逐渐从微型车向大型轿车和商用车发展。

(1) 电动助力转向系统组成及原理。电动助力转向系统通常由转矩传感器、车速传感器、电动机、电磁离合器、减速机构和电子控制单元等组成,如图9-4所示。

电动助力转向系统是利用电动机作为动力源,根据车速和转向参数等,由电子控制单元控制,其工作原理如下。

当操纵转向盘时,装在转向轴上的转矩传感器不断测出转向轴上的转矩,并由此产生一个电压信号。该信号与车速信号同时输入电子控制单元,电子控制单元根据这些输入信号进行运算处理,确定动力转矩的大小和转向,选定电动机的电流和转向,调整转向的动力。电动机的转矩由电磁离合器通过减速机构减速增矩后,施加在汽车的转向机构上,使之得到一个与工况相适应的转向作用力。

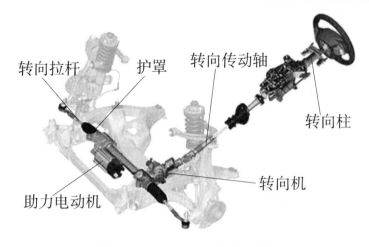

图9-4 电动助力转向系统

(2)电动助力转向系统的类型。根据电动机布置位置的不同,电动助力转向系统可分为:转向轴助力式、齿轮助力式和齿条助力式三种,如图9-5所示。

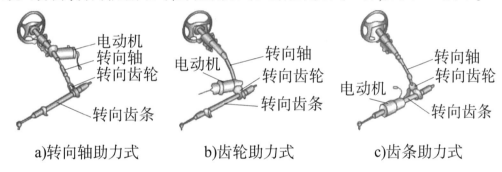

a)转向轴助力式　　b)齿轮助力式　　c)齿条助力式

图9-5 电动助力转向系统的类型

①转向轴助力式:电动助力转向系统的电动机固定在转向轴一侧,通过检测机构与转向轴相连,直接驱动转向轴助力转向。

②齿轮助力式:电动助力转向系统的电动机和减速机构与小齿轮相连,直接驱动齿轮助力转向。

③齿条助力式:电动助力转向系统的电动机和减速机构直接驱动齿条提供助力。

(3)电动助力转向系统主要部件。

①转矩传感器。转矩传感器也称转向传感器,其作用是通过测定转向盘与转向器之间的相对转矩,作为电动动力的依据之一。转矩传感器的结构如图9-6所示。

用磁性材料制成的定子和转子可以形成闭合的磁路,线圈分别绕在极靴上,形成一个桥式回路。转向轴扭转变形的扭转角与转矩成正比,所以,只要测定轴的扭转角,就可以间接地知道转向力的大小。

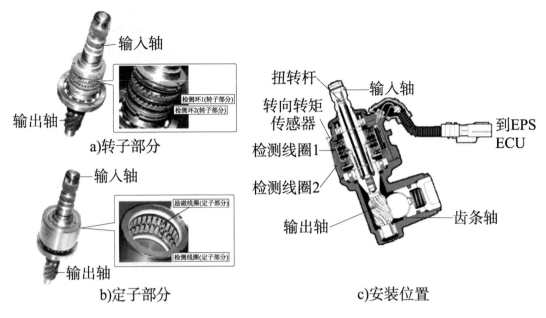

图9-6 转矩传感器的结构

②电动机组件。电动机、电磁离合器和减速机构组成的整体称为电动机组件。其结构如图9-7所示。

转向助力电动机就是一般的永磁电动机,电动机的输出转矩控制是通过控制其输入电流来实现的,而电动机的正转和反转则是由电子控制单元输出的正反转触发脉冲来控制。

离合器一般使用干式单片电磁离合器。其工作电压为12V,额定转速时传递的转矩为15N·m,线圈电阻(20℃时)为19.5Ω。电磁离合器的结构如图9-8所示。

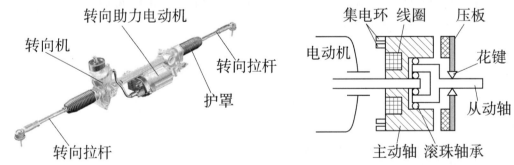

图9-7 电动机组件　　　　图9-8 电磁离合器的结构

电磁离合器的工作原理是:当电流通过集电环进入离合器线圈时,主动轮产生电磁吸力,带花键的压板被吸引与主动轮压紧,电动机的动力经过轴、主动轮、压板、花键和从动轴传给执行机构。由于转向助力的工作范围限定在一定的速度区域内,所以离合器一般设定一个速度范围,如当车速超过30km/h时,离合器便分离,电动机也停止工作,这时就没有转向助力的作用。当电动机停止工作时,为了不使电动机及离合器的惯性影响转向系统的工作,离合器也应及时分离,以切断辅助动力。当系统中电动机等发生故障时,离合器会自动分离,这时仍可恢复手动控制转向。

目前使用的减速机构有多种组合方式,一般采用蜗轮蜗杆与转向轴驱动组合式,也有的采用两级行星齿轮与传动齿轮组合式。为了抑制噪声和提高耐久性,减速机构中的齿轮有的采用特殊齿形,有的采用树脂材料制成,如图9-9、图9-10所示。

图9-9 蜗轮蜗杆式减速机构

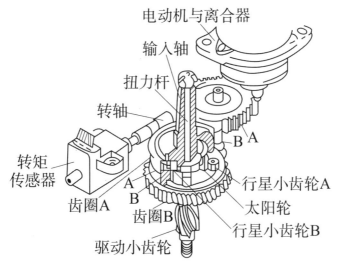

图9-10 双级行星齿轮式减速器

③控制系统。电动助力转向的控制系统如图9-11所示。

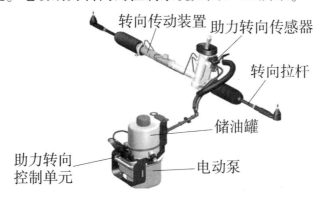

图9-11 电动助力转向的控制系统

电子控制单元能够通过对车速传感器、转向角度传感器等传感器的信息的处理，通过实时改变电子泵的流量来改变转向助力的力度大小。

电子控制单元（ECU）的功能是根据转矩传感器信号和车速传感器信号，进行逻辑分析与计算后，发出指令，控制电动机和离合器动作。此外，电子控制单元还有安全保护和自我诊断功能，电子控制单元通过采集电动机的电流、发电机电压、发动机工况等信号判断其系统工作状况是否正常，一旦工作系统工作异常，动力将自动取消，同时，电子控制单元将进行故障诊断分析。电子控制单元通常是一个8位单片机系统，也有采用数字信号处理器（DSP）作为控制单元。控制系统与控制算法也是电动助力转向系统（EPS）的关键之一，控制系统应有强抗干扰能力，以适应汽车多变的行驶环境。控制算法应快速正确，满足实时控制的要求，并能有效地实现理想的助力特性。

❹ 电控液压助力转向系统维护

(1) 电控液压助力转向系统维护，如图9-12所示。

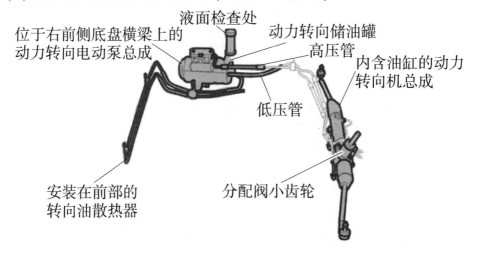

图9-12　电控液压助力转向系统维护

(2) 高、低压油路的检修，如图9-13所示。

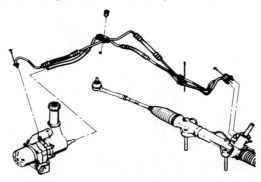

图9-13　电控液压助力转向系统高、低压油路的检修

二 任务实施

❶ 准备工作

(1)将实训车辆停放在维修区域。
(2)检查举升机工作是否正常,安全机构工作是否正常。
(3)准备常用工具套件、车辆挡块、翼子板布及防护三件套等。

❷ 技术要求与注意事项

(1)使用车辆的举升机前应清除举升机附近妨碍作业的器具及杂物,并检查操作手柄是否能正常工作,操作机构是否灵敏有效。液压系统不允许有爬行现象;支车时,四个支脚应在同一平面上,调整支脚胶垫高度使其接触车辆底盘支撑部位;车辆不可支得过高,支起后四个托架要锁紧。待举升车辆驶入后,应将举升机支撑块调整移动对正该车型规定的举升点。

举升时,人员应离开车辆,举升到需要高度时,必须插入保险锁销,并确保安全可靠才可开始车底作业;支车时举升要稳,降落要慢。

(2)各螺栓务必按照规定力矩进行拧紧,安装或拆卸必须遵循相关的顺序。

(3)当拆卸转向油泵压力油管和回油软管时,注意要用容器回收动力转向油,以免造成污染和浪费。

❸ 操作步骤

(1)附件驱动皮带的拆卸,如图9-14所示。
①断开附件蓄电池。

注意:小心操作,以免进入污染物颗粒。

②顺时针压紧动态张紧轮,直到固定杆,使用工具拆下附件驱动皮带。

备注:图上标记可用来检查附件驱动皮带的张紧度。

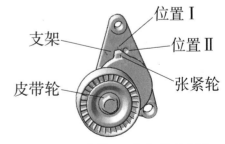

图9-14 附件驱动皮带的拆卸

(2)动力转向油泵总成的拆卸。

排放动力转向泵储液罐油液,使用清洁的抽油器。
①拆卸动力转向油泵总成。拆卸螺栓及支架,如图9-15所示。
②拆卸动力转向油泵的高压管接头,如图9-16所示。

断开连接器;松开高压管接头,轻轻地将动力转向管移到旁边;堵住开口;拆卸动力转向油泵总成。

安装：以拆卸的相反顺序安装。

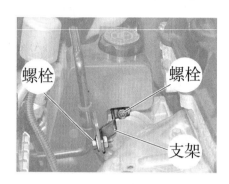 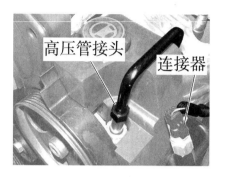

图9-15　拆卸动力转向　　图9-16　拆卸动力转向泵的
　　　　　油泵总成　　　　　　　　　　高压管接头

(3)转向器及转向机构总成的拆卸。

①拆卸转向万向节螺栓,如图9-17所示。

准备工作:举升车辆,使前轮离地,拆卸前轮,拆卸发动机下护板。

②拆下转向横拉杆,将转向节下球头与三角臂分开,如图9-18所示。

拆下转向球节上的螺母2;断开转向球节;使用工具将球头销固定,拆下螺母4;将转向节下球头与三角臂分开;拆下螺母3,断开球头。

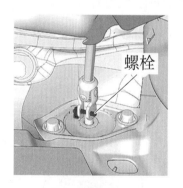 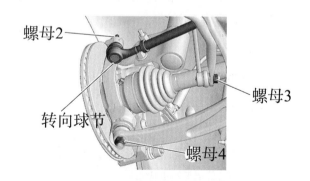

图9-17　拆卸转向万向节　　图9-18　拆转向横拉杆、将转向节
　　　　　螺栓　　　　　　　　　　　　下球头与三角臂分开

③拆卸车架螺栓,如图9-19所示。

拆下螺栓,将动力转向管支架移至一旁;拆下螺母。

④拆卸前副车架及动力转向机构,如图9-20所示。

拆卸螺栓,拆卸带动力转向机构的前副车架;拆卸副车架上的动力转向机构。

安装:以拆卸的相反顺序安装。

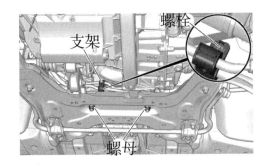

图 9-19　拆卸车架螺栓

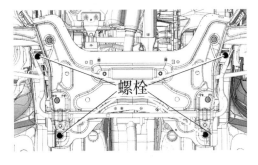

图 9-20　拆卸前副车架及动力转向机构

(4)转向横拉杆的拆卸。

①拆下管子,如图 9-21 所示。

将管子与齿条保护罩分离;在转向机构上标出转向齿条保护罩位置。

②拆下转向齿条保护罩,如图 9-22 所示。

使用通用卡钳和一字螺丝刀拆卸转向齿条保护罩两端的卡箍;拆下转向齿条保护罩。

注意:左侧驾驶,向右转到底,然后回 1/4 圈。

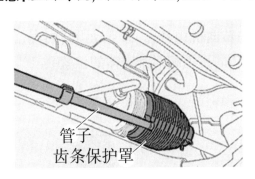

图 9-21　拆下管子

图 9-22　拆下转向齿条
　　　　　保护罩

③拆卸转向横拉杆,如图 9-23 所示。

用专用工具固定在转向齿条的传动装置上;使用工具拆下转向横拉杆。

安装:以拆卸的相反顺序安装。

注意:安装完毕后要使用诊断仪校准转向盘转角传感器。

(5)动力转向阀的拆卸。

注意:避免动力转向回路受到污染,使用塑料盖堵住动力转向阀和转向管路的小孔。

①拆卸转向柱塞总成,如图9-24所示。

首先拆下管路;然后拆下螺栓;最后拆下转向柱塞总成。

注意:使用一台虎钳,将转向机械固定(虎钳口有两个护片),将动力转向阀轴转向左侧(左侧驾驶的车辆)。

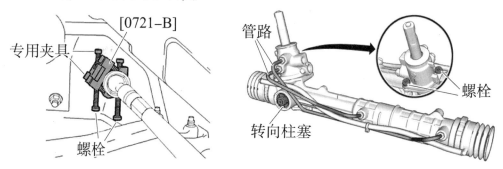

图9-23 拆卸转向横拉杆　　　图9-24 拆卸转向柱塞总成

②分解转向柱塞(转向止推垫)总成,如图9-25所示。

拆下盖;使用专用工具。拆下垫圈;拆下橡胶隔套;拆下挺柱;拆下O形圈。

注意:小心操作,以免进入污染物颗粒,清洁转向器壳体中挺柱的孔和各个零部件。

③拆卸动力转向阀,如图9-26所示。

转动动力转向阀4轴,直到阀体与转向机构分离,拆下动力转向阀。

做好标记:平面相对阀体的位置;转向机构相对于壳体的位置。

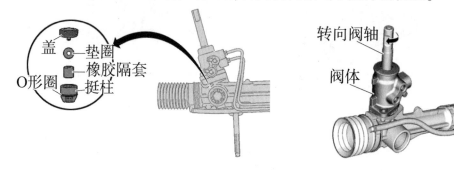

图9-25 分解转向柱塞(转向止推垫)总成　　　图9-26 拆卸动力转向阀

安装:首先按相反顺序安装助力转向阀;然后调节转向减振装置;最后重新安装助力转向机构。

注意:遵守规定的拧紧力矩。

(6)转向齿条中心点和转向柱塞(转向止推垫)的调整。

①拆下转向齿条保护罩,如图9-27所示。

使用通用卡钳和一字螺丝刀拆卸转向齿条保护罩两端的卡箍;拆下转向齿

条保护罩。

②调整转向齿条,如图9-28所示。

转动转向盘至左侧全锁位置,测量尺寸 X;转动转向盘至右止点,测量尺寸 Y;计算尺寸 $L = (Y - X)/2$;将转向齿条定位到尺寸"L"位置(齿条的中心)。重新安装保护罩、卡夹和一个新的夹紧环。

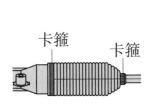 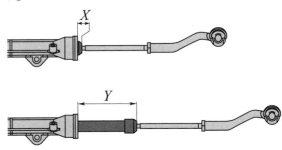

图9-27　拆下转向齿条保护罩　　　　图9-28　调整转向齿条

③调整转向柱塞(转向止推垫),如图9-29所示。

首先将齿条调整到中点位置,然后安装转向柱塞(转向止推垫);在螺塞的标记 c 的对面,在转向机壳体上做一个标记 a;在标记 a 的60°的位置,在转向机壳体上做一个标记 b;使用专用工具松开螺塞,直到标记 c 和 b 重合,使用冲子将螺塞相对壳体固定;检查任何转向齿条行程上均不存在阻力点部位,安装转向机构。

(7)动力转向系统油压和阀门密封性的检查。

①检查动力转向系统的油压,如图9-30所示。

 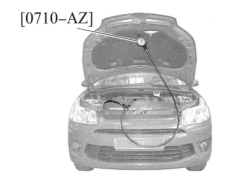

图9-29　调整转向柱塞　　　　图9-30　检查动力转向系统的油压
　　　　(转向止推垫)

把专用工具油压表固定在发动机罩上,一端连接到动力转向泵上,另一端连接到管路中,紧固所有接头;打开阀门,起动发动机并让它转动5s;关闭发动机,往两个方向都转动转向机构若干次;起动发动机,关闭阀门5s,在快急速情况下(1200～1500r/min),压力应为(10±0.5)MPa,打开阀门,关闭发动机,动力转向泵压力正确。

②检查分配阀的密封性,如图9-31所示。

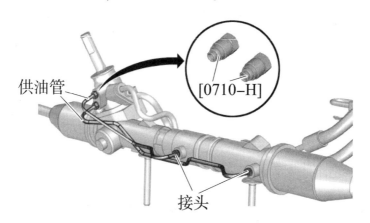

图9-31 检查分配阀的密封性

松开转向机构柱塞上的接头;将两根供油管从分配阀门上断开,并将它们放到一边;把两个堵塞安装到分配器阀门上;将转向盘慢慢从一侧极限位置转到另一侧极限位置,以排空油缸,加满动力转向液,打开阀门。

起动发动机,保持高怠速状态;将车轮完全锁止到一边,然后完全锁止到另一边;压力应自动调整到$(10±0.5)$MPa。

压力正常:更换转向机构。压力低于上面的数值:更换分配阀阀门。

拆下堵塞,安装供油管,再次拧紧转向柱塞管接头。

将车辆回复至标准状态;拆卸专用工具油压表,拧紧动力转向泵上的高压管接头;给动力转向液压回路排气。

检查油液液面高度:发动机停机时检查动力转向液的液面高度。

H——最高液面(热发动机),C——最高液面(冷发动机)。

注意:遵守规定的拧紧力矩。

蓄电池恢复原先接线后,再执行必要的操作。

三 学习拓展——电动助力转向系统的发展趋势

电动助力转向系统的转角传感器用于实时检测转向盘的转动方向以及转向盘的位置,转矩传感器用于实时检测转向盘转矩的大小。为了更好地减少零部件数量、节省成本、节约内部空间,使电动助力转向系统内布置更加紧凑,集转角传感器和转矩传感器功能于一体的多信号传感器便成为传感器的发展趋势。随着技术的不断进步,电动助力转向将发展成为全助力的电动转向系统,即:驱动

项目二 汽车转向系统的检修

转向轮转向的力完全由电动机提供;转向盘仅作为一个控制电动机的信号发生器,不断提供转向驱动力。国内外研究最多的线控转向系统就是一种全助力转向系统。

四 评价与反馈

❶ 自我评价

(1)通过本学习任务的学习,你是否已经知道以下问题:

①电控液压助力转向系统的特点和工作原理是什么？＿＿＿＿＿＿

＿＿＿＿＿＿＿＿＿＿＿＿＿＿＿＿＿＿＿＿＿＿＿＿＿＿＿＿＿＿。

②电控液压助力转向系统检修注意事项有哪些？＿＿＿＿＿＿＿

＿＿＿＿＿＿＿＿＿＿＿＿＿＿＿＿＿＿＿＿＿＿＿＿＿＿＿＿＿＿。

(2)汽车电控液压助力转向系统拆装操作过程中用到了哪些设备？

＿＿＿＿＿＿＿＿＿＿＿＿＿＿＿＿＿＿＿＿＿＿＿＿＿＿＿＿＿＿。

(3)汽车电控液压助力转向系统拆装的检查测量完成情况如何？

＿＿＿＿＿＿＿＿＿＿＿＿＿＿＿＿＿＿＿＿＿＿＿＿＿＿＿＿＿＿。

(4)通过本学习任务的学习,你认为自己的知识和技能还有哪些欠缺？

＿＿＿＿＿＿＿＿＿＿＿＿＿＿＿＿＿＿＿＿＿＿＿＿＿＿＿＿＿＿。

签名：＿＿＿＿＿＿ ＿＿＿年＿＿月＿＿日

❷ 小组评价(表9-1)

小组评价表　　　　　　表9-1

序号	评价项目	评价情况
1	着装是否符合要求	
2	是否能合理规范地使用仪器和设备	
3	是否按照安全和规范的流程操作	
4	是否遵守学习、实训场地的规章制度	
5	是否能保持学习、实训场地整洁	
6	团结协作情况	

参与评价的同学签名：＿＿＿＿＿＿ ＿＿＿年＿＿月＿＿日

3 教师评价

_____。

教师签名：_____　　　_____年____月____日

五 技能考核

根据学生完成实训任务的情况对学习效果进行评价。技能考核标准见表9-2。

技 能 考 核 标 准　　　　　　　　　表9-2

序号	项目	操作内容	规定分	评分标准	得分
1	汽车转向油泵拆装与检查	车辆、工具、器材准备	3分	工具准备是否齐全	
		安全检查确认	3分	安全检查是否到位	
		转向油泵拆装与检查	20分	严格按照技术标准流程	
		现场5S管理	3分	是否进行此操作	
		综合能力表现	4分	分别按突出表现进行加分	
2	汽车转向器及传动机构拆装、检测与调整	车辆、工具、器材准备	3分	工具准备是否齐全	
		安全检查确认	3分	安全检查是否到位	
		转向器及传动机构拆装、检测与调整	20分	严格按照技术标准流程	
		现场5S管理	3分	是否进行此操作	
		综合能力表现	4分	分别按突出表现进行加分	
3	电控液压助力转向系统的检查与测量	车辆、工具、器材准备	3分	工具准备是否齐全	
		安全检查确认	3分	安全检查是否到位	
		电控液压助力转向系统的检测	21分	严格按照技术标准流程	

项目二 汽车转向系统的检修

续上表

序号	项目	操作内容	规定分	评分标准	得分
3	电控液压助力转向系统的检查与测量	现场5S管理	3分	是否进行此操作	
		综合能力表现	4分	分别按突出表现进行加分	
	总分		100分		

学习任务10　电动助力转向系统检修

 学习目标

★ **知识目标**

1. 熟悉电动助力转向系统的功能、特点;
2. 掌握电动助力转向系统的组成及工作原理;
3. 掌握电动助力转向系统的维护、检查技术流程和规范。

★ **技能目标**

1. 能够对电动助力转向系统进行维护检查;
2. 能够对电动助力转向系统常见故障进行初步检测诊断。

 建议课时

6课时。

 任务描述

一辆2019款现代胜达380TGDI自动两驱豪华版车,在车辆行驶时转向助力系统故障灯亮起。请确认故障现象,查询相关技术手册,按规定流程和技术规范开展检修。

一 理论知识准备

与传统液压助力转向系统相比,电动助力转向系统能节省油耗约3%~5%,具有结构精巧、节能环保、安全舒适等优点,是汽车助力转向系统的发展方向,下面介绍有关电动助力转向系统相关知识。

① 电动助力转向系统组成

电动助力转向系统是一种直接依靠电机提供辅助转矩的动力转向系统,主要由三大部分构成:信号传感装置(包括转矩传感器、转向盘角度传感器和车速传感器),电子控制单元(ECU)和转向助力机构(电动机、离合器、减速传动机构等)。图10-1所示为电动助力转向系统组成。

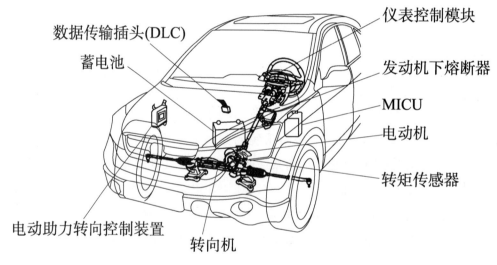

图 10-1 电动助力转向系统组成

(1)传感器。电动助力转向系统中最重要的输入信号就是转向盘的转矩,因此,转距传感器的选择非常重要。目前,国内大部分电动助力转向系统采用的是电位计式转矩传感器,最主要的原因是技术成熟、价格便宜。不过,由于其是接触式测量,使用时间久了以后容易磨损,导致测量值不准确,并且,其信号的一致性与精确度都不高。在高端的基于直流无刷电动机的电动助力转向系统中,除了转矩传感器外,还需要转向盘角度传感器来收集角度信息,来实现主动回正控制功能。车速传感器用以检测汽车行驶速度,控制电脑用这个输入信号来控制发动机怠速、自动变速器的变矩器锁止、自动变速器换挡及发动机冷却风扇的开闭等。

(2)电子控制单元(ECU)。ECU担负着处理传感器信号、执行控制策略、输出控制信号驱动电动机、系统监控诊断和通信的重任,是系统的核心部件。ECU接口及电路原理如图10-2所示。

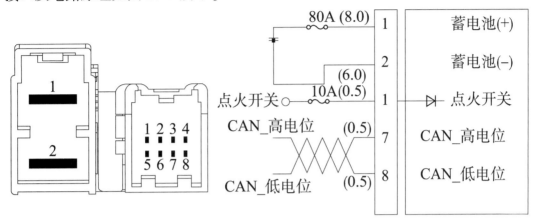

图10-2　ECU接口及电路原理

(3)电动机。在电动助力转向系统中使用的电动机分为有刷电动机和无刷电动机。有刷电动机在电刷整流子转动时同时切换电流,所以,接通电源就能转动,成本较低。但是,有刷电动机绕组布置于转子侧,随输出功率增加,电动机惯性力矩增加,就需要解决转向操作灵敏度变差问题。无刷电动机本身不带有整流作用,所以,需要内置转角传感器,通过电路切换对应转角信号电流,结构复杂且成本高。但是,无刷电动机绕组布置于定子侧,转子侧为磁体,即使输出功率增加,也能抑制惯性力矩增加的问题。

❷ 电动助力转向系统功能

无论哪种电动助力转向系统,其要实现的功能大致相同。

(1)助力控制:在汽车停车及低速行驶时提供较大辅助力矩,使转向过程快捷轻便;而在汽车高速行驶时提供较小的辅助力矩,以保持转向过程的可靠与沉稳。

(2)阻尼控制:利用电动机感应电动势来减弱汽车高速行驶时出现的转向盘抖动现象,目的是提高汽车高速直线行驶稳定性和快速转向收敛性。

(3)回正控制:驾驶人松开转向盘后,随着作用在转向盘上的力的减小,转向盘将在回正力矩的作用下回正。需要防止两种情况:①回正力矩过大,引起转向盘位置超调;②回正力矩过小,转向盘不能回到中间位置。

(4)系统通信功能:通过CAN/LIN总线与其他汽车控制系统进行通信,实现更加复杂的功能。

(5)系统故障诊断功能:能实时监控整个系统,具有故障报警和提示功能,在故障不能自动排除时关断电控动力转向系统,使车辆进入传统的机械转向模式。

为了实现上述功能,软硬件的选择就非常重要。从半导体供应商的角度,电控动力转向系统中选择的助力电动机的类型非常关键。

❸ 电动助力转向系统工作原理

电动助力转向系统是在传统机械转向系统的基础上发展起来的,它利用电动机产生的动力来帮助驾驶人进行转向操作。其原理可概括如下:当操纵转向盘时,装在转向盘轴上的转矩传感器不断地测出转向轴上的转矩信号,该信号与车速信号同时输入到电子控制单元。电控单元根据这些输入信号,确定助力转矩的大小和方向,即选定电动机的电流和转动方向,调整转向辅助动力的大小。电动机的转矩由电磁离合器通过减速机构减速增矩后,加在汽车的转向机构上,使之得到一个与汽车工况相适应的转向作用力。

电动助力转向系统工作原理及主要部件如图10-3所示。电动式电动助力转向系统是利用电动机作为助力源,根据车速和转向参数等因素,由电子控制单元完成助力控制。

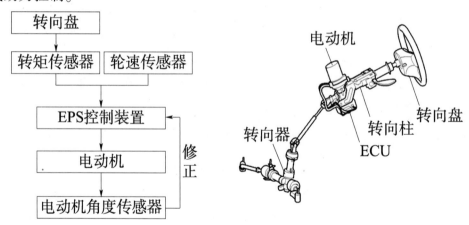

图10-3 电动助力转向系统工作原理及主要部件

电动机仅在需要助力时工作,驾驶人在操纵转向盘时,装在转向盘轴上的转矩传感器不断地测出转向轴上的转距信号,该信号与车速信号同时输入到电子控制单元。电控单元根据这些输入信号,确定助力转矩的大小和方向,即选定电动机的电流和转向,调整转向辅助动力的大小。电动机的转矩由电磁离合器通过减速机构减速增扭后,加在汽车的转向机构上,使之得到一个与汽车工况相适应的转向作用力。

简单地说,在低速大转向时,电子控制单元驱动电子液压泵以高速运转输出较大功率,使驾驶人打方向省力;汽车在高速行驶时,液压控制单元驱动电子液压泵以较低的速度运转,在不至于影响高速打转向的需要同时,节省一部分发动机功率,是使用较为普遍的助力转向系统。

4 电动助力转向系统特点

与传统的液压助力转向系统相比,电动助力转向系统主要有以下几个方面的优势。

(1)能耗少:电动助力转向系统没有转向油泵,且只在转向时电动机才提供助力,所以,动力消耗和燃油消耗均可降到最低,比液压助力转向系统可节约燃油3%~5%,因而燃油经济性有了很大的提高。

(2)路感好:电动助力转向系统能在各种行驶工况下提供最佳力,减小路面不平度所引起的对转向系的扰动,且由于电动助力转向系统内部采用刚性连接,系统的滞后特性可以通过软件加以控制,因此,有较好的路感。

(3)安装方便:电动助力转向系统取消了油泵、皮带、密封件、液压软管、液压油及密封件等零件,并且其电动机和减速机构安装在转向柱或装在转向器内,从而使整个转向系统的重量减轻、结构紧凑且安装方便。

(4)回正性能好:电动助力转向系统结构简单精确、内部阻力小、回正性能好,而且可以通过软件进行补偿,从而可以得到最佳的转向回正特性,且可改善汽车的操纵稳定性。

(5)应用范围广:电动助力转向系统可适应各种汽车,目前主要用于轿车和轻型载货汽车。而对于新能源车,尤其是纯电动汽车,电动助力转向系统为其最佳选择。

二 任务实施

1 准备工作

(1)将故障车辆停在维修区域,放置好车辆挡块、翼子板罩及防护三件套等;
(2)检查举升机工作是否正常,安全机构工作是否可靠;
(3)准备好常用工具和相应电脑检测仪器;

2 技术要求与注意事项

电动助力转向系统的部件(转向角传感器、转矩传感器、实效保护继电器等)位于转向柱和EPS部件总成的内部,转向柱和电动助力转向系统为整体型,禁止为了检查和更换而分解转向柱和EPS部件总成。

3 操作步骤

1)电动助力转向系统检查维护

(1)检查轮胎状况,包括气压、轮胎外观,尤其胎面状况等,必要时检查四轮定位;检查车辆的高低水平状况,将车辆停在平坦的地面,从正面和侧面分别观察车辆的高低水平位置,应无侧倾情况。

(2)检查转向盘自由间隙,保持车辆正向前方向,检查转向盘是否在正中央;转动转向盘,确认转向盘是否出现声响或是松动,转向盘的自由间隙应保持在 0~30mm 的范围内,如果转向盘运动超出此范围,要按照流程逐一检查,包括横拉杆球头、下部球接头等,如图10-4 所示。

(3)转向力检查,将汽车停止在水平的路面上,保持转向盘处于平直向前,启动发动机,当发动机处于怠速状态下,用弹簧秤钩住转向盘相应位置,拉动转向盘,测定出具体的转向力,如果转向力不在规定方位内,应检查调整齿条导块等;左右转动转向盘至尽头,向左向右转动应顺畅,无发卡异响等,转向力度和角度一致,如图10-5 所示。

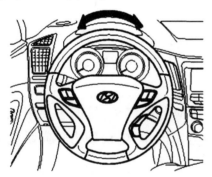 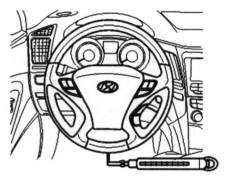

图10-4 检查转向盘自由间隙　　图10-5 转向力检查

(4)点火开关置于 ON 位置时,查看仪表盘,如果 EPS 警告灯没有亮,说明电动助力转向系统无故障;如果 EPS 警告灯亮,则使用诊断仪,读取故障码,如有故障码,应先进行检修,读取数据流,各项主要数据应在正常范围内。将点火开关置于 ON 位置时,系统进行初始诊断,转向盘变得沉重,此现象持续约 2s,然后转换为正常状态;将点火开关置于 ON 或 OFF 时,继电器会发出噪声,这是正常现象。

2)电动助力转向系统常见故障排除

电动助力转向系统作为独立于发动机的动力转向系统,使用过程中主要的故障因素、相应检查项目及故障症状见表10-1。

项目二 汽车转向系统的检修

电控动力转向系统主要故障情况一览表　　　　　表 10-1

故障因素	检查项目	故障症状	说　　明	注　　意
掉落、碰撞、过载	电动机	异常噪声	（1）即使没有发现外部变形，但会发生内部损坏。如果使用掉落过的部件，会出现转向盘偏向一侧故障；（2）电动机/ECU 等精确部件对振动和碰撞很敏感；（3）过载会造成意外损坏	（1）不要使用被碰撞过的电控动力转向系统；（2）不要使各部件过载
	ECU	电路损坏：（1）焊点错误；（2）PCB 破裂；（3）精密部件损坏		
	转矩传感器	转向操纵力不足	输入轴过载导致转矩传感器故障	（1）不要撞击连接部件（插入和转动时）；（2）使用专用工具拆卸转向盘（不要撞击）；（3）不要使用碰撞过的电控动力转向系统
	轴	转向操纵力不足（左/右不均匀）	—	不要使用碰撞过的电控动力转向系统

续上表

故障因素	检查项目	故障症状	说 明	注 意
分离/凹陷	线束	(1)动力转向辅助不工作；(2)EPS故障	线束连接器分离或线束断开	禁止使线束过载
保存温度异常	电动机/ECU	因动力转向电动机/ECU工作异常,转向操纵异常	在正常条件下可以防水,即使少量水分浸入,也会导致电动机/ECU等精密部件故障	(1)存放时要保持正常温度和湿度；(2)预防浸水

电动助力转向系统主要故障现象及诊断措施见表10-2。如果测试出异常现象,按需要进行相应维修或更换。

电动助力转向系统主要故障现象及诊断措施　　表10-2

测试条件	正常状态:电动机不提供转向助力		
	现象	可能原因	措施
点火开关OFF	电动机提供转向助力	ASP没有校准	使用诊断仪执行ASP校准程序
		点火开关电源	检查点火开关电源电路
测试条件	正常状态:电动机不提供转向助力,警告灯亮		
	现象	可能原因	措施
点火开关ON/发动机OFF	电动机提供转向助力	ASP没有校准	使用诊断仪执行ASP校准程序
		没有接收到EMS CAN通信信号	检查CAN通信电路
	警告灯不亮	仪表盘故障	检查仪表盘和仪表盘线束

项目二　汽车转向系统的检修

续上表

测试条件	正常状态:电动机提供转向助力,警告灯不亮		
	现象	可能原因	措施
点火开关 ON/ 发动机 ON	警告灯亮,电动机不提供转向助力	EPS（常时电源）和点火开关电源故障	检查 EPS(常时电源)和点火开关电源电路的线束连接器和线束
		系统检测到故障代码	使用诊断仪执行诊断程序,并按需要维修或更换
	警告灯亮,电动机提供转向助力	ASP 没有校准	使用诊断仪执行 ASP 校准程序
		EPS 和仪表盘之间 CAN 通信故障	检查 CAN 通信电路

电动助力转向系统主要故障的检查和简要诊断步骤如下。

(1)转向无助力。

主要可能故障原因有:控制系统线束插接件接触不良;系统熔断丝烧断;继电器损坏;控制器、电动机或传感器损坏。

(2)左右助力轻重不一样。

主要可能故障原因有:传感器中位输出电压调整有偏差、控制器、电动机或传感器损坏。

检修步骤如下:断开电动机插接件,松开传感器调整螺栓,调整传感器位置,使其中位电压为 1.65 V±0.05 V;否则,与供应商联系,更换传感器。

(3)系统刚开始工作时,转向盘出现两边摆动。

主要可能故障原因有:电动机助力反方向、控制器或传感器损坏。

(4)转向变沉重。

主要可能故障原因有:电池亏电、电动机损坏(功率降低)、轮胎(前)气压不足、充电。

(5)在使用过程中感觉车左右晃得特别厉害。

主要可能故障原因有:左右摆臂、球头磨损厉害,造成况量很大,应更换摆臂、球头系统。

(6)行车过程中有跑偏现象。

主要可能故障原因有:由于方向机受到严重撞击或坑道撞击,造成传感器跑偏；左右摆臂、球头磨损厉害，造成配合间隙量很大。这时候需要视情调整传感器参数，作四轮定位(特别注意：在正常做四轮定位，不需要拆卸电动管柱。如果在换新方向机时需要做四轮定位，要先拆下电动管柱或者拆下下连接轴，防止因换上新方向机出现前倾角角度差距而瘪坏电动管柱)，必要时更换摆臂、球头系统。

三 学习拓展——自动驾驶技术简介

自动驾驶汽车(Autonomous vehicles；Self-driving automobile)又称无人驾驶汽车、电脑驾驶汽车或轮式移动机器人，是依靠计算机与人工智能技术在没有人为操纵的情况下，完成完整、安全、有效的驾驶的一项前沿技术，已有数十年的历史，在21世纪初呈现出接近实用化的趋势。

在21世纪，由于汽车用户的不断增加，公路交通面临的拥堵、安全事故等问题越发严重。自动驾驶技术在车联网技术和人工智能技术的支持下，能够协调出行路线与规划时间，从而提高出行效率，并在一定程度上减少能源消耗。自动驾驶同时还能帮助避免醉驾、疲劳驾驶等安全隐患，减少驾驶人失误，提升安全性，自动驾驶技术也因此成为各国近年的一项研发重点。

1 自动驾驶技术现状

自动驾驶技术，在21世纪已有数十年的历史，但自动驾驶行业在当时还没有受到广泛关注。1999年，美国卡耐基梅隆大学研制的无人驾驶汽车Naclab-V完成了第一次无人驾驶试验，许多为无人车开放道路实验的法律法规也相继出台。经过开发研制，自动驾驶技术在后续几年被推广，2009年，自动驾驶汽车的雏形图片被曝光，自动驾驶开始受到关注。2010年10月9日，谷歌公司在官方博客中宣布，正在开发自动驾驶汽车，目标是通过改变汽车的基本使用方式，协助预防交通事故，将人们从大量的驾车时间中解放出来，并减少碳排放。

2011年10月，谷歌在内华达州和加州的莫哈韦沙漠作为试验场对汽车进行测试。同年，美国内华达立法机关允许自动驾驶车辆上路，这也是美国首个类似法律。该法律2012年3月1日正式生效。2012年4月，谷歌宣布自动驾驶汽车已经开了20万公里(离强制报废不远了)并已经申请和获得了多项相关专利。2012年5月7日，内华达州机动车辆管理局(DMV)批准了美国首个自动驾驶车辆许可证。在颁发牌照前，有关官员此前曾在高速公路、卡森城街区和拉斯维加斯大道检验过这款汽车，并宣称，先前在高速公路、市内街道和拉斯韦加斯闹市区域的测试显示，自动驾驶汽车可以安全行驶，甚至比人工驾驶更加安全。

自动驾驶作为AI应用中备受关注的热点，现阶段，自动驾驶技术发展也如火如荼。随着深度学习、人工智能算法的进步，无人驾驶越来越趋向实用化、商业化。

国际汽车工程学会(SAE)于2014年发布了自动驾驶的六级分类体系，如图10-6所示。

项目二 汽车转向系统的检修

SAE级别	名称	描述性定义	转向和加减速操控的执行者	对驾驶环境的监控者	复杂情况下动态驾驶任务的执行者	系统支持的路况和驾驶模式
	人类驾驶员监控驾驶环境					
0	非自动化	所有驾驶任务都由人类驾驶员进行操控（即使安装了告警或干预系统）	人类驾驶员	人类驾驶员	人类驾驶员	n/a
1	辅助驾驶	在特定驾驶模式下由一个辅助驾驶系统根据驾驶环境信息控制转向或加减速中的一种，并期望人类驾驶员完成所有其他动态驾驶任务	人类驾驶员和系统	人类驾驶员	人类驾驶员	部分路况和驾驶模式
2	部分自动化	在特定驾驶模式下由一个或多个辅助驾驶系统根据驾驶环境信息控制转向和加减速，并期望人类驾驶员完成所有其他动态驾驶任务	系统	人类驾驶员	人类驾驶员	部分路况和驾驶模式
	自动驾驶系统（简称"系统"）监控驾驶环境					
3	有条件的自动驾驶	在特定驾驶模式下由一个自动驾驶系统完成所有动态驾驶任务，但期望人类驾驶员能正确响应请求并接管操控	系统	系统	人类驾驶员	部分路况和驾驶模式
4	高度自动化	在特定驾驶模式下由一个自动驾驶系统完成所有动态驾驶任务，即便人类驾驶员无法正确响应请求并接管操控	系统	系统	系统	部分路况和驾驶模式
5	全自动化	自动驾驶系统在全部时间、全部路况和环境条件下（可由人类驾驶员管理）完成所有动态驾驶任务	系统	系统	系统	全部路况和驾驶模式

图 10-6　自动驾驶的分类体系

❷ 自动驾驶汽车的特点与功能

1）自动驾驶汽车的特点

（1）安全性：通过数字化、信息化的智能运转，自动驾驶能精确感应周围的事物并及时做出反应，发生安全事故的概率大大降低。自动驾驶汽车可以检测人类的状况，当人类疲劳驾驶时，自动驾驶汽车就会自动接替人类的驾驶，避免发生事故。

（2）便利性：自动驾驶汽车解放了人类的双手，不需要驾驶员控制，汽车便能通过自身导航到达目的地。

（3）智能化：当选定目的地后，自动驾驶汽车会利用导航系统规划最佳路线，到达目的地，汽车会选定停车位后自动停车。

2）自动驾驶汽车的功能

（1）代替驾驶员进行驾驶，汽车上的人只需要选定目的地，就可以完全让自动驾驶汽车自动驾驶，与普通汽车相比更便利。

（2）规划最优路线，利用导航系统进行路线规划，可以有效避免交通拥堵或路线过长的问题，以最快最安全的方式到达目的地。

（3）自动驾驶汽车能分析驾驶员及乘客的状态。当驾驶员疲劳驾驶、酒驾时，汽车会先警告驾驶员，接着接替驾驶员进行自动驾驶。如乘客把手和头伸到窗外，车载电脑会提醒乘客，汽车内乘载过多，汽车会发出超载提醒，防止意外事故的发生。

❸ 自动驾驶汽车的工作过程

自动驾驶汽车依靠人工智能、视觉计算、雷达、监控装置和全球定位系统协同合作，让电脑可以在没有任何人类的主动操作下，自动安全地操作机动车辆。控制电脑自动驾驶技术的内容包括定位与路径规划、环境感知、行为决策与控制，即通过全球定位系统与计算机技术的协作，进行航线的确定，并通过传感器感知环境，由控制电脑处理具体事件与总体航行。在自动驾驶车辆中，主控电脑是一项收集信息并作出行为决策的设备，是自动驾驶的核心设备。控制电脑控制着自动驾驶汽车所有行为，在感知设备提供信息后，电脑会根据装备的软件算法处理这些信息，并做出相应的决策，采取行动。自动驾驶汽车所接受的所有信息都会集中到电脑处，电脑需要对这些数据进行综合分析，然后再作出判断。

在道路行驶中，电脑的功能就是依据庞大的数据库来辨识出周围的环境元素，再做出相应的对策。电脑由此可以像人类驾驶员一样，在适当的时候发出指令来提速、减速、转向，以做到躲避障碍、保持在车道内行驶、识别出道路上的交通指示信号如限速牌指示、红绿信号灯等。过往的自动驾驶技术突破困难，重要的因素就是人工智能的发展速度过慢,过去人们以为是算法的落后,现在人工智能深度学习法其实更早就已经提出了,比如现在其中以 Dijkstra 算法为代表的图搜索法在各种优化问题中得到了较为广泛的应用,且这种算法是全局最优的。但过去的计算机由于容量小,运行速度慢,这种穷举式的算法又需要大量数据的运算,现在计算机本身的性能得到大幅度提高,大数据技术的发展,深度学习的高效性才得以体现。高性能计算机的重要性不仅体现在实际应用阶段,也体现载实验阶段借此来推动人工智能技术的进步。

在很早以前,全球定位系统就作为一个单独的工具被人类驾驶员利用,帮助定位、规划和确定行驶路线。对于自动驾驶车辆,全球定位系统的作用同样是确定车辆的经纬位置,在地图上规划车辆行驶路径,以确保定位以及得知下一步航向,同时全球定位系统还可以和惯性测量单元(IMU)协作提供更精细的水平转角速度和转角大小信息,帮助主控电脑决策。传统的全球定位系统导航地图在经过数据收集后可以改进为高精度地图。高精度地图除了更精确的坐标位置信息,还包括车道信息和坡度信息等,这也就提高了自动驾驶的稳定和舒适度,也弥补了当下传感器不仅测量范围不足,同时还有测量精度低的问题。当下自动驾驶没有了高精度地图的辅助,其充其量只能是半成品,主要依靠各类传感器对路面进行监测的自动驾驶试验车一旦遇到天气出现问题,就一定需要高精度地图辅助。另外,在车联网建立后,全球定位系统还能通过更丰富的信息,如道路拥堵情况、事故情况等即时规划更优的路线。

❹ 自动驾驶技术的价值及存在问题

"自动驾驶"汽车并非绝对安全,自动驾驶技术再经历几个周期的发展也不能做到确保将事故率降低为零,故自动驾驶汽车致损无法避免,由此引发的诸多新型法律关系在现行法律框架中面临适法性困境。受上述因素影响,加之对新事物的抵触心理,部分人反对"自动驾驶"汽车的应用。但在看到"自动驾驶"汽车发生事故之同时,也要关注另外的事实:根据公安部安全事故统计数据可以看到,2013 年涉及人员伤亡的交通事故有 20 万起以上,死亡人数超过 6 万人,受伤人数超过 20 人,保守估计,事故相关费用达 300 亿元以上,其中 90% 的交通事故均由于人为过错导致。全球每年约发生 217 万起交通事故,约 124 万人死亡,70% 源于酒后驾驶、疲劳驾驶等。单纯因为汽车故障引发事故的比例远小于由于人为失误导致事故之占比,故"自动驾驶"汽车能排除人为因素引发的交通事故这一优势亦不可否认。美国、德国等,包括中国,都在推进"自动驾驶"的相关政策立法也可印证其不可阻挡的未来发展趋势。

1)"自动驾驶"汽车的社会价值

(1)大幅降低交通事故发生率,这是"自动驾驶"汽车的首要目的,也是世界各国加快通过政策或立法促进"自动驾驶"汽车发展的首要原因。

(2)缓解目前拥堵的交通状况。"自动驾驶"技术可以超越人类的感知极限,较之人类更加精准、敏感,通过"自动学习"和测绘技术的运用,提前感知道路状况并采取相应措施应对。因此"自动驾驶"技术可以更好地规划驾驶路线,缩短人类由于反应较慢所需的较长行车距离,对于行车路线可能出现的道路状况提前作出反映,从而缓解交通拥堵的现状。

(3)扩大驾驶主体范围,传统的车辆驾驶对于驾驶员有资格要求且对于驾驶员的年龄、视力、健康状况、连续驾驶时间等亦有约制。"自动驾驶"汽车,尤其是L4、L5级别的自动驾驶汽车一般不需要人类驾驶行为介入,使驾车出行受限主体可以通过汽车独自出行,从而来扩大驾驶主体的范围。

2)自动驾驶存在的问题

(1)自动驾驶汽车产量的最大问题是成本,中央处理器的价格昂贵,而且在运作后期会有损耗,维修起来有一大笔费用。因此,自动驾驶汽车在大众中普及还需要考虑经费问题。

(2)当自动驾驶汽车以100km/h的速度高速行驶时,留给中央处理器处理数据的时间极短,这需要中央处理器有极高的性能,目前的激光雷达也尚无成熟的量产产品,这就会使自动驾驶汽车不能在遇到危险的情况下快速反应,有造成事故的概率。

(3)随着自动驾驶汽车的上路普及,事故责任界定是重要课题,世界范围内既有法律对该问题均没有明文规定。想要自动驾驶汽车真正在路上行驶,还要相关部门协调并不断完善法律。

四 评价与反馈

1 自我评价

(1)通过本学习任务的学习,你是否知道以下问题:

①电控动力转向系统的优点:_____

_____。

②电动助力转向组成和工作原理:_____

_____。

(2)通过本学习任务的学习,你认为自己的知识和技能还有哪些欠缺?

_____。

签名:_____   ____年____月____日

❷ 小组评价（表10-3）

小 组 评 价 表　　　　　　表 10-3

序号	评价项目	评价情况
1	出勤情况	
2	上课参与情况	
3	组员团队合作情况	
4	完成学习任务情况	
5	执行5S情况	

参与评价的同学签名：_____　　_____年___月___日

❸ 教师评价

_____

_____。

教师签名：_____　　_____年___月___日

五 技能考核

根据学生完成实训任务情况对学习效果进行评价。技能考核标准见表10-4。

技能考核标准　　　　　　表 10-4

序号	项目	操作内容	规定分	评分标准	得分
1	电动助力转向系统认知	电动助力转向系统认知	15分	能在实车上将系统的各个组成部件准确识别，并口述系统工作原理	
2	电动助力转向维护检查	工具、车辆、器材准备	5分	检查车辆的高低水平状况，将车辆停在平坦的地面，从正面和侧面分别观察车辆的高低水平位置，工具、器材按需准备	

续上表

序号	项目	操作内容	规定分	评分标准	得分
2	电动助力转向维护检查	安全检查确认	5分	检查驻车制动,检查三角挡块、举升器、通风排气常规	
		系统初步检查	10分	检查轮胎状况,按技术规程进行系统初步检查,必要时检查四轮定位	
		转向盘自由间隙	15分	保持车辆正向前方向,检查转向盘是否在正中央;转动转向盘,确认转向盘是否出现声响或是松动,转向盘的自由间隙应保持在0～30mm的范围内	
		转向力检查	10分	转向力应在规定值,左右转动应顺畅,无发卡异响等,转向力度和角度一致	
3	电动助力转向故障诊断	诊断仪检测	10分	使用诊断仪读取故障码或系统工作相关数据	
		简单故障诊断	25分	熟悉诊断思路和流程,熟练使用相关器具,进行简单故障诊断和排除	
4	现场5S管理	生产现场5S管理	5分	熟练执行5S管理内容	
		总分	100分		

项目二　汽车转向系统的检修

学习任务 11　汽车转向系统的故障诊断与排除

 学习目标

★ 知识目标

1. 掌握机械式转向系统常见故障的诊断与排除；
2. 掌握液压助力转向系统常见故障的诊断与排除；
3. 掌握电动助力转向系统常见故障的诊断与排除。

★ 技能目标

1. 能够排除机械式转向系统的故障，恢复汽车的行驶性能；
2. 能够排除液压助力转向系统的故障，恢复汽车的行驶性能；
3. 能够排除电动助力转向系统的故障，恢复汽车的行驶性能；
4. 能向客户解释所修车辆转向系统损伤情况和修复方案，并为客户提供日常维护建议。

 建议课时

10 课时。

 任务描述

某北京现代 4S 店接到一辆 2010 款北京现代乘用车。车主反映，在行驶过程中车辆转向异常沉重、不灵敏，要较大幅度转动转向盘才能控制汽车的行驶方向，且需用较大的力才能使车轮偏转。请通过检测转向系统，判断转向系统技术状况；若需要修复，请制订修复方法和工艺流程。

173

一 理论知识准备

1 机械式转向系统常见故障的诊断与排除

机械式转向系统在使用过程中,由于维护调整不当、磨损、碰撞变形等原因,会使转向器过紧、转向传动机构和转向操纵机构松旷、变形、发卡等,从而造成转向沉重、行驶跑偏、单边转向不足、低速摆头、高速摆头等故障,见表11-1。

机械式转向系统常见故障与排除方法　　　表11-1

故障现象	故障原因	故障排除方法
转向沉重	1. 转向器故障 齿轮轴上无深沟球轴承或滚针轴承,调整、安装过紧或已损坏 补偿弹簧力过大,或齿条变形量过大 转向器润滑不良 转向柱弯曲或转向柱管凹陷	检查调整或更换 调整或更换 添加润滑油 校正或更换
	2. 转向传动机构故障 转向传动横拉杆球铰配合过紧,润滑不良 横拉杆弯曲 悬架支柱变形过大或转向臂变形过大	调整、加注润滑油 校正或更换 更换
	3. 前桥(转向桥)和车轮方面的原因 前轮定位失准 轮胎气压不足 前轮轮毂轴承调整过紧 转向桥或驱动桥超载	检查调整 充足气压 检查调整润滑 检查修整或更换
	4. 其他原因 车架弯曲、扭转变形 前悬架或钢板弹簧变形	校正或更换 校正或更换

续上表

故障现象	故 障 原 因	故障排除方法
低速摆头	转向器传动副啮合间隙过大 转向传动横拉杆、直拉杆球铰磨损松旷、弹簧折断或调整过松 转向节主销与衬套配合间隙过大 前轮轮毂轴承装配过松或紧固螺母松动 后轮胎气压不足 前悬架弹簧错位、折断或固定不良	检查调整润滑 检查调整更换 检查更换 检查调整紧固润滑 充足气压 检查调整更换
高速摆头	转向轮动不平衡 前轮定位失准 车轮偏摆量大 转向传动机构运动干涉 车架、车桥变形 左右悬架刚度不等、弹簧折断 减振器失效 导向装置失效 传动轴弯曲,动不平衡过大	平衡转向轮 检查调整 检查调整更换 检查调整更换 检查校正更换 检查调整更换 更换 更换 更换
行驶跑偏	左右前轮气压不相等或轮胎直径不等 两前轮的定位角不等 两前轮轮毂轴承的松紧度不等 前束过大或过小 前桥弯曲变形或下控制臂安装位置不一致 前后车轴不平行 一边车轮制动拖滞	检查更换 检查调整 检查调整 检查调整 检查校正更换 检查校正更换 检查调整
单边转向不足	转向摇臂安装位置不对 转向角限位螺钉调整不当 直拉杆弯曲变形 钢板弹簧安装时位置不对,或是中心不对称的前钢板弹簧装反	检查调整 检查调整 更换 检查调整

2 液压助力转向系统故障诊断与排除

液压助力系统因油液泄漏、渗入空气、动力转向泵失效、转向控制阀损坏和机械传动机构损坏而引起转向沉重、异响、左右转向轻重不同、直线行驶转向盘发飘或跑偏、转向盘发抖等故障,见表11-2。

液压助力转向系统常见故障与排除方法　　　　　表11-2

故障现象	故障原因	故障排除方法
转向沉重	转向油罐缺油或油液高度低于规定要求	添加或更换
	液压回路中渗入了空气	排空气
	油泵驱动皮带过松或打滑	检查调整
	各油管接头处密封不良,有泄漏现象	检查更换
	油路堵塞或滤清器污物太多	检查清洗更换
	油泵磨损、内部泄漏严重	检查更换
	油泵安全阀、溢流阀泄漏、弹簧弹力减弱或调整不当	检查调整更换
	动力缸或转向阀密封损坏	检查更换
	转向齿轮机构损坏或调整不当	检查调整更换
异响	转向油罐中液面太低,液压回路渗入空气	检查修理添加
	油泵驱动皮带过松或打滑	检查调整
	储油罐滤网堵塞或液压回路中有过多沉积物	检查清洗更换
	油管接头松动或油管破裂	检查修理更换
	油泵严重磨损或损坏	更换
	转向控制阀性能不良	更换
	转向传动机构松动	修理更换
左右转向轻重不同	转向控制阀阀芯(或滑阀)偏离中间位置,或与阀体槽肩的缝隙大小不一致	更换
	控制阀内有污物阻滞,使左右转动阻力不同	检查清洗更换
	液压系统中动力缸的某一油腔渗入空气	排空气
	油路漏损	检查修理更换

续上表

故障现象	故障原因	故障排除方法
转向盘发飘或跑偏	转向控制阀扭力杆弹簧损坏或疲软	更换
	转向油液变质或脏污	更换
	转向控制阀阀芯（或滑阀）偏离中间位置，或与阀体槽肩的缝隙大小不一致	更换
	转向传动机构连接处间隙过大，或松动，或磨损过甚	更换
	车轮定位失准	调整更换
	轮胎压力或尺寸不正确	检查更换
转向盘发抖	储油罐液面低	添加
	油路中渗入空气	排空气
	转向油泵驱动皮带打滑	检查调整
	转向油泵输出压力不足	检查修理更换
	转向油泵流量控制阀卡滞	检查更换

❸ 电动助力转向系统的故障诊断与排除

主要由电控液压助力转向系统和电动助力转向系统中所组成的主要零部件和电子元件的工作性能下降或损坏所造成的转向系统故障。电控转向系统常见的故障有转向困难、左右转向力矩不同或转向力矩不均、行驶时转向力矩不随车速改变或转向盘不能正确回正、动力转向工作转动转向盘时出现敲击（或摇动）声等，见表11-3。

电控转向系统常见故障与排除方法　　　　表11-3

故障类型	故障的主要零部件	故障排除方法
电控液压助力转向系统	储油罐	检查添加
	动力转向电动泵	检查修理更换
	高、低压油路	检查修理更换
	转向器及传动机构	检查修理更换
	电子控制单元	检查修理更换

续上表

故障类型	故障的主要零部件	故障排除方法
电动助力式转向系统	转矩传感器	检查修理更换
	车速传感器	检查修理更换
	电磁离合器	检查修理更换
	直流电动机	检查修理更换
	电子控制单元	检查修理更换
	转向器及传动机构	检查修理更换

二 任务实施

❶ 准备工作

(1)将实训车辆停放在维修区域。

(2)检查举升机工作是否正常,安全机构工作是否正常。

(3)准备常用工具套件、万用表、车辆挡块、翼子板布及防护三件套等。

❷ 技术要求与注意事项

(1)使用举升机前,应清除举升机附近妨碍作业的器具及杂物,并检查操作手柄是否能正常工作,操作机构是否灵敏有效,液压系统不允许有爬行现象。支车时,四个支脚应在同一平面上,调整支脚胶垫高度使其接触车辆底盘支撑部位;车辆不可支得过高,支起后四个托架要锁紧。待举升车辆驶入后,应将举升机支撑块调整移动对正该车型规定的举升点。

举升时,人员应离开车辆;举升到需要高度时,必须插入保险锁销,并确保安全可靠才可开始车底作业。支车时,举升要稳,降落要慢。

(2)各螺栓务必按照规定力矩进行拧紧,安装或拆卸必须遵循相关的顺序。

(3)当拆卸转向油泵压力油管和回油软管时,注意要用容器回收动力转向油,以免造成污染和浪费。

❸ 操作步骤

下面以液压助力转向系统转向不灵故障诊断与排除为例进行讲解。汽车转向不灵故障诊断流程如图11-1所示。

项目二 汽车转向系统的检修

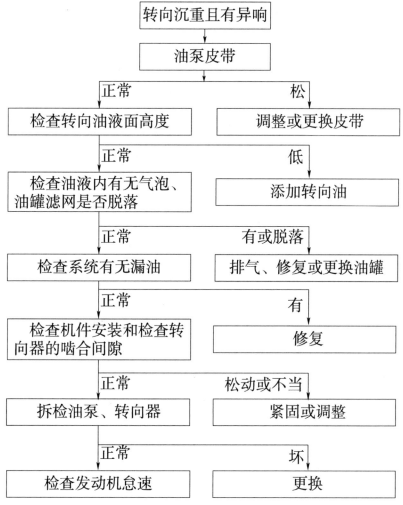

图 11-1 汽车转向不灵故障诊断流程

（1）基本检查。

转向系统基本检查包括油泵皮带松紧、液面高度、油液有无空气、系统漏油等检查项目。

密封性检查：当动力转向系漏油、技术性能变差或修复后，应进行系统密封性检查，如图 11-2 所示。

①使发动机怠速运转，将转向盘快速朝左、右两侧转至极限位置数次。

②目测图 11-2 所示位置有无泄漏，检查转向控制阀、齿条密封（松开波纹管软管夹箍，再将波纹管推至一旁）、叶轮泵、油管接头是否有漏油现象，如有渗漏应更换密封件或零部件。

油压检查：系统油压是反映液压助力系统工作性能好坏的重要参考指标，按如下流程检查。

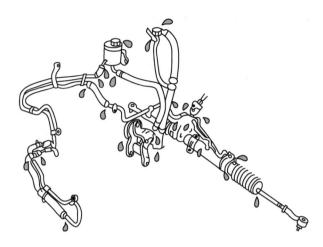

图11-2　转向系统漏油部位

①将油压表串联在动力转向器的进油管路中,如图11-3所示。

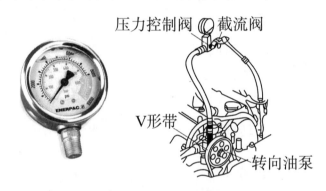

图11-3　油压测试

②如需要添加转向油液到规定高度。

③向右转动转向盘到极限位置。

④起动发动机,使其转速在1500～1600 r/min。

⑤关闭截流阀,油压表读数应符合规定(一般不低于7MPa)。

(2)确认故障。

①将车辆水平停放到举升机上,检查轮胎气压,如气压偏低,则应充气使其达到正常值,用前轮定位仪检查前轮定位,查看前轮定位值是否正确。

②助手坐到驾驶舱,举升车辆,锁止举升机,助手转动转向盘从直行位置向左、向右反复转动60°左右,技师查看情况。此时检查横拉杆与转向节臂连接处是否松脱、松旷,如图11-4所示。

③助手坐在车厢内,踩住制动踏板。技师用螺丝刀垫布撬动球节,检查球节间隙,如图11-5所示。

项目二　汽车转向系统的检修

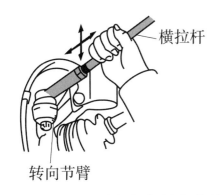

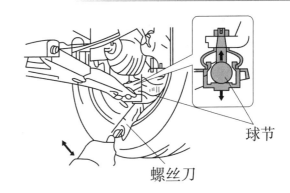

图 11-4　检查横拉杆与转向节臂　　　图 11-5　检查球节

④检查车桥、下控制臂与转向节臂,看其有无变形,同时检查螺旋弹簧,看其是否折断。检查转向节臂和左、右转向横拉杆相连接处的磨损和装配状况。

⑤检查槽形螺母是否松脱,检查开口销、盖等的装配情况。

⑥检查球头螺栓螺纹、横拉杆两端螺纹是否损伤、橡胶防尘罩是否老化破裂。

⑦用手扳动两个车轮左右转动查看各传动部分,并转动车轮检查车轮轴承松紧度。如上述均正常从车上拆下转向器检查。

(3)拆装检查转向器。

①拆卸转向器。

拆卸之前,先断开蓄电池电源线,使前轮处于直线行驶位置,转向灯开关置位于中间位置。

a. 固定转向盘,如图 11-6 所示。

b. 分离 2 号转向中间轴总成。

c. 拆卸前轮。

d. 分离左、右前稳定杆连杆总成。

e. 分离左、右侧横拉杆接头分总成,如图 11-7 所示。

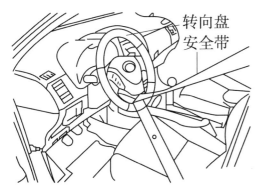

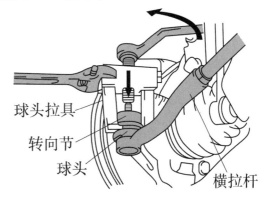

图 11-6　固定转向盘　　　图 11-7　分离横拉杆接头

181

f. 分离左、右前悬架下臂分总成。

g. 拆卸左、右前悬架梁后支架。

h. 拆卸前悬架梁分总成。

i. 拆卸转向中间轴。

在转向中间轴和转向拉杆总成上做好装配标记,如图11-8所示。从转向拉杆总成拆下螺栓和转向中间轴。

j. 拆卸转向器。

从前悬架横梁分总成拆下连接螺栓和防松螺母,将转向器从车上拆下。

先将专用工具09612-00012上贴上胶带,再用专用工具将转向器固定在台虎钳上,如图11-9所示。

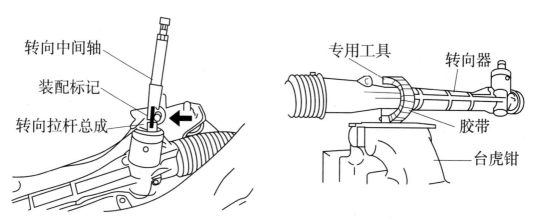

图11-8 做好装配标记　　图11-9 夹紧转向器

在左、右侧横拉杆接头分总成与转向器总成上做好装配标记,如图11-10所示。拆下左、右侧横拉杆接头分总成和锁紧螺母。

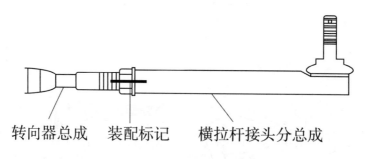

图11-10 做好装配标记

②检查转向器。

a. 用检视法或渗透法检查,转向器壳体是否有裂纹。

b. 转动转向器检查转向齿轮及齿条是否运动灵活,无卡滞现象;转向小齿轮、转向齿条安装是否良好,无松动。

c.检查各密封圈、密封环及防尘套是否正常。

d.检查左、右侧横拉杆接头分总成。

将左侧横拉杆接头分总成固定在台虎钳上。将螺母安装到双头螺柱上;前后晃动球节5次。

将扭力扳手置于螺母上,以 3~5s 一圈的速度连续转动球节,并检查第五圈的力矩,如图11-11所示。

如果力矩不在规定范围内,更换新的横拉杆接头分总成。

e.检查转向器总预紧力。

将转向器固定在台虎钳上。把专用工具09616-00011安装到转向拉杆上,用扭力扳手检查总预紧力,如图11-12所示。如果总预紧力不在规定范围内,更换新的转向机总成。

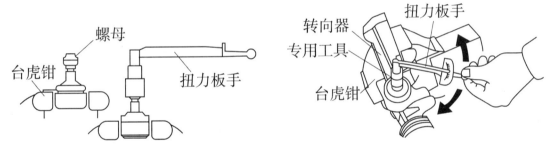

图11-11 检查预紧力　　　　图11-12 检查横拉杆端头

③装配。转向器的装配过程按拆装过程的相反顺序进行。

装配后要进行间隙调整,转向器啮合间隙的调整方法如下:

a.将转向盘摆正,处于直线行驶状态。

b.调整齿条压紧装置中补偿垫片的厚度,使齿条和齿轮实现无侧隙或小侧隙啮合,且转向盘转动灵活。

c.调整合适后固定调整机构的锁紧螺母。

三 学习拓展——后轮转向

后轮转向技术赋予了车辆极佳的地面附着性能,可以大大减小车内后排坐乘员的侧倾力。车在转弯过程中,后轮自动随前轮偏转一个微小的角度,即使在急转弯时也非常平顺,不易甩尾或侧倾,确保车内乘客的舒适和安全。在紧急躲闪、高速转弯等情况下,它都能发挥作用。

❶ 汽车行驶转弯特性

车辆的转向行驶特性一般可以分为不足转向、中性转向和过度转向三种情况,如图 11-13 所示。

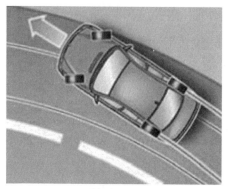
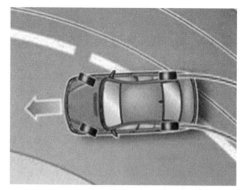

a) 转向不足　　　　　b) 转向过度

图 11-13　汽车转向不足和转向过度

(1) 不足转向表现为车辆在弯中的实际转向角度比前轮的转动角度小,也就是前轮出现了向外侧的滑动,这种转弯也俗称"推头"。

(2) 转向过度表现为车辆在弯中的实际转向角度比前轮的转动角度大,也就是后轮出现了向外侧的滑动。

(3) 中性转向表现为车辆在弯中的实际转向角度恰好是前轮的转动角度,这种转向特性往往可以达到最大的转弯速度,但是这也降低了驾驶人对车辆在一定程度上接近物理极限的主观感受。

后轮转向对车辆的整体转向特性产生影响。后轮转向存在与前轮同向和反向两种情况,而且这两种情况也会表现出两种完全不同的转向特性。简单来说,就是同向增加不足转向,反向增加过度转向。车辆在低速行驶时,可以通过后轮与前轮的反向转动来适当增加转向过度。高速行驶的车辆遇到紧急变道的情况时,在没有任何电子辅助系统的帮助下,很容易出现转向过度的倾向,通过后轮产生一个很小但很重要的与前轮相同方向的转向,则可以弥补转向过度的趋势,这样会让汽车有更好的平衡性。

车辆在过弯时,车轮触地面积以及车轮定位的变化会导致转向特性的变化。应该说,后轮转向技术可以弥补由于使用橡胶充气轮胎所导致的车辆转向机构的先天缺陷。这种后轮转向更像是 ESP 系统的工作原理,即车辆高速运动时,通过制动某个或某几个车轮,以保持车辆行驶姿态的稳定。

2 后轮转向技术

后轮转向目前主要通过两种方式来实现,一种是通过机械结构来达到,另一种则是通过电动机或液力来实现。通过机械结构来实现后轮转向往往是被动的,一般是依靠车辆在转弯时地面的侧向摩擦力来使后轮产生小幅度的转向。

(1) 后轮随动转向。这套结构其实很简单,它并非在后轮布置了一套完整的转向机构,而仅仅是在后轮与悬架、悬架与车身之间布置了一些橡胶软垫,通过橡胶使悬架和车身实现柔性连接。由于橡胶存在一定弹性,在汽车转弯时,后悬架连接点的橡胶软垫在横向力的作用下能发生一定程度的弹性形变,从而带动车轮做一定角度的变化。这个转向角度取决于橡胶软垫的软硬度。橡胶垫越软,后轮可变转向角度越大,但悬架刚度降低稳定性差,橡胶软垫越硬,后轮转向角度越小,但悬架刚度大,稳定性高。因此,在设计时需要权衡其优缺点,根据汽车的实际用途的侧重点做调校。一般来说,后轮的转向角度都在3°以下。

(2) 后轮主动式转向。对于大型豪华车来说,不断加长的轴距为车内带来了良好的、舒适的乘坐空间,但是,这也对车辆的操控性带来了一定的负面影响,无论是低速时的转弯半径,还是高速行驶时的稳定性都会打折扣。通过加入后轮转向系统,则可以弥补轴距增加后对车辆行驶特性造成的影响,同时,让一款豪华车同样具有很好的驾驶乐趣。BMW7 主动式后轮转向系统的原理也并不复杂,就是一套丝杠螺母机构,电动机驱动螺母带动丝杠产生轴向移动。这种轴向移动会带动后轮产生小幅度的转向,当车速在 60km/h 以上时,后轮与前轮同向偏转,提升高速过弯的稳定性;在 60km/h 以下时则反向偏转,增加车辆的灵活性。

后轮随动转向不仅仅在转弯时才起作用。因为汽车几乎没有纯粹直线行驶的时候,所以,实际上在几乎任何时候,此技术都使车辆的行驶更加稳定,操纵更为容易,而成本并没有因此而提高。

汽车可以在高速上轻易跑到 200km/h 而仍然很平稳、不飘不偏,这是出色的底盘特性所决定的,其中也包括了后轮随动转向的功劳。

四 评价与反馈

1 自我评价

(1) 通过本学习任务的学习,你是否已经知道以下问题:

①汽车转向系统主要故障有哪些？_____

_____。

②汽车转向系统故障检查排除的流程是什么？_____

_____。

(2)汽车转向系统故障排除操作过程中用到了哪些设备？_____

_____。

(3)汽车转向系统故障排除完成情况如何？_____

_____。

(4)通过本学习任务的学习，你认为自己的知识和技能还有哪些欠缺？

_____。

签名：_____　　　　_____年____月____日

❷ **小组评价**（表11-4）

小组评价表　　　　　　　　　　　　　　　表11-4

序号	评价项目	评价情况
1	着装是否符合要求	
2	是否能合理规范地使用仪器和设备	
3	是否按照安全和规范的流程操作	
4	是否遵守学习、实训场地的规章制度	
5	是否能保持学习、实训场地整洁	
6	团结协作情况	

参与评价的同学签名：_____　　_____年____月____日

❸ **教师评价**

_____

_____。

教师签名：_____　　　　_____年____月____日

五　技能考核

根据学生完成实训任务的情况对学习效果进行评价。技能考核标准见表11-5。

项目二 汽车转向系统的检修

技能考核标准 表11-5

序号	项目	操作内容	规定分	评分标准	得分
1	转向系统基本检查	车辆、工具、器材准备	3分	工具准备是否齐全	
		安全检查确认	3分	安全检查是否到位	
		转向油泵拆装与检查	20分	掌握转向系统基本检查项目、检查方法和技术标准	
		现场5S管理	3分	是否进行此操作	
		综合能力表现	4分	分别按突出表现进行加分	
2	转向不灵故障确认	车辆、工具、器材准备	3分	工具准备是否齐全	
		安全检查确认	3分	安全检查是否到位	
		转向器及传动机构拆装与检测与调整	20分	能按照正确的程序和方法进行转向不灵故障部位检查诊断	
		现场5S管理	3分	是否进行此操作	
		综合能力表现	4分	分别按突出表现进行加分	
3	转向器拆装检查	车辆、工具、器材准备	3分	工具准备是否齐全	
		安全检查确认	3分	安全检查是否到位	
		电控助力转向系统的检测	21分	掌握转向器拆装与检修的方法、步骤与相应技术标准	
		现场5S管理	3分	是否进行此操作	
		综合能力表现	4分	分别按突出表现进行加分	
		总分	100分		

项目三 汽车制动系统的检修

学习任务12 车轮制动器的拆装与检查

 学习目标

★ 知识目标

1. 掌握制动器的作用、组成及类型；
2. 掌握制动器组成部件名称及安装位置；
3. 熟悉制动器拆装、检查的技术流程和规范；
4. 清楚制动器检测的技术标准。

★ 技能目标

1. 能完成汽车制动器的拆装；
2. 能完成制动器部件的检测和更换。

 建议课时

10 课时。

 任务描述

一辆北京现代 ix35 紧凑型 SUV 轿车,行驶里程为 25 万 km,最近的一次维修记录是 1 年前(常规维护),车主反映该车经常到野外行驶,最近发现车辆制动系统有时不灵,轻度制动时,出现忽左忽右跑偏现象;长时间进行制动

项目三 汽车制动系统的检修

操作,感觉有制动距离过长的现象。4S店接车人员初步检查,制动踏板高度及硬度、制动液液位等符合技术要求,经过维修技师的初步诊断,确定故障出现在制动器部分,需要对车轮制动器进行拆装与检修,查找具体故障部位进行故障排除。

一 理论知识准备

1 制动器的功用

制动器的功用是通过固定件(制动蹄、摩擦片)与旋转件(制动鼓、制动盘)之间的摩擦产生摩擦力,使行驶的汽车减速甚至停车,使下坡行驶的汽车行驶稳定,如图12-1所示。

2 制动器的类型

目前,汽车所用的制动器按旋转元件的不同可分为鼓式制动器和盘式制动器两大类。

(1)盘式制动器。盘式制动器又称碟式制动器,主要由制动盘、制动钳、制动摩擦块、制动轮缸等部分构成。盘式制动器通过液压系统把压力施加到制动钳活塞上,使制动摩擦块与旋转的制动盘发生摩擦,从而达到制动的目的,如图12-2所示。

图12-1 车轮制动器

(2)鼓式制动器。鼓式制动器主要包括制动轮缸、制动鼓、制动蹄摩擦片、复位弹簧等部分。主要是通过液压装置使制动蹄摩擦片与随车轮转动的制动鼓内侧面发生摩擦,从而起到制动的效果,如图12-3所示。

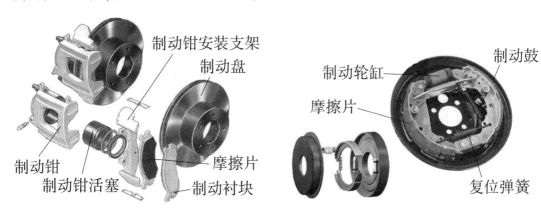

图12-2 盘式车轮制动器结构　　图12-3 鼓式车轮制动器结构

与封闭式的鼓式制动器不同的是,盘式制动器是敞开式的,制动过程中产生的热量可以很快散去,拥有很好的制动效能,现在已广泛应用于轿车上。

3 制动器的工作原理

（1）盘式制动器。当踩下制动踏板时,制动主缸的液压油在一定压力下进入制动轮缸,轮缸油压升高,活塞被推出,继而摩擦片被挤压在制动盘上,夹紧制动盘,通过摩擦作用产生制动力,阻碍汽车运动。盘式制动器按其结构特点可分为固定钳盘式和浮动钳盘式两种,如图12-4所示。

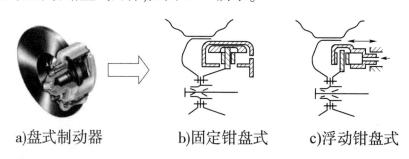

a)盘式制动器　　b)固定钳盘式　　c)浮动钳盘式

图 12-4　盘式制动器的结构类型

①固定钳盘式制动器的工作原理,如图12-5所示。制动时,液压通过制动液从主缸传递到轮缸两侧,同时推动轮缸活塞向内移动,将两侧的摩擦片同时压靠在制动盘端面上,从而使两片摩擦片夹紧制动盘产生制动。

②浮动钳盘式制动器的工作原理。制动时,液压通过制动液从主缸传递到轮缸,推动轮缸活塞向外推移,将内侧的摩擦片压靠在制动盘端面上,而外侧的摩擦片则由制动钳推动,从而使两片摩擦片夹紧制动盘产生制动,如图12-6所示。

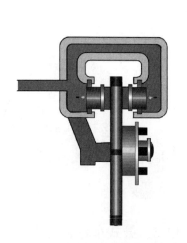

图 12-5　固定钳盘式制动器的工作原理

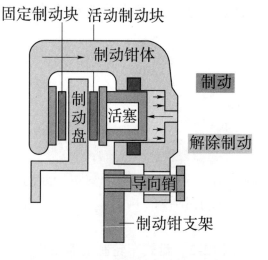

图 12-6　浮动钳盘式制动器的工作原理

（2）鼓式制动器。制动时,制动液通过制动管路从制动主缸传递到制动轮缸,推动轮缸活塞向外张开,两个制动轮缸活塞分别推动两片制动蹄绕支撑销转动,张开的制动蹄以及摩擦片压紧在制动鼓的内圆柱面上产生制动,如图12-7所示。

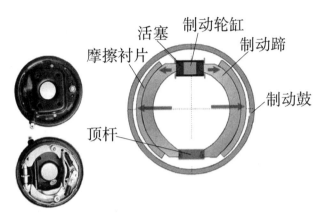

图 12-7　鼓式制动器的工作原理

❹ 车轮制动器的组成

以北京现代索纳塔左前轮为例,车轮制动器的结构如图12-8所示。

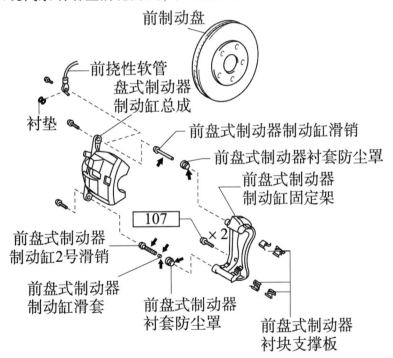

a)制动钳、制动盘总成

图　12-8

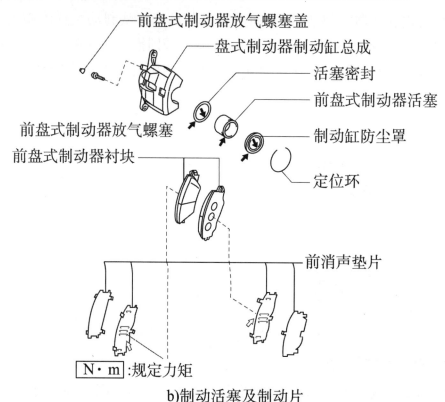

b)制动活塞及制动片

图 12-8　前轮车轮制动器的结构

二 任务实施

❶ 准备工作

(1)将实训车辆停放在维修区域。

(2)检查举升机工作是否正常,安全机构工作是否正常。

(3)准备常用工具套件、车辆挡块、翼子板布及防护三件套等。

❷ 技术要求与注意事项

(1)车辆举升机使用前应清除举升机附近妨碍作业的器具及杂物,并检查操作手柄是否正常。操作机构灵敏有效,液压系统不允许有爬行现象。支车时,四个支脚应在同一平面上,调整支脚胶垫高度使其接触车辆底盘支撑部位;车辆不可支得过高,支起后四个托架要锁紧。待举升车辆驶入后,应将举升机支撑块调整移动对正该车型规定的举升点。举升时,人员应离开车辆,举升到需要高度时,必须插入保险锁销,并确保安全可靠才可开始车底作业。支车时举升要稳,降落要慢。

项目三 汽车制动系统的检修

(2)使用各式气动工具,务必遵照各种安全规定及使用说明操作。要选用适当的工具作业,工具过大容易造成工件伤害,工具过小容易致使工具损害。气动工具具有转速高、扭力强、噪声大等特点,要求使用人员在使用前佩戴好防护眼镜、纱线手套、耳塞等。

(3)各螺栓务必按照规定力矩进行拧紧,安装或拆卸必须遵循相关的顺序。

(4)当把制动钳活塞压回制动钳壳体时,注意在压回活塞之前,先从制动液储液罐抽出一部分制动液,防止活塞压回时引起制动液外溢,造成浪费。

❸ 操作步骤

(1)车辆制动器的拆卸。

①拆卸左前车轮:拆卸左前车轮,做好记号,安装气管,检查旋转方向,安装套筒,对角分两次拆下车轮螺栓(用风动扳手,注意旋向、连接及拆卸顺序),如图12-9所示。

②拆卸盘式制动器制动卡钳总成。固定前盘式制动器制动缸滑销,并拆下两个固定螺栓。拆下制动钳并固定好,防止制动软管由于拉伸而损坏,如图12-10所示。

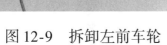

图12-9 拆卸左前车轮　　图12-10 拆卸制动卡钳总成

③拆卸前盘式制动器衬块。从前盘式制动器制动缸固定架上拆下两个盘式制动器衬块。从各制动衬块上拆下四个消声垫片,如图12-11所示。

④拆卸前盘式制动器衬块支撑板。从前盘式制动器制动缸固定架上拆下两个盘式制动器衬块1号支撑板和2号支撑板(注意做好识别标记),如图12-12所示。

⑤拆卸前盘式制动器。从盘式制动器制动缸固定架上拆下前盘式制动器制动缸滑销。拆卸前盘式制动器衬套防尘罩,如图12-13所示。

⑥拆卸前盘式制动器制动固定架。在制动盘和车桥轮毂上做好装配标记,

拆卸前制动盘,如图12-14所示。

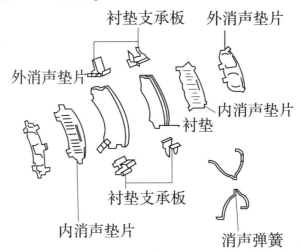

图12-11 拆卸衬块

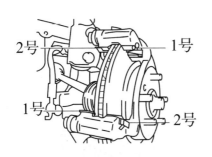

图12-12 拆卸衬块支撑板

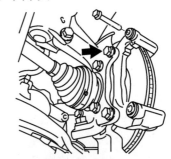

图12-13 拆卸前衬套防尘罩

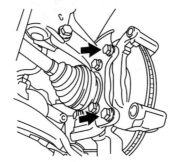

图12-14 拆卸制动固定架

(2)部件的检查。

①制动缸和活塞的检查。检查制动缸孔和活塞是否生锈或有划痕,防尘罩是否破裂,有无制动液泄漏等,必要时更换,如图12-15所示。

②摩擦衬块的检查。用直尺测量摩擦衬块厚度,标准厚度为12.00mm,极限厚度为10.00mm,必要时更换。

a. 目视检查摩擦衬块的厚度,如果发现摩擦衬块上的沟槽几乎磨平,则需要更换。

b. 检查摩擦衬块的磨损量,使用钢直尺测量摩擦衬块的厚度。

c. 检查摩擦衬块的表面质量有无烧蚀、有无异常磨损、沟槽、破裂等,如图 12-16 所示。

 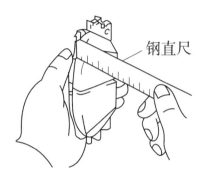

图 12-15　制动缸和活塞的检查　　图 12-16　钢直尺测量摩擦衬块厚度

③检查前盘式制动器衬块支撑板:确保盘式制动器衬块支撑板有足够的弹性,没有变形、裂纹或磨损,并清除所有的锈迹和污垢,必要时更换。

④检查制动盘厚度:用千分尺测量制动盘厚度,标准厚度为 22.00mm,极限厚度为 19.00mm,必要时更换,如图 12-17 所示。

目视检查制动盘表面是否有粗糙裂纹、沟槽或剥落,若制动盘有裂纹则必须更换。测量制动盘的厚度,使用千分尺测量,至少测量三个点。检查制动盘的端面圆跳动。

a. 使用 SST 固定制动盘。

b. 检查前桥轮毂轴承的松弛度和前桥轮毂的端面圆跳动。

c. 使用百分表,在距离前制动盘外缘 10mm 处测量制动盘的端面圆跳动。制动盘的最大端面圆跳动为 0.05mm,必要时研磨制动盘或更换,如图 12-18 所示。

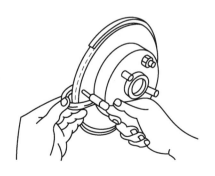 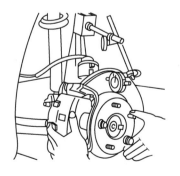

图 12-17　检查制动盘厚度　　图 12-18　检查制动盘端面圆跳动

(3)车轮制动器的装配。

①安装前制动盘总成。注意对准制动盘和车桥轮毂的装配标记。

②安装前盘式制动器固定架。注意螺栓拧紧力矩为107N·m,如图12-19所示。

③安装前盘式制动器衬套防尘罩,如图12-20所示。在活塞上涂抹制动液,活塞防尘罩上涂抹橡胶润滑脂。用活塞防尘罩盖好活塞端口,然后将活塞防尘罩上的缸体侧缘牢牢固定到缸体上的凹槽中。注意:请勿重复使用活塞防尘罩。

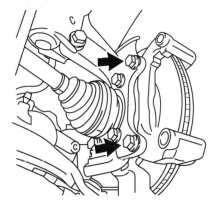
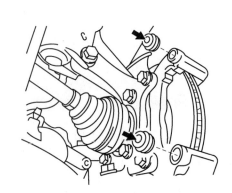

图12-19　安装前盘式制动器固定架　　　图12-20　安装防尘罩

④安装前盘式制动器制动缸滑套。在活塞密封圈上涂抹橡胶润滑脂,并将它安装到缸体中,如图12-21所示。注意:请勿重复使用活塞密封圈。

⑤安装前盘式制动器制动缸滑销。

⑥安装前盘式制动器衬块支撑板。

⑦安装前消声垫片。在消声垫片上涂敷指定润滑脂,如图12-22所示。

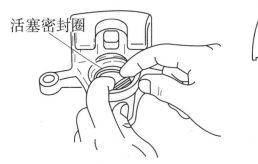
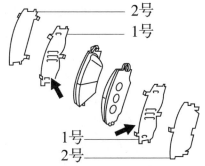

图12-21　活塞密封圈安装　　　图12-22　安装消声垫片

⑧安装前盘式制动器衬块。将两个盘式制动器衬块安装到盘式制动器的制动缸固定支架上,如图12-23所示。

⑨安装盘式制动器卡钳总成。制动器卡钳螺栓拧紧力矩为34N·m,如

图12-24所示。

⑩安装前轮。标准力矩为103N·m,如图12-25所示。

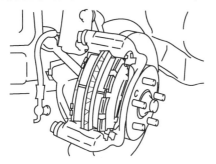 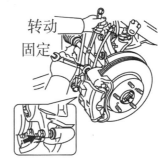

图12-23　安装制动器衬块　　图12-24　安装制动钳

图12-25　安装前轮

三　学习拓展——车辆制动系统的发展趋势

液压制动现在已经是非常成熟的技术,随着汽车技术的进步,一些提高制动性能的技术如防抱死制动系统、驱动防滑控制系统、电子稳定性控制程序等已经融入制动系统当中,这就使得制动系统结构复杂化,增加了液压回路泄漏的可能以及装配、维修的难度。制动系统要求结构简单、功能全面、可靠性高,因此,电子技术的应用是大势所趋。目前,制动系统的各个组成部分,都不同程度地实现了电子化。人作为控制能源,只是起动制动系统,发出制动信号;采用全新的电子制动器和集中控制的电子控制单元(ECU)进行制动系统的整体控制,每个制动器有各自的控制单元。机械连接逐渐减少,制动踏板和制动器之间动力传递分离开来,之间是电线连接,电线传递能量,数据线传递信号,这种制动又称为线控制动。

综上所述,现代汽车制动系统正朝着电制动控制方向发展。全电制动控制因其巨大的优越性,将取代传统的以液压为主的传统制动系统。汽车电子制动系统将与其他汽车电子系统如汽车电子悬架系统、汽车主动式方向摆动稳定系统、电子导航系统、无人驾驶系统等融合在一起成为综合的汽车电子系统,未来的汽车中就不存在孤立的电制动系统,各种电子单元集中在一个 ECU 中,实现车辆的智能化。但是,汽车制动技术的发展受整个汽车工业发展的制约。有一个巨大的汽车现有及潜在的市场的吸引,各种先进的电子技术、生物技术、信息技术以及各种智能技术才不断应用到汽车电制动系统中来。同时,需要各种国际及国内的相关法规的健全,这样装备新的制动技术的汽车就会真正应用到汽车的批量生产中。

四 评价与反馈

❶ 自我评价

(1)通过本学习任务的学习,你是否已经知道以下问题:
①汽车制动器的类型、工作原理是什么?_____
_____。

②汽车制动器的检查项目和内容有哪些?_____
_____。

(2)汽车制动器拆装操作过程中用到了哪些设备?
_____。

(3)汽车制动器摩擦片、制动盘检查测量完成情况如何?
_____。

(4)通过本学习任务的学习,你认为自己的知识和技能还有哪些欠缺?
_____。

签名:_____ ____年___月___日

❷ 小组评价(表 12-1)

小组评价表　　　　　表 12-1

序号	评价项目	评价情况
1	着装是否符合要求	
2	是否能合理规范地使用仪器和设备	
3	是否按照安全和规范的流程操作	
4	是否遵守学习、实训场地的规章制度	
5	是否能保持学习、实训场地整洁	
6	团结协作情况	

参与评价的同学签名:_____ ____年___月___日

项目三 汽车制动系统的检修

❸ 教师评价

_____
_____。

教师签名：_____   _____年___月___日

五 技能考核

根据学生完成实训任务的情况对学习效果进行评价。技能考核标准见表12-2。

技 能 考 核 标 准　　　　　　　　　表12-2

序号	项目	操作内容	规定分	评分标准	得分
1	汽车制动器拆卸	车辆、工具、器材准备	3分	工具准备是否齐全	
		安全检查确认	3分	安全检查是否到位	
		制动器拆卸	20分	严格按照技术标准流程	
		现场5S管理	3分	是否进行此操作	
		综合能力表现	4分	分别按突出表现进行加分	
2	汽车制动器安装	车辆、工具、器材准备	3分	工具准备是否齐全	
		安全检查确认	3分	安全检查是否到位	
		制动器安装	20分	严格按照技术标准流程	
		现场5S管理	3分	是否进行此操作	
		综合能力表现	4分	分别按突出表现进行加分	
3	制动器各部件检测	车辆、工具、器材准备	3分	工具准备是否齐全	
		安全检查确认	3分	安全检查是否到位	
		摩擦片、制动盘、制动钳检测	21分	严格按照技术标准流程	
		现场5S管理	3分	是否进行此操作	
		综合能力表现	4分	分别按突出表现进行加分	
		总分	100分		

学习任务 13　驻车制动器的拆装与检查

学习目标

知识目标

1. 掌握驻车制动器的作用、组成及类型；
2. 掌握驻车制动器的组成及工作原理；
3. 熟悉驻车制动器进行拆装、检查的技术流程和规范。

技能目标

1. 能完成驻车制动器的拆装；
2. 能完成驻车制动器的功能检查；
3. 能完成驻车制动器的常见故障排除。

建议课时

10 课时。

任务描述

一辆北京现代胜达 SUV 轿车（装配自动变速器），行驶里程为 12.6 万 km，车主反映最近汽车的电子驻车制动失灵。接车员将该车开回 4S 店里进一步检查和诊断，经过维修技师的初步诊断确定故障出现在电子控制部分，需要对电子驻车系统全面检测，查找具体故障部位进行故障排除。

一　理论知识准备

1. 驻车制动器的功用

驻车制动器通常是指机动车辆安装的手动制动，简称手刹，在车辆停稳后用于稳定车辆，避免车辆在斜坡路面停车时由于溜车造成事故，行车制动效能失效后临时使用或配合行车制动器进行紧急制动。常见的驻车制动器一般置于驾驶人右手下垂位置,便于使用。目前,市场上的部分自动挡车型均在驾驶人左脚外侧设计了功能与驻车制动器相同的行车制动器,有的车型也加装了电子驻车制动系统。

❷ 驻车制动的分类

(1)驻车制动系统的类型。目前市场上销售的家用轿车,驻车制动都作用在后轮上。从工作形式上来划分,分为鼓式制动和盘式制动,而从结构设计上又可分为五种。

①采用鼓式制动的驻车制动。传统的驻车制动器为鼓式较常见,驻车制动是通过共用后轮鼓式制动器的结构来实现的,如图13-1所示,拉动驻车操纵杆时,通过拉索控制后轮制动蹄实现制动。

②采用盘式制动的驻车制动。对于后轮是盘式制动器的车型来说,驻车制动拉索直接控制制动钳活塞来实现驻车制动,如图13-2所示。现在大多数乘用车都是采用四轮盘式制动器,其制动机构就集成在后轮的盘式制动器上。

图13-1 采用鼓式制动的驻车制动　　图13-2 采用盘式制动的驻车制动

③采用盘式制动器的鼓式驻车制动。盘式制动器由制动油管控制进行行车制动,驻车制动装置在后制动盘中心位置的制动鼓中,由拉索控制制动蹄进行驻车制动,如图13-3所示。

④采用独立驻车制动装置,如图13-4所示。

⑤采用电动机实现驻车制动,如图13-5所示。

(2)驻车制动系统的操作方式。

①手操纵,如图13-6所示。

②脚操纵,如图13-7所示。

③开关控制(电子驻车),如图13-8所示。

图 13-3 采用盘式制动器的鼓式驻车制动

图 13-4 采用独立驻车制动装置

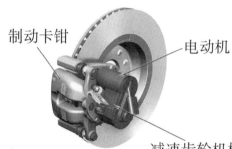

图 13-5 采用电动机实现驻车制动

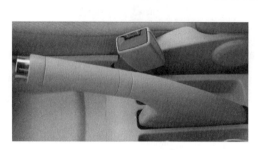

图 13-6 手操纵

图 13-7 脚操纵

图 13-8 开关控制(电子驻车)

项目三　汽车制动系统的检修

❸ 驻车制动器的结构及工作原理

进行驻车制动时,向下踏住制动踏板,向上全部拉出驻车制动操纵杆。欲松开驻车制动,向下踏住制动踏板,将驻车制动操纵杆向上稍微拉动,用拇指按下手柄端上的按钮,然后将驻车制动操纵杆放低到原始的位置。

对装备有自动变速器的汽车而言,一定要先施加驻车制动,再将变速杆移动到 P(停车)位。在倾斜地面停车时,如果先换挡到 P 位,然后才进行驻车制动,车身的质量将使您在准备开动汽车时难于从 P(停车)位换出来。驻车制动器的结构如图 13-9 所示。

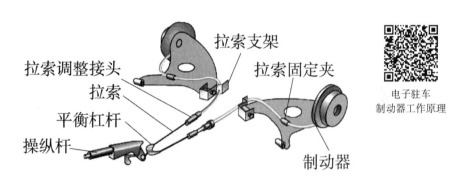

图 13-9　驻车制动器的结构

驻车制动器只对后轮进行制动,它利用两根金属钢缆拉动后轮制动片,以起到制动的作用。驻车制动器主要由以下零部件组成,驻车制动杆总成、1、2、3 号驻车制动器拉索,驻车制动器平衡器,驻车制动器末端拉索止动器等。

车轮制动式驻车制动器由驻车制动器和操纵机构组成。图 13-10 所示为带驻车制动器的车轮制动器。驻车制动杠杆上端通过平头销与后制动蹄相连,中上部卡入驻车制动推杆右端的切槽中作为支点,下端与拉索相连。前后制动蹄的腹板卡在驻车制动推杆两端的切槽中,并分别用一根复位弹簧与推杆相连。操纵机构包括传动机构和锁止机构。传动机构由驻车制动拉杆、调整螺母、均衡器及制动拉索等组成;锁止机构由按钮、弹簧及限位块、棘爪压杆、棘爪和扇形齿等组成。

进行驻车制动时,驾驶人拉起驻车制动操纵杆后,操纵力便通过调整拉杆、拉索传到车轮制动器内的驻车制动杠杆下端,使之绕上端支点顺时针转动。制动杠杆转动过程中,其中间支点推动驻车制动推杆左移,使前制动蹄压向制动鼓,到前制动蹄压向制动鼓后,推杆停止运动,则驻车制动杠杆的中间支点变成其继续转动的新支点。于是，驻车制动杠杆的上端右移使后制动蹄压靠到制动鼓上，施以驻车制动。此时，驻车制动操纵杆上的棘爪与扇形齿啮合，驻车制动操纵杆处于锁止状态，制动手柄棘轮装置如图 13-11 所示。

图 13-10　带驻车制动的车轮制动器

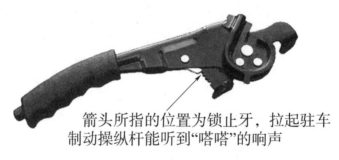

箭头所指的位置为锁止牙，拉起驻车制动操纵杆能听到"嗒嗒"的响声

图 13-11　驻车制动操作机构

解除制动时，须先将驻车制动操纵杆向后搬动少许，再压下驻车制动操纵杆端头的按钮，通过棘爪压杆使棘爪与齿板脱开，然后将驻车制动操纵杆推到释放位置后松开按钮。与此同时，制动蹄在复位弹簧作用下复位。

二　任务实施

1　准备工作

(1) 将实训车辆停放在维修区域。

(2) 检查举升机工作是否正常，安全机构工作是否正常。

(3) 准备常用工具套件、车辆挡块、翼子板布及防护三件套等。

2　技术要求与注意事项

(1) 能按规范的步骤，完成液压制动系统的拆解和安装作业，并恢复系统功能。

（2）作业之前要将车辆前后车轮放置挡块，确保车辆解除制动后不会发生溜车现象。

（3）工作过程中要做好液压油液泄漏的预防处理预案，做好废液的妥善处理，必要时戴好护目镜。保持工作环境整洁。

3 操作步骤

（1）驻车制动器拆卸。

①拆卸中央控制台总成。

②断开驻车制动开关接头。

③松开调节螺母。

④去掉后拉索卡箍，然后摘除后拉索。

⑤拆卸设备总成固定螺母，然后从汽车上拆下设备总成。

⑥拆卸后制动蹄摩擦片，然后从控制杆上拿掉后拉索。

⑦拆卸中央排气管以及隔热板。

⑧拆卸后电缆固定螺母和螺栓，然后从汽车上拆卸后电缆。

⑨从设备总成拆卸调节螺母和前电缆。

（2）驻车制动器安装。

①按照拆卸的相反顺序安装。按照规定力矩，拧紧安装螺栓和螺母。

②调整驻车制动蹄摩擦片间隙。

（3）驻车制动器初步检查。

①将汽车停放在平坦的地面上，拉紧驻车制动器操纵杆，挂入低速挡起步，若汽车很容易起步而发动机不熄火，说明驻车制动不良。

②从驻车制动器操纵杆放松位置往上拉，直至拉不动为止。检查操纵杆的行程，若行程过大，说明操纵杆的自由行程过大，应调整。检查拉动操纵杆的阻力，若感觉没有阻力或阻力很小，说明操纵杆或绳索断裂或松脱，应更换或修复；若感觉很沉，说明操纵杆或绳索及制动器发卡，应拆检修复。

③从检视孔检查中央驻车制动器（东风EQ1092、解放CA1092汽车）或后轮制动器（奥迪、桑塔纳等轿车）的间隙是否符合要求，若制动器间隙过大，应调整。

④经上述检查均正常，应拆检驻车制动器。检查制动蹄摩擦片是否磨损过甚或有无油污；检查制动鼓是否磨损过甚、失圆或有沟槽；检查制动蹄运动是否发卡，若有发卡现象，应修复或润滑；检查制动蹄摩擦片与制动鼓的接触面积是

否符合要求,若接触面积过小,应更换或修整。

(4) 车轮制动式驻车制动器检修。

以现代索塔纳轿车驻车制动器为例进行检修。

①检查。对驻车制动拉杆施加196N的力,确认拉杆行程在指定槽口数量内(聆听并计算棘齿的响声进行检查)。槽口数量:8~9。

②元件检查。每个元件的固定状况(松动、间隙等)正常。检查以下内容:有无弯曲、损坏和裂纹,如果出现故障,请更换;制动拉索和均衡器有无磨损和损坏,如果出现故障,请更换;驻车制动开关,如果不能正常工作,请更换。

③调整。

拆卸控制台罩。拉起驻车制动操纵杆,直到能够插入一个深套筒扳手。

插入深套筒扳手调整螺母。旋转调整螺母完全松离电缆,然后松开踏板。

踩下行车制动10次左右,然后调整后制动蹄摩擦片的间隙。

注意:确保牢固踩下行车制动。

旋转制动鼓确认没有阻力。

采用以下步骤调整驻车制动器拉索。

a.更换驻车制动电缆的时候,用490N的力操作驻车制动操纵杆,进行10次。拉起驻车制动操纵杆,直到能够插入一个深套筒扳手。使用深套筒扳手旋转调节螺母,从而调整驻车制动操纵杆行程。

b.对驻车制动操纵杆施加196N的力,确认驻车制动操纵杆行程在指定槽口数量内(聆听并计算棘齿的响声进行检查)。确认将驻车制动操纵杆完全释放之后,后制动器上不受阻力。

④驻车制动性能要求。在空载状态下,驻车制动装置应能保证车辆在坡度为20%(总质量为整备质量的1.2倍以下的车辆为15%)、轮胎与路面间的附着系数≥0.7的坡道上正、反两个方向保持固定不动的时间应≥5min;拉紧驻车制动器,空车平地用二挡应不能起步;驻车制动器操纵杆的工作行程不能超过全行程的3/4;放松驻车制动操纵杆,变速器处于空挡,支起一支驱动轮,制动鼓应能用手转动且无摩擦声。

三 学习拓展——车辆制动系统的发展趋势

制动系统中的传统"手刹"、P位驻车、电子驻车与自动驻车,来看看它们有什么区别?

❶ 传统"手刹"

通常说的"手刹",专业名称为驻车制动器。与行车制动器(常说的"脚刹")有所不同,从名字就能分辨出来,行车制动是在车辆行驶过程中短时间制动使车辆停稳或者减速,而驻车制动是在车辆停稳后用于稳定车辆、避免车辆在斜坡路面停车时由于溜车造成事故。

❷ P 位驻车(自动变速器)

在说 P 位驻车之前,我们不妨来看看手动挡车型怎样驻车的。手动挡车型驻车只要三步(停车→空挡→拉驻车制动器)就可以完成。按理来说,自动挡车型驻车同样也只需三步(停车→N 档→拉驻车制动器)就可以完成。那自动挡车型中的 P 位是干什么用的呢？不妨再拿手动挡车型来看看,对于坡道驻车,手动车型停稳了车拉起驻车制动器之后会挂入一个低速挡来辅助驻车。那么,自动挡中 P 位就相当于手动挡中的低速挡位来使得车辆停稳。

工作原理及结构(图 13-12):为了让自动挡车型能像手动车型可以通过挡位来限制车辆的移动,在自动变速器中设置了 P 位。P 位主要有一个锁止齿轮以及一个锁止机构构成(图中的锁销、复位弹簧、下压装置、棘爪弹簧、工作销以及工作销预紧弹簧等)。锁止机构与锁止齿轮结合就可以直接固定与车轮相连的变速器输出轴,通过半轴便可以锁止车轮。

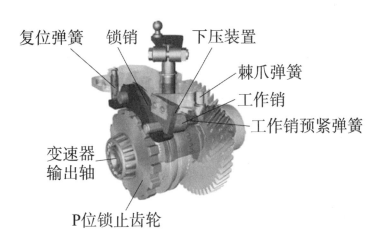

图 13-12 P 位驻车制动工作原理

❸ 电子驻车

电子驻车就是利用电脑控制电动机夹紧或松开驻车制动器,用按钮 P 代替了驻车制动器拉把,整个控制逻辑并不复杂。

常见的电子驻车有拉索式与卡钳式两种。拉索式电子驻车与传统拉索式驻车差别不大,同为制动蹄式,只是把手动的拉索改为电动形式,如图13-13所示。

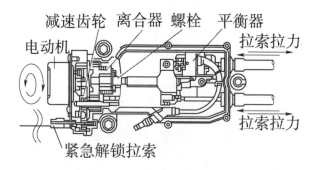

图13-13　电子驻车

如果坡道塞车,每次起步都要按一下,那就显得太不科学了。其实,电子手刹还是比较科学的,每次起步车轮达到一定转矩时会自动释放,达到简化目的。在行车过程中遇到紧急情况需要制动,可以按下电子驻车按钮。此时车辆的制动并非机械的驻车制动。

④ 自动驻车

自动驻车系统(AUTO HOLD)是一种在汽车运行中可以实现自动制动的技术应用。在起动自动驻车制动的情况下,这项技术使驾驶人在车辆停下时不需要长时间制动,并且能够避免车辆不必要的滑行,如图13-14所示。

图13-14　自动驻车系统

项目三　汽车制动系统的检修

自动驻车功能的实现与简单使用电子驻车有一些区别。比如，车主在等红绿灯短暂驻车时，会使用驻车制动，此时的响应速度会比较慢，因为这个动作的完成需要几步(踩制动踏板→挂空挡→按下电子驻车按钮→ 等待→踩制动踏板→ 挂挡→松开电子驻车)，这是一个漫长的过程。而自动驻车系统的功能实现是另外一种原理。

自动驻车系统的工作原理：制动管理系统通过电子驻车(EPB)的扩展功能来实现对四轮制动的控制。或者说，自动驻车系统是电子驻车(EPB)的一种扩展功能，由 ESP 部件控制。

总结：传统制动虽然比较简单，但是制动力道线性且可随意控制，对于喜欢汽车运动人士还是比较合适的。加上传统制动结构比较简单，成本也比较低。

而电子驻车过于"电子化"，导致制动力道不线性，只有制动紧和断开两种状况，但是操作简便且轻松，对于拉起制动柄感觉到困难，女士则比较适合。

对于 AUTO HOLD 功能，比较适合于"懒人"或者业务繁忙人士，它可以避免使用制动或电子制动而简化操作，自动挡车型也不用频繁地 D 挡到 N 挡、D 挡到 P 挡来回切换了，简化了操作，赢得便利的同时，也减少了"溜车"带来的意外发生。不过，为了环保和减少传动系统磨损，自动挡车型短时停车还是适时挂入 N 挡更好。

四　评价与反馈

❶ 自我评价

(1)通过本学习任务的学习，你是否已经知道以下问题：
①驻车制动器的类型、工作原理是什么？_____
_____。
②驻车制动器的检查项目和内容有哪些？_____
_____。
(2)汽车驻车制动器拆装操作过程中用到了哪些设备？
_____。
(3)汽车驻车制动器检查测量完成情况如何？
_____。
(4)通过本学习任务的学习，你认为自己的知识和技能还有哪些欠缺？
_____。

签名：_____　　_____年___月___日

❷ 小组评价(表13-1)

小组评价表　　　　　表13-1

序号	评价项目	评价情况
1	着装是否符合要求	
2	是否能合理规范地使用仪器和设备	
3	是否按照安全和规范的流程操作	
4	是否遵守学习、实训场地的规章制度	
5	是否能保持学习、实训场地整洁	
6	团结协作情况	

参与评价的同学签名：_____　　____年__月__日

❸ 教师评价

_____
_____。

教师签名：_____　　____年__月__日

五 技能考核

根据学生完成实训任务的情况对学习效果进行评价。技能考核标准见表13-2。

技能考核标准　　　　　表13-2

序号	项目	操作内容	规定分	评分标准	得分
1	驻车制动器拆卸	车辆、工具、器材准备	3分	工具准备是否齐全	
		安全检查确认	3分	安全检查是否到位	

续上表

序号	项目	操作内容	规定分	评分标准	得分
1	驻车制动器拆卸	驻车制动器拆卸	20分	严格按照技术标准流程,拆卸顺序正确,方法得当,工具使用合理	
		现场5S管理	3分	是否进行此操作	
		综合能力表现	4分	分别按突出表现进行加分	
2	驻车制动器安装	车辆、工具、器材准备	3分	工具准备是否齐全	
		安全检查确认	3分	安全检查是否到位	
		驻车制动器安装	20分	严格按照技术标准流程,安装顺序合理,动作规范,工具使用合正确	
		现场5S管理	3分	是否进行此操作	
		综合能力表现	4分	分别按突出表现进行加分	
3	驻车制动性能检测	车辆、工具、器材准备	3分	工具准备是否齐全	
		安全检查确认	3分	安全检查是否到位	
		驻车制动工作性能检测	21分	熟悉制动性能检测内容、检查方法和技术要求,并能对检测结果做出判断	
		现场5S管理	3分	是否进行此操作	
		综合能力表现	4分	分别按突出表现进行加分	
		总分	100分		

学习任务14　液压传动机构的拆装与检查

学习目标

★ 知识目标

1. 掌握液压传动机构的主要元件组成及作用；
2. 掌握液压传动机构主要元件构造及工作原理；
3. 熟悉液压传动元件的拆装、检查的技术流程和规范。

★ 技能目标

1. 能规范地完成制动主缸的拆装检修；
2. 能完成液压传动各主要元件功能检查。

建议课时

4课时。

任务描述

一辆北京现代悦动轿车(装配自动变速器)，行驶里程为8.6万km，车主向维修顾问反映近期在行驶中车辆踩一次制动踏板不能减速，有时连续踩几次制动踏板，效果也不好。询问客户得知，该车辆上个月因左后轮漏油曾经换过制动轮缸皮碗，因此，需要对液压制动系统全面检测，查找具体故障部位进行故障排除。

一 理论知识准备

1 制动主缸的作用、组成及工作原理

液压式制动系统以制动液为介质，将驾驶人施加的控制力通过装在车架上

的主缸由机械能转换为液压能,再通过装在车轮制动器内的轮缸将液压能转换为机械能,促使制动器进入工作状态。制动主缸是液压制动系统的核心,制动时驾驶人踩制动踏板的力通过制动主缸转换成制动液液压力。制动主缸的损坏会引起制动管路液压力异常变化,从而导致汽车制动性能下降。

(1)制动主缸的作用。制动主缸一般与制动液储液罐及真空助力器安装在一起,如图14-1所示,其作用是将制动踏板产生的机械力转化成制动液液压力。

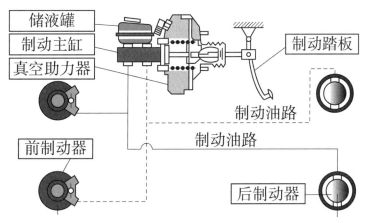

图14-1　制动主缸的安装位置

(2)制动主缸的结构。制动主缸有多种类型,按活塞数分为单活塞制动主缸和双活塞制动主缸两种。由于单活塞制动主缸对应的单管路制动系统安全性较差,现在,在双管路制动系统中常用串联双活塞制动主缸。

双活塞制动主缸的结构:双活塞制动主缸即是在一个主缸内有两个独立分开的油缸。当其中一个油缸失效时,另一个油缸仍能继续工作。图14-2所示为一个典型的双活塞制动主缸的结构。其中一个油缸用于前轮制动器,另一个油缸用于后轮制动器。值得注意的是,该系统中旁通孔的作用相当于补偿油孔。第一油缸由制动踏板的推杆施压,第二油缸通过两个缸体之间弹簧和第一油缸形成的液压来施压。这种系统也称为串联主缸。串联双活塞制动主缸的组成,如图14-3所示。

❷ 液压管路

液压管路由钢管与软管组成,用来在主缸和每个车轮制动器之间传递有压力的制动液,如图14-4所示。

为了提高行车安全性,现代的轿车制动系统一般由串联式制动主缸形成的双回路制动系统,如图14-5所示。这样,可以保证车辆在一个回路失灵时,依靠另一个回路仍能使车辆停下来,保证行车安全,但制动距离会增加。

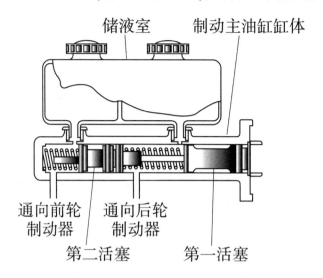

图 14-2 双活塞制动主缸的结构

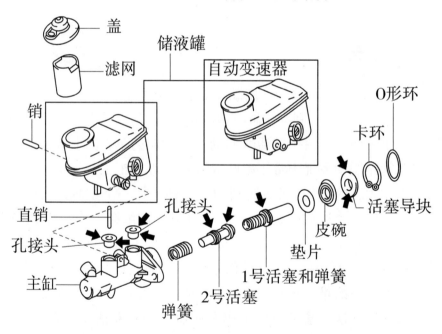

图 14-3 串联双活塞制动主缸的组成

若制动主缸(总泵)工作失效,将会造成整个行车制动系统停止工作。制动主缸的故障主要是活塞皮碗及密封皮碗的磨损造成的。引起活塞皮碗不正常的磨损,主要原因是制动液内混有各种坚硬的颗粒所至。例如磨损下来的金属颗粒或砂粒等混进了制动液储存器内,随着制动液进入至工作缸内,形成研磨物质。一旦主皮碗及密封皮碗出现严重磨损,就应及时加以更换。

项目三　汽车制动系统的检修

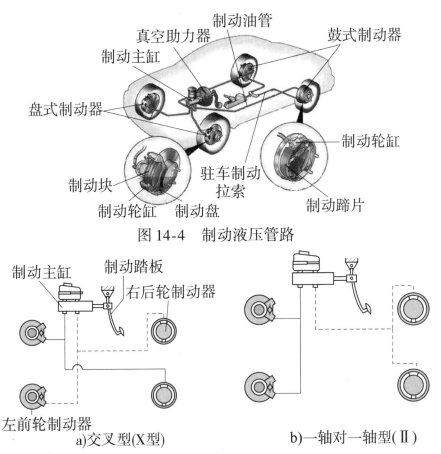

图 14-4　制动液压管路

图 14-5　双回路制动系统

❸ 制动轮缸

制动轮缸作用是将液压力转变为制动蹄张开的机械推力。根据制动系统分类不同,有鼓式制动轮缸和盘式制动轮缸两种,结构如图 14-6 所示。

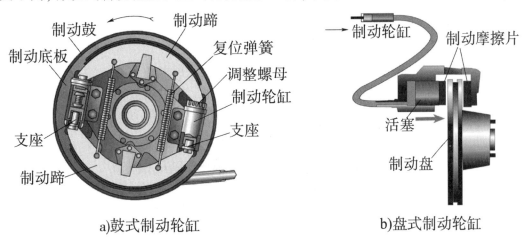

图 14-6　制动轮缸

215

❹ 真空助力器

（1）真空助力器的安装位置及作用。汽车的制动系统通常配置有真空助力装置，如图14-7所示，其作用是将踩制动踏板的力放大，以产生更大的制动力，降低驾驶人的操作强度，提高驾驶的舒适性和安全性。如果制动助力装置失效，制动力将会大幅度下降，甚至造成交通事故。

（2）真空助力器的结构。进气歧管真空作用于真空助力器系统。如图14-8所示，真空助力器膜片两边都是真空，膜片中心轴连接到制动主缸上。如果膜片两边都是真空，膜片将不动，如果膜片右侧的真空消失，空气进入产生压力，中心轴将被迫向左移动。

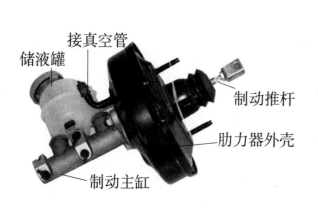

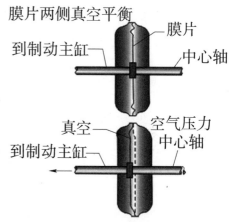

图14-7　真空助力器的安装位置　　图14-8　真空助力器的工作原理

这种移动用来操纵制动主缸，当膜片右侧恢复真空时，制动结束。制动踏板通过打开、保持、关闭两个内部阀体，让膜片的右侧出现空气压力或真空。图14-9为一个直接连接在制动主缸上的真空助力器。

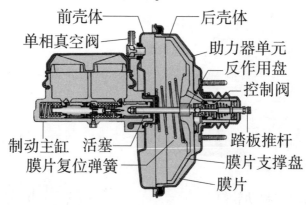

图14-9　直接连接在制动主缸上的真空助力器

二 任务实施

❶ 准备工作

(1)将实训车辆停放在维修区域。

(2)准备常用工具套件、车辆挡块、翼子板布及防护三件套等。

(3)升起车辆,检查制动管路是否有制动液渗漏的部位,应重点检查管接头部位。

(4)排空液压制动系统制动液,从车辆上拆下制动主缸、制动轮缸和分配阀。

❷ 技术要求及注意事项

(1)汽车液压油有一定压力,操作时要注意佩戴护目镜,准备抹布,防止制动液泄漏。

(2)汽车制动轮缸零件清洗要用制动液。

(3)液压制动管路在维修和更换零件后需要排空,具体操作参阅有关技术资料。

(4)能向客户解释所修车辆液压制动系统的损伤情况和修复方案。

❸ 操作步骤

1)制动主缸的拆卸与检查

(1)制动主缸拆卸。

①拆卸相关附件。

注意:从真空助力器上拆下制动主缸前,确保释放助力器真空(发动机熄火,数次踩下制动踏板)。

附件拆卸顺序(按排列先后顺序拆卸):

拆卸汽缸盖罩。拆卸前刮水器臂端盖。拆卸前左右刮水器臂刮水片总成。拆卸发动机罩至前围上侧密封。拆卸左右前围板上通风格栅。拆卸风窗玻璃刮水器电动机及连杆。排净制动液。

②拆卸前围上外板。

分离卡夹,并如图14-10a)所示弯曲右侧防水片,分离线束卡夹,如图14-10b)所示拆下10个螺栓和前围上外板。

③拆卸空气滤清器盖总成和空气滤清器壳。

④断开制动管路,如图14-11所示用连接螺栓的扳手从制动主缸分总成上断开2个制动管路。

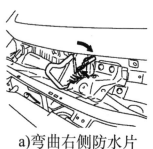 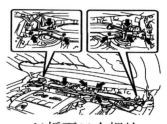

　　a) 弯曲右侧防水片　　　　b) 拆下10个螺栓

图 14-10　拆卸前围上外板

⑤拆卸制动主缸分总成,如图14-12所示断开连接器并分离2个卡夹,拆卸2个螺母、卡夹支架及制动主缸分总成。

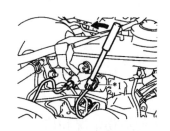 

图 14-11　断开制动管路　　图 14-12　拆卸制动主缸

⑥拆卸仪表板底罩分总成,拆卸制动踏板复位弹簧,分离并拆卸制动主缸推杆 U 形夹,抬起锁杆断开 ECM 插接器。

⑦拆卸带支架的制动器执行器:松开锁杆并断开制动器执行器连接器,如图 14-13 所示,用连接螺母扳手从带支架的制动器执行器上断开 6 个制动管路。使用标签做好记录,以便识别重新连接时的位置。分离带卡夹的制动管路和带 3 号燃油管路卡夹的燃油管,从车身上拆卸 3 个螺母和带支架的制动器执行器。

⑧断开真空软管,滑动卡子并断开真空软管。从真空助力器上拆卸真空止回阀总成及密封圈,分离制动管路,从制动管路上拆卸螺栓。从真空助力器上拆卸真空止回阀总成及密封圈。

⑨拆卸真空助力器总成。从车上拆卸 4 个螺栓和真空助力器总成,从真空助力器总成上拆卸真空助力器衬片。

⑩检查真空助力器真空阀总成,检查并确认从助力器到发动机有气流通过,如图 14-14 所示,但从发动机到助力器无气流通过。如果结果不符合规定,则更换制动器真空止回阀总成。

项目三　汽车制动系统的检修

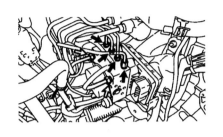 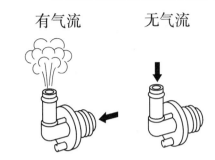

图 14-13　拆卸制动器执行器　　图 14-14　检查真空助力器真空阀总成

（2）制动主缸检修。

①检查储液罐是否破损，出现破损应更换。

②检查制动主缸体内孔和活塞表面，其表面不得有划伤和腐蚀；用内径百分表检查制动主缸体内孔的直径，用外径千分尺检查活塞的外径，并计算出制动主缸内孔与活塞之间的间隙值。

③检查制动主缸皮碗、密封圈是否老化、损坏与磨损，否则应更换之。

2）制动轮缸与真空助力器检修

（1）检查测量活塞的间隙值，标准值一般为 0.04～0.106mm，使用极限为 0.15mm。

（2）真空助力器。

①工作情况检查：起动发动机，怠速运转 1～2min 后停机；踩下制动踏板数次，检查踏板是否升高；踩下制动踏板后，起动发动机，检查制动踏板是否下沉。否则，说明真空助力器工作不良，应检查真空管路或更换真空助力器。

②真空助力器的真空检查：起动发动机，制动踏板踩下并保持 30s 后停止发动机，检查制动踏板高度是否不变。否则，说明真空助力器有真空泄漏。

3）真空助力器及制动主缸的安装

参照真空助力器拆卸步骤，根据先拆后装的原则，确定作业步骤并实施。

（1）安装真空助力器总成。

（2）安装制动管路。用 5 个新卡夹将制动管路接合至车身，用连接螺母的扳手连接 4 个制动管路，如图 14-15 所示（力矩：15N·m）。

（3）安装止回阀总成。

（4）安装带支架的制动器（不带 VSC）。用 3 个螺母将带支架的制动器执行器安装至车身，力矩为 19N·m。注意不要损坏制动管路或线束，按 1→3 的顺序安装带卡夹的制动管路和带 3 号燃油管路卡夹的燃油管路，顺序拧紧 3 个螺母。如图 14-16 所示，将各制动管路暂时紧固到带支架的制动器执行器的正确位置上。

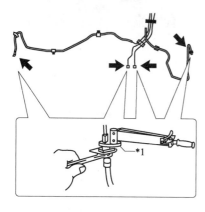

图 14-15　管路安装

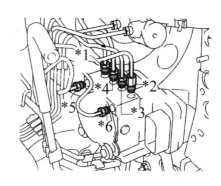

图 14-16　制动主缸安装

(5) 连接线束，安装制动主缸推杆 U 形夹，安装制动踏板复位弹簧，在制动踏板支架分总成和制动主缸推杆 U 形夹之间安装制动踏板复位弹簧。

(6) 检查并调整制动助力器推杆，更换新的制动主缸总成时，需要调节制动助力器推杆。

(7) 安装制动主缸分总成。

(8) 连接制动管路，用连接螺母扳手将 2 个制动管路连接至制动主缸分总成。不带 VSC 的力矩为 15N·m，带 VSC 的力矩为 20N·m。

(9) 安装空气滤清器壳及盖分总成，安装前围上外板，安装风窗玻璃刮水器电动机及连杆，安装左右前围板上通风格栅，安装发动机罩至前围上侧密封，安装前左右刮水器臂刮水片总成，拆下前刮水器臂端盖，拆下汽缸盖罩。

(10) 对制动系统进行加液并排气，给储液罐加注制动液，注意加注量如图 14-17 所示，为了防止制动液滴到零部件，腐蚀零部件表面，加注前在制动主缸下面放置一块清洁布。用手指堵住 2 个外孔，并松开制动踏板。重复以上两个步骤 3~4 次，如图 14-18 所示。将各制动器管路连接到制动主缸上。

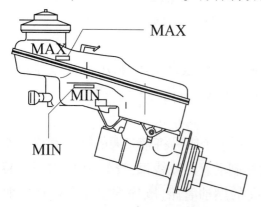

图 14-17　添加制动液

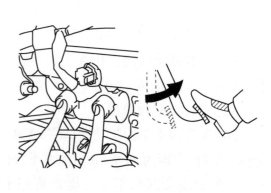

图 14-18　排放空气

项目三　汽车制动系统的检修

三　学习拓展——感载比例阀

从本质上讲,感载比例阀(SABS)只是一套液压机械装置,如图 14-19 所示。感载阀的作用在于保证行驶过程中前后轮负荷的合适比例并确保在汽车紧急制动时后轮不抱死。感载比例阀利用车身与车桥之间的距离变化(外界作用力)来改变弹簧的预紧力,随着车辆载荷的增加,相应地进行调整,使得在任何载荷条件下都能得到一个近似理想的制动力分配。它安装在制动主缸与后轮制动轮缸之间的管道上,由壳体、柱塞、阀门、弹簧等组成。壳体进油孔与制动主缸出油孔相通,出油孔与车轮制动轮缸相通。当外界作用力小时,感载比例阀的柱塞在弹簧预紧力的作用下被推至最右边,两孔相通,主缸与轮缸压力相等。当外界作用力大于弹簧预紧力,迫使柱塞左移,令柱塞与阀门接触并关闭了阀门,切断主缸通向轮缸的通道;若外界作用力压力继续增大,又会使柱塞右移,柱塞与阀门脱离接触,阀门又被打开,主缸与轮缸又相通。这样比例阀反复动作使轮缸的液压不断得到调整,也即不断调整了后轮制动力。

图 14-19　感载比例阀

四　评价与反馈

1　自我评价

(1)通过本学习任务的学习,你是否已经知道以下问题:

①汽车液压传动机构组成、作用是什么?_____。

②汽车液压传动机构的检查项目和内容有哪些?_____。

(2)汽车液压传动机构检修过程中用到了哪些设备?_____。

(3)汽车液压传动机构拆装与检查完成情况如何?_____。

(4)通过本学习任务的学习,你认为自己的知识和技能还有哪些欠缺?_____。

签名:_____　　_____年____月____日

❷ 小组评价(表 14-1)

小 组 评 价 表　　　　　　　表 14-1

序号	评价项目	评价情况
1	着装是否符合要求	
2	是否能合理规范地使用仪器和设备	
3	是否按照安全和规范的流程操作	
4	是否遵守学习、实训场地的规章制度	
5	是否能保持学习、实训场地整洁	
6	团结协作情况	

参与评价的同学签名：_____　　_____年____月____日

❸ 教师评价

_____

_____。

教师签名：_____　　_____年____月____日

五　技能考核

根据学生完成实训任务的情况对学习效果进行评价。技能考核标准见表 14-2。

技 能 考 核 标 准　　　　　　　表 14-2

序号	项目	操作内容	规定分	评分标准	得分
1	制动主缸的拆检	车辆、工具、器材准备	3 分	工具准备是否齐全	
		安全检查确认	3 分	安全检查是否到位	
		制动主缸拆卸与检查	20 分	严格按照技术流程，操作熟练到位，工具使用合理，技术要领规范	

续上表

序号	项目	操作内容	规定分	评分标准	得分
1	制动主缸的拆检	现场5S管理	3分	是否进行此操作	
		综合能力表现	4分	分别按突出表现进行加分	
2	制动轮缸与真空助力器检修	车辆、工具、器材准备	3分	工具准备是否齐全	
		安全检查确认	3分	安全检查是否到位	
		轮缸与真空助力器检修	20分	熟悉检修内容、技术标准,检修方法规范,工具器具使用得当	
		现场5S管理	3分	是否进行此操作	
		综合能力表现	4分	分别按突出表现进行加分	
3	真空助力器及制动主缸安装	车辆、工具、器材准备	3分	工具准备是否齐全	
		安全检查确认	3分	安全检查是否到位	
		助力器检修与主缸安装	21分	严格按照技术标准流程,使用工具得当,操作熟练,技术要求符合标准	
		现场5S管理	3分	是否进行此操作	
		综合能力表现	4分	分别按突出表现进行加分	
		总分	100分		

学习任务15　汽车制动系统的故障诊断与排除

 学习目标

⭐ **知识目标**

1. 掌握制动故障的主要类型机故障现象；
2. 知道引起各类制动故障的主要原因；
3. 熟悉制动系统检查的技术流程和规范。

⭐ **技能目标**

1. 能依据轿车维修手册编写制动装置故障的排除流程；
2. 会使用通用工具拆装轿车制动装置，并熟练使用量具检测制动摩擦部件，拆装检测动作规范、准确、熟练；
3. 能以合作或独立方式，陈述维修静态制动过程中，轿车后轮蹄片的工作原理，并分析静态异响故障产生的原因，拟订诊断与修理计划；
4. 在故障诊断、检测及更换中能严格执行企业相关技术标准、规范和安全操作规程，有纪律观念和团队意识，并具备环境保护和文明生产的基本素质。

 建议课时

8课时。

 任务描述

一辆北京现代悦动轿车，行驶里程为10.3万km，车主向维修顾问反映，近期在公路上行车制动时,车辆会自动向左侧跑偏。经检查发现,该车辆四个车轮制动器摩擦片均存在不同程度的异常磨损,制动钳活塞有发卡现象。根据以上信息,需要对制动系统全面检测,查找具体故障部位进行故障排除。

一 理论知识准备

制动系统的常见故障类型有:制动失效、制动跑偏、制动拖滞、制动发抖及制动异响等。

❶ 制动失效

制动失效就是丧失制动效能,包括完全失效和部分失效。完全失效是指一点制动作用都没有,一般是由于制动系统的故障引起的。部分失效就是在一定程度上丧失制动效能,也就是制动不灵或者说制动距离比较长,不能在段距离内把车停下来。

(1)故障现象。踩下制动踏板,车辆不减速,即使连续几脚制动也无明显减速作用。

(2)故障原因。制动失效主要是由于制动系统无法对汽车施加足够的制动力,其原因包括制动液管路液位不足或进入空气、制动控制系统故障等各种因素导致的制动器无法正常工作。

① 制动踏板至制动主缸的连接松脱。
② 制动储液室无液或严重缺液。
③ 制动管路断裂漏油。
④ 制动主缸皮碗破裂。

❷ 制动失灵

(1)故障现象。
① 汽车制动时,踩一次制动踏板不能减速或停车,连续踩几次制动踏板,效果也不好。
② 汽车紧急制动时,制动距离太长。

(2)故障原因。
① 制动踏板自由行程太大。
② 制动主缸储液室内存油不足或无油。
③ 制动液变质(变稀或变稠)或管路内壁积垢太厚。
④ 制动管路内进入空气或制动液气化产生了气阻。

⑤制动主缸、轮缸、管路或管接头漏油。

⑥制动主缸、轮缸的活塞及缸筒磨损过度。

⑦制动主缸、轮缸的皮碗老化或磨损引起密封不良。

⑧制动主缸的进油孔、储液室的通气孔堵塞。

⑨制动主缸的出油阀、回油阀不密封;活塞复位弹簧预紧力太小;活塞前端贯通小孔堵塞。

⑩制动器的制动鼓与制动蹄摩擦片间隙不当;制动鼓与制动蹄摩擦片接触面积太小;制动蹄摩擦片质量不佳或沾有油污,制动蹄摩擦片铆钉松动;制动鼓产生沟槽磨损或失圆,制动时变形。

此外,还有真空增压器或助力器的各真空管路接头松动、脱落,管路有破裂处;膜片破裂或者密封圈密封不良;止回阀、控制阀密封不良;辅助缸活塞、皮碗磨损过甚;单向球阀不密封的故障原因。

❸ 制动跑偏

所谓汽车制动跑偏,即车轮制动时,两边车轮不能同时起制动作用,甚至一边车轮制动,而另一边仍转动,导致汽车不能沿着直线方向停车。这是因同轴上左右轮制动力矩不均衡引起的,并且转向盘上有明显的转动推手感觉,汽车驶向道路的一侧。

(1)故障现象。

①汽车行驶制动时,行驶方向发生偏斜。

②紧急制动时,方向急转或车辆甩尾。

(2)故障原因。

①左右车轮轮胎气压、花纹或磨损程度不一致。

②左右车轮轮毂轴承松紧不一、个别轴承破损。

③左右车轮的制动蹄摩擦片材料不一或新旧程度不一。

④左右车轮制动蹄摩擦片与制动鼓的接触面积、位置不一样或制动间隙不等。

⑤左右车轮轮缸的技术状况不一,造成起作用时间或张力大小不相等。

⑥左右车轮制动鼓的厚度、直径、工作中的变形程度和工作面的粗糙度不一。

⑦单边制动管路凹瘪、阻塞或漏油;单边制动管路或轮缸内有气阻。

⑧单边制动蹄与支承销配合过紧或锈蚀。

⑨一侧悬架弹簧折断或弹力过低；一侧减振器漏油或失效。

⑩此外还有前轮定位失准；转向传动机构松旷；车架、车桥在水平平面内弯曲、车架两边的轴距不等；感载比例阀故障等可能故障原因。

4 制动拖滞

（1）故障现象。抬起制动踏板后，全部或个别车轮的制动作用不能立即完全解除，以致影响了车辆重新起步、加速行驶或滑行。

（2）故障原因。

①制动踏板无自由行程，制动踏板拉杆系统不能回位。

②制动主缸复位弹簧折断或失效。

③制动主缸回油孔被污物堵塞，密封圈发胀或发黏与泵体卡死。

④通往轮缸的油管凹瘪或堵塞。

⑤制动盘摆差过大。

⑥前制动器密封圈损坏，造成活塞不能正常复位。

⑦前、后制动轮缸密封圈发胀或发黏与泵体卡死。

⑧鼓式制动器制动蹄复位弹簧折断或过软。

⑨鼓式制动器制动蹄摩擦片破裂或铆钉松动。

⑩鼓式制动器制动鼓严重失圆。

二 任务实施

1 准备工作

（1）将实训车辆停放在维修区域。

（2）将车轮用挡块顶住，确保车辆不会发生溜滑现象。

（3）准备常用工具套件、车辆挡块、翼子板布及防护三件套等。

2 技术要求及注意事项

（1）能通过阅读资料和现场观察，辨别所拆装车轮制动器的类型。

（2）能认识所拆卸车轮制动器零部件，口述车轮制动器的工作原理和各零部件的作用。

（3）能向客户解释所修车辆车轮制动器的损伤情况和修复方案。

（4）能按规范的步骤，完成车轮制动器的拆装检修作业，恢复汽车的行驶能力。

（5）在工作过程中注意工作安全，做好废料的处理，保持工作环境整洁。

3 操作步骤

1)制动器失效故障诊断

首先,踩动制动踏板试验,根据踩制动踏板时的感觉,相应检查有关部位。

(1)若制动踏板与制动主缸无连接感,说明制动踏板至制动主缸的连接松脱,应检查修复。

(2)踩下制动踏板时,若感到轻松,稍有阻力感,则应检查制动主缸储液室内制动液是否充足。若制动主缸储液室内无液或严重缺液,应添加制动液至规定位置。再次踩下制动踏板时,若仍没有阻力感,则应检查制动主缸至制动轮缸的制动软管或金属管有无断裂漏油。

(3)踩下制动踏板时,虽然感到有一定的阻力,但踏板位置保持不住,明显下沉,则应检查制动主缸的推杆防尘套处是否有制动液泄漏。若有制动液泄漏,说明制动主缸皮碗破裂;若车轮制动鼓边缘有大量制动液,则应检查制动轮缸皮碗是否压翻、磨损是否严重。

2)制动器失灵故障诊断

踩动制动踏板做制动试验,根据踩制动踏板时的感觉,检查相应的部位。

(1)一脚踩下制动踏板,踏板到底且无反力,连续几次踩制动踏板都能踏到底,且感觉阻力很小,则应检查储液室中制动液面高度是否符合要求,若液面低于 MIN 线,说明制动液液面太低,检查制动踏板边动机构有无松脱。

(2)连续几脚踩制动踏板时,踏板高度仍过低,并且在第一脚制动后,感到主缸活塞未复位,踩下制动踏板即有制动主缸与活塞碰击响声,则应检查制动主缸的活塞复位弹簧是否过软,制动主缸的皮碗是否破裂。

(3)连续踩几次制动踏板时,踏板高度低而软,则应检查制动主缸的进油孔或储液室的通气孔是否堵塞。

(4)一脚踩下制动踏板时,踏板高度过低,连续几脚踩下制动踏板时,踏板高度随之增高且制动效能好转,则应检查制动踏板的自由行程及制动器的间隙。

(5)一脚踩下制动踏板时,踏板高度较低,连续几脚踩下制动踏板时,踏板高度随之增高且制动效能好转,则应检查制动踏板的自由行程及制动器的间隙。

(6)维持制动踏板高度时,若缓慢或迅速下降,则应检查制动管路是否破裂,管接头是否密封不良;制动主缸、制动轮缸皮碗或皮圈密封是否良好。

(7)安装真空增压器或真空助力器的车辆,踩下制动踏板时,若踏板高度适当但太硬,且制动不灵,则应检查真空增压器或真空助力器的工作情况;检查制动系统油管是否有老化、凹瘪,制动液是否黏度太大。

(8)踩制动踏板时,若踏板有向上反弹顶脚的感觉,且制动力不足,则应检查真空增压器的辅助缸活塞磨损是否过度;辅助缸活塞皮碗是否密封不良;辅助缸单向球阀是否密封不良。

(9)路试车辆时,观察各车轮的制动情况,若个别车轮制动不良,则应检查该车轮的制动软管是否老化;制动蹄摩擦片与制动鼓间的间隙是否不当;制动蹄摩擦片是否有硬化,油污或铆钉外露现象;制动鼓内臂是否磨损或沟槽;制动蹄摩擦片与制动鼓的接触面积是否过小。

3)制动跑偏诊断与排除

对于制动跑偏的故障,一般根据故障具体情况针对性检修,对于制动器产生的制动力不相等现象,需要对制动系统进行检查。

(1)制动系统的基本检查,包括制动液、制动管路、轮胎花纹、轮胎气压及轮胎磨损等的检查。

①检查制动液的液面及品质。

②检查制动系统液压部件是否存在泄漏。

③检查制动系统管路是否存在泄漏。

④检查轮胎花纹、轮胎气压及轮胎磨损情况。如果同轴上的轮胎气压、花纹、磨损程度不一致,应按照规定及时对轮胎进行合理调配和换位,避免轮胎的异常磨损。轮胎是易损件,平时应加强轮胎的管理、维修。

(2)车轮制动器的检查。

①检查车轮制动器摩擦片的磨损情况,摩擦片表面是否有油污、裂纹或异常磨损等。

②检查车轮制动盘有无油污、异常磨损、裂纹或沟槽等。

③检查车轮制动轮缸有无泄漏、防尘套有无损坏、活塞运动有无卡滞现象等。如果发现制动轮缸密封圈损坏、制动油管漏油、制动轮缸活塞卡滞发咬,应更换制动轮缸总成。

④检查车轮制动卡钳滑销是否卡滞,复位弹簧是否变形、断裂等。

(3)车轮定位检测。如果经过以上步骤,还不能彻底排除故障,则要对车轮定位进行检测。车轮定位检测比较复杂,具体参阅相关资料。

4)制动拖滞故障诊断

(1)车辆行驶一段路程后,用手触摸各车轮制动鼓,若全部制动鼓都发热,说明故障发生在制动主缸;若个别车轮发热,则说明故障发生有车轮制动器。

(2)如故障在制动主缸,应首先检查踏板自由行程。若自由行程合乎要求,可将制动主缸储油室盖打开,并连续踏下和放松制动踏板,看其回油情况。如不能回油则为回油孔堵塞,应清洗、疏通;如回油缓慢,则是皮碗、皮圈发胀或复位弹簧无力,应拆下制动主缸分解检修。同时还应观察踏板回位情况,如踏板不能迅速复位或复不到原位,说明踏板复位弹簧过软或折断,应更换。

(3)如故障在车轮制动器,应先拧松放气螺钉,若制动液急速喷出,制动蹄复位,则为油管堵塞,轮缸不能回油所致,应疏通油管。如果制动蹄仍不复位,则应调整摩擦片至制动鼓之间的间隙。

(4)如经上述维修和调整均无效时,应拆下制动鼓检查轮缸活塞皮碗与复位弹簧的状况以及制动蹄摩擦片销的活动情况,必要时,进行修复或更换。

三 学习拓展——制动能量回收系统

制动能量回收系统(Braking Energy Recovery System,简称BERS)是指一种应用于汽车或者轨道交通上的能够将制动时产生的热能转换成机械能,并将其存储在电容器内,在使用时可迅速将能量释放的系统。制动能量回收系统包括与车型相适配的发电机、蓄电池以及可以监视电池电量的智能电池管理系统。制动能量回收系统回收车辆在制动或惯性滑行中释放出的多余能量,并通过发电机将其转化为电能,再储存在蓄电池中,用于之后的加速行驶。这个蓄电池还可为车内耗电设备供电,降低对发动机的依赖、燃耗及二氧化碳排放。

制动能量回收是现代电动汽车与混合动力车重要技术之一,也是它们的重要特点。在一般内燃机汽车上,当车辆减速、制动时,车辆的运动能量通过制动系统而转变为热能,并向大气中释放。而在电动汽车与混合动力车上,这种被浪费掉的运动能量已可通过制动能量回收技术转变为电能并储存于蓄电池中,并进一步转化为驱动能量。例如,当车辆起步或加速时,需要增大驱动力时,电动机驱动力成为发动机的辅助动力,使电能获得有效应用。

一般认为,在车辆非紧急制动的普通制动场合,约1/5的能量可以通过制动回收。制动能量回收按照混合动力的工作方式不同而有所不同。

比如,在丰田普锐斯混合动力车上,车辆运动能量能够通过液压制动和能量回收制动的协调控制回收,但在本田Insight混合动力车上,由于发动机与驱动电动机连接,所以不能够消除发动机制动。因此,在制动时发动机全部气门关闭,以消除泵气损失,而只存在发动机本身的纯粹的机械摩擦损失。

在发动机气门不停止工作场合,减速时能够回收的能量约是车辆运动能量的1/3。通过智能气门正时与升程控制系统使气门停止工作，发动机本身的机械摩擦(含泵气损失)能够减少约70%。回收能量增加到车辆运动能量的2/3。

四 评价与反馈

1 自我评价

(1)通过本学习任务的学习，你是否已经知道以下问题：

①汽车制动系统故障的类型有哪些？_____

_____。

②汽车制动系制动失效故障检查项目和内容有哪些？_____

_____。

(2)汽车制动系统故障排除操作过程中用到了哪些设备？

_____。

(3)汽车制动失效故障检查排除完成情况如何？

_____。

(4)通过本学习任务的学习，你认为自己的知识和技能还有哪些欠缺？

_____。

签名：_____　　_____年____月____日

2 小组评价(表15-1)

小组评价表　　　　　　　　表15-1

序号	评价项目	评价情况
1	着装是否符合要求	
2	是否能合理规范地使用仪器和设备	
3	是否按照安全和规范的流程操作	
4	是否遵守学习、实训场地的规章制度	
5	是否能保持学习、实训场地整洁	
6	团结协作情况	

参与评价的同学签名：_____　　_____年____月____日

3 教师评价

_____
_____。

教师签名：_____　　　_____年____月____日

五 技能考核

根据学生完成实训任务的情况对学习效果进行评价。技能考核标准见表15-2。

技能考核标准　　　　　表15-2

序号	项目	操作内容	规定分	评分标准	得分
1	制动失效故障诊断	车辆、工具、器材准备	3分	工具准备是否齐全	
		安全检查确认	3分	安全检查是否到位	
		制动失效故障诊断	20分	流程合理，方法得当，能正确检测引起制动失效的主要元件	
		现场5S管理	3分	是否进行此操作	
		综合能力表现	4分	分别按突出表现进行加分	
2	制动跑偏故障检测	车辆、工具、器材准备	3分	工具准备是否齐全	
		安全检查确认	3分	安全检查是否到位	
		制动跑偏故障检测	20分	流程合理，方法得当，能正确检测引起制动跑偏的主要元件	
		现场5S管理	3分	是否进行此操作	
		综合能力表现	4分	分别按突出表现进行加分	

续上表

序号	项目	操 作 内 容	规定分	评 分 标 准	得分
3	制动拖滞故障诊断	车辆、工具、器材准备	3分	工具准备是否齐全	
		安全检查确认	3分	安全检查是否到位	
		制动拖滞故障诊断	21分	流程合理,方法得当,能正确检测引起制动拖滞的主要元件	
		现场5S管理	3分	是否进行此操作	
		综合能力表现	4分	分别按突出表现进行加分	
	总分		100分		

学习任务16　制动辅助控制系统的检修

学习目标

★ **知识目标**

1. 掌握制动辅助系统的作用、组成及类型;
2. 掌握ABS组成及工作原理;
3. 熟悉牵引力控制、车身稳定控制系统的功用。

★ **技能目标**

1. 能掌握制动辅助控制系统各元件在汽车上的位置;
2. 能完成ABS的基本性能检查;
3. 能完成主要制动辅助控制系统的检测。

建议课时

14课时。

任务描述

一辆北京现代胜达 SUV 轿车,用户反映该车仪表板上的 ABS、ESP 故障警告灯常亮,并称一星期前就因仪表板上的 ABS、ESP 故障警告灯常亮而更换过制动灯开关。请根据车主反映故障现象查找故障部位并进行故障排除。

一 理论知识准备

世界上第一台防抱死制动系统(Ant-ilock Brake System,简称 ABS)在 1950 年问世,首先被应用在航空领域的飞机上,1968 年开始研究在汽车上的应用。20 世纪 70 年代,由于欧美生产的新型轿车的前轮或前后轮开始采用盘式制动器,促使了 ABS 在汽车上的应用。1980 年后,电脑控制的 ABS 逐渐在欧洲、美国及日本的汽车上迅速被采用。

现代汽车上安装 ABS,能防止紧急制动时车轮抱死,使汽车在制动状态下仍能转向,保证汽车的制动方向稳定性,防止产生侧滑和跑偏,是目前汽车上最先进、制动效果最佳的制动装置。近年来,由于汽车消费者对安全的日益重视,已将 ABS 列为标准配备。

1. ABS 的作用

汽车制动过程中,轮胎的运动要经历纯滚动、边滚边滑、抱死拖滑三个阶段,如图 16-1 所示。

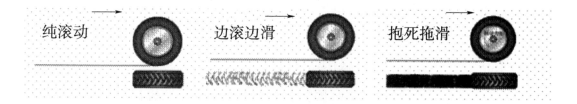

图 16-1 车轮制动的三个状态

汽车匀速行驶时,汽车的实际车速与车轮滚动的圆周速度(也称车轮速度)是相同的。在驾驶人踩制动踏板使车轮的轮速降低时,车轮滚动的圆周速度(轮胎胎面在路面上移动的速度)也随之降低。但由于汽车自身的惯性,汽车的实际车速与车轮的速度不再相等,使车速与轮速之间产生一个速度差。此时,轮胎与路面之间产生相对滑移现象,其滑移程度用滑移率(S_b)表示。

实验表明,在干燥硬实路面上时:S_b = 15%~30%,轮胎与地面的纵向附着系数最大;在冰雪等湿滑路面上时:S_b = 25%~50%,轮胎与地面的纵向附着系数最大;当 S_b = 100% 时,纵向附着系数比其他滑移率情况下降低 20%~30%,且横向附着系数几乎为 0,丧失了抵抗外界的横向力;当 S_b = 15%~25% 时,有最大的纵向附着系数和横向附着系数,这样的话车轮即能获得最大的制动力,又具有较强的抗侧滑能力,可获得最佳的制动效果。ABS 的主要功能就是在汽车制动时使汽车滑移率保持在 15%~25%,获得最好的制动效果。

电子控制防抱死制动系统在汽车原有制动系统的基础上,增设了一套电子控制装置,如图 16-2 所示,其功用是:在汽车制动过程中,自动调节车轮的制动力,防止车轮抱死,从而获得最佳制动性能,减少交通事故。具体表现在:①缩短了制动距离。当控制 S_b = 15%~25% 时,地面的附着力最大,从而缩短了制动距离。②提高了制动稳定性。防抱死装置避免了车轮制动时车轮的抱死情况下出现的侧滑、摆尾、掉头等情况。

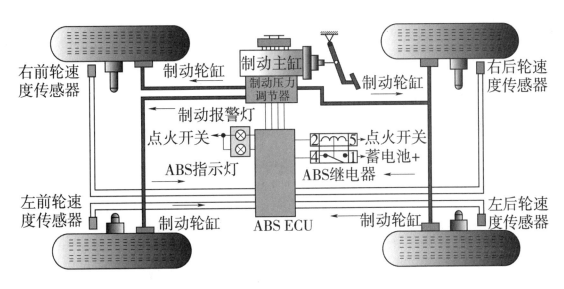

图 16-2　防抱死制动系统简图

❷ ABS 的组成与功用

防抱死制动系统(ABS)是根据车轮转动情况,随时调节制动压力来防止车轮抱死滑移。尽管各型 ABS 的结构形式各不相同,通常,ABS 是在普通制动系统的基础上加装车轮速度传感器、ABS 电控单元、制动压力调节装置及制动控制电路等组成的,如图 16-3 所示。

ABS 各主要元件功能见表 16-1。

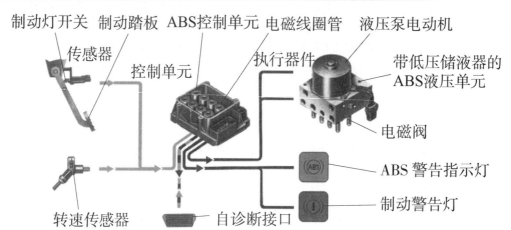

图 16-3　防抱死制动系统的传感器、执行器和控制单元

ABS 主要元件功能　　　　表 16-1

ABS 组成元件		功　用
传感器	车速传感器	检测车速,给 ECU 提供车速信号,用于滑移率控制
	轮速传感器	检测轮速,给 ECU 提供轮速信号,各种控制方式均需要
	减速度传感器(G 传感器)	检测制动时汽车的减速度,识别是否是冰雪等易滑路面,只用于四轮控制驱动系统
执行器	制动压力调节器	接受 ECU 的指令,通过电磁阀的动作,控制制动系统压力的增加、保持或降低
	ABS 警告灯	ABS 出现故障时,ECU 将其点亮发出报警
	ECU	接受车速、轮速及减速度等传感器信号,计算出车速、轮速、滑移率和车轮减速度、加速度,并将这些信号加以分析、判断、放大,由输出级输出控制指令,控制各执行器的工作

❸ ABS 控制方式

ABS 中,能够独立进行制动压力调节的制动管路称为控制通道。按照控制通道数目的不同,ABS 分为四通道、三通道、双通道和单通道四种形式,而其布置形式却多种多样。

（1）四通道控制形式。四通道控制形式为了对四个车轮的制动压力进行独立控制，在每个车轮上各安装一个转速传感器，并在通往各制动轮缸的制动管路中各设置一个制动压力调节分通道，如图16-4所示。

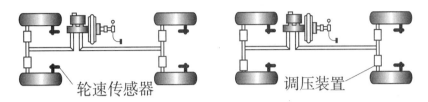

图16-4　ABS四通道控制形式

（2）三通道控制形式。三通道系统都是对两前轮的制动压力进行单独控制，对两后轮的制动压力按低选原则一同控制，如图16-5所示。

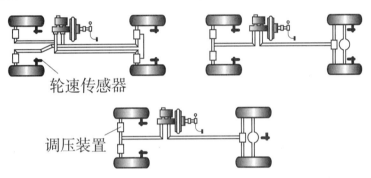

图16-5　ABS三通道控制形式

（3）二通道控制形式。二通道ABS多用于制动管路对角布置的汽车上，两前轮独立控制，制动液通过比例阀（P阀）按一定比例减压后传给对角后轮。由于双通道ABS难以在方向稳定性、转向操纵能力和制动距离等方面得到兼顾，因此目前很少被采用，如图16-6所示。

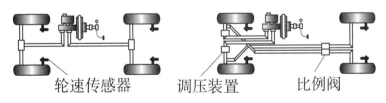

图16-6　ABS二通道控制形式

（4）一通道控制形式。所有单通道ABS都是在前后布置的双管路制动系统的后制动管路中设置一个制动压力调节装置，对于后轮驱动的汽车只需在传动系中安装一个转速传感器，如图16-7所示。但由于单通道ABS能够显著地提

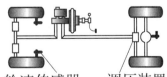

图16-7　ABS一通道控制形式

高汽车制动时的方向稳定性,又具有结构简单、成本低的优点,因此,在轻型货车上得到广泛应用。单通道 ABS 一般对两后轮按低选原则一同控制,其主要作用是提高汽车制动时的方向稳定性。在附着系数分离的路面上进行制动时,两后轮的制动力都被限制在处于低附着系数路面上的后轮的附着力水平,制动距离会有所增加。由于前制动轮缸的制动压力未被控制,前轮仍然可能发生制动抱死,所以汽车制动时的转向操作能力得不到保障。

❹ ABS 工作原理

在汽车以大于或等于 20km/h 的速度行驶时,驾驶人踩下制动踏板紧急制动,ABS 的控制单元(ABS ECU)接收到制动灯开关接通信号,通过装在车轮上的转速传感器采集 4 个车轮的转速信号,送到 ABS 控制单元计算出每个车轮的减速度,进而推算出车辆的减速度及各个车轮的滑移率,判断车轮是否有抱死的趋势。若发现哪一个车轮有抱死的趋势。ABS 控制单元立即发出指令,控制液压控制单元调整作用于该车轮制动轮缸液压力以防止车轮抱死。在 ABS 不起作用时,电子制动力分配系统仍可调节后轮制动力,保证后轮不会先于前轮抱死,以保证车辆的安全。

在每次接通点火开关后,ABS 会自动进行自检,如果发现存在故障,电子控制单元将自动中断 ABS 功能,并点亮 ABS 警报灯,此时制动系统将如同没有装配 ABS 时一样工作。

汽车制动过程中,ABS 电控单元不断地从传感器前后轮轮速传感器获取车轮速度信号并加以处理,分析是否有车轮即将抱死拖滑。然后,电控单元根据各轮速传感器送来的车速信号,向执行机构制动压力调节机构发出指令,调节各轮制动力的大小,以保证各轮都能获得最佳的制动力。

ABS 的工作过程可分为常规制动、制动压力保持、制动压力减小和制动压力增大等阶段。

(1)常规制动。如图 16-8 所示,在常规制动过程中,ABS 不工作,输入与输出阀线圈中无电流通过,输入阀打开,输出阀关闭,电磁阀处于"升压"位置。此时,制动主缸与制动轮缸相通,由制动主缸来的制动液直接进入轮缸,轮缸压力随主缸压力的升高而升高。

(2)制动保压过程。如图 16-9 所示,当车轮滑移率 S_b 在 15% ~ 25% 时,ABS 工作,输入阀线圈中有电流通过而关闭,输出阀线圈中无电流通过也关闭,两电磁阀处于"保压"位置。此时制动主缸与制动轮缸不通,由制动主缸来的制动液无法进入轮缸,轮缸制动液保持不变,轮缸压力也保持不变。

项目三　汽车制动系统的检修

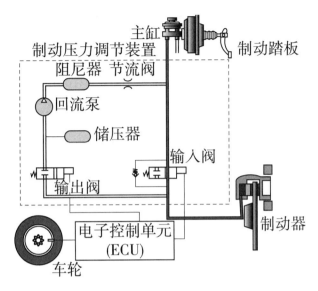

图16-8　常规制动过程

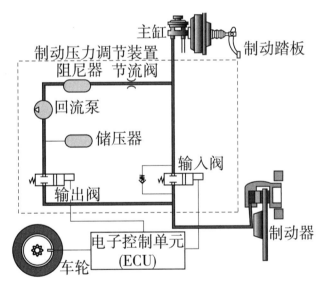

图16-9　制动保压过程

（3）制动减压过程。如图16-10所示，当车轮滑移率$S_b>25\%$时，ABS工作，输入阀线圈中有电流通过而关闭，输出阀线圈中有电流通过而打开，两电磁阀处于"减压"位置。此时制动主缸与制动轮缸不通，由制动主缸来的制动液无法进入轮缸。轮缸与储压器相通，轮缸中的制动液一部分流回储压器，并经回油泵流回主缸，轮缸制动液减少，轮缸压力也相应减少。

5　ABS元件的结构与原理

（1）轮速传感器。轮速传感器又称为车轮转速传感器，一个ABS设有2~4

只轮速传感器,目前,大多数系统都设有四只轮速传感器,安装位置一般如图 16-11 所示。其功用是检测车轮的运动状态,将车轮转速变换为电信号输入 ABS ECU。

轮速传感器一般安装在车轮总成内,一般由轮速传感器和信号齿轮组成。当传感器经过信号齿轮时产生一个小的感应交流电压,感应交流电压随车速的增加其频率也加快,如图 16-11 所示,ABS ECU 根据轮速传感器送来的频率信号检测出车轮的转速。

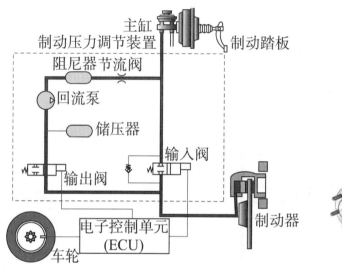

图 16-10　减压制动过程

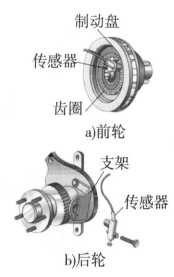

图16-11　轮速传感器在车轮上的安装位置

(2) ABS 控制器总成。ABS 电子控制器又称为 ABS 电控单元或 ABS ECU,如图 16-12 所示。其主要功用是接收轮速传感器、减速度传感器等输入的信号,计算汽车的轮速、车速、减速度和滑移率,并输出控制指令控制制动压力调节器等执行元件工作。

ABS ECU 具有失效保护和故障自诊断功能,一旦发现 ABS 故障时,将终止 ABS 工作,恢复常规制动。与此同时,还将控制 ABS 故障警报灯点亮,提醒驾驶人及时进行修理。

(3) ABS 警报灯。ABS 警报灯位于仪表板上,如图 16-13 所示。以下情况,ABS 警报灯点亮:点火开关接通(系统正常,自检结束后熄灭),当 ABS 功能失效时,ABS 警报灯将常亮。

(4) 制动压力调节器。制动压力调节器是 ABS 的主要执行元件,如图 16-14

所示。其功用是接受 ECU 的指令,驱动制动压力调节器中的电磁阀动作,同时驱动液压泵电动机转动等,使制动压力"升高""保持"或"降低",从而实现制动压力自动调节。

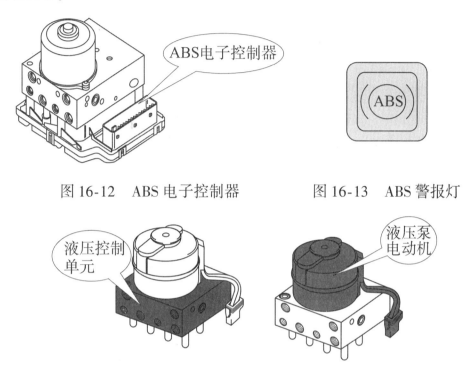

图 16-12　ABS 电子控制器　　图 16-13　ABS 警报灯

图 16-14　制动压力调节器

制动压力调节器用于实现车轮制动器制动压力的调节。制动压力器根据 ECU 的指令,调节各个车轮制动器的制动力。轿车常用液压式制动压力调节器。制动压力调节器按控制制动压力的形式,分为循环式、可变容积式两类。循环式制动压力调节器,靠改变液压流体量的多少,控制制动液压力(我国生产的大众桑塔纳、捷达、丰田花冠、东风雪铁龙等轿车采用这种调节器)。变容积式制动压力调节器,靠改变液压容腔的大小,控制制动液压力(我国生产的上海通用汽车采用这种调节器)。

①常规制动(ABS 不工作)。当滑移率小于 20% 时,电磁线圈不通电,电磁阀柱塞位于最下方,来自制动主缸的制动液经电磁阀进入制动轮缸,制动轮缸的压力随制动主缸的压力变化而变化,如图 16-15 所示。

②保压制动。电磁线圈通入小电流,电磁阀中的柱塞移至中间位置。所有的通道都被关闭,制动轮缸内的液压力保持不变状态,如图 16-16 所示。

③减压制动。当滑移率大于 20% 时,电磁线圈通入大电流,电磁阀柱塞移至

上端,制动轮缸的管路与通向储液器的管路接通而减压,如图 16-17 所示。液压泵运转,将储液器的制动液泵回制动主缸,故称为循环式。

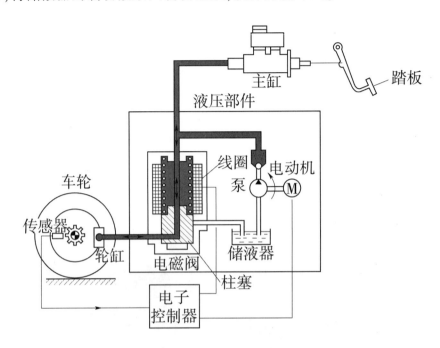

图 16-15 常规制动

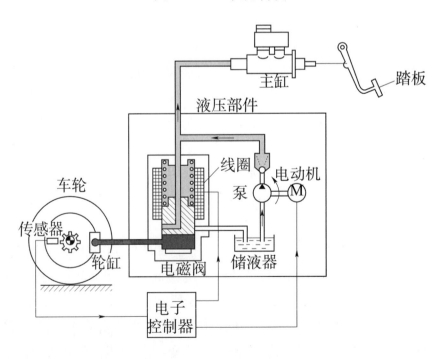

图 16-16 保压制动

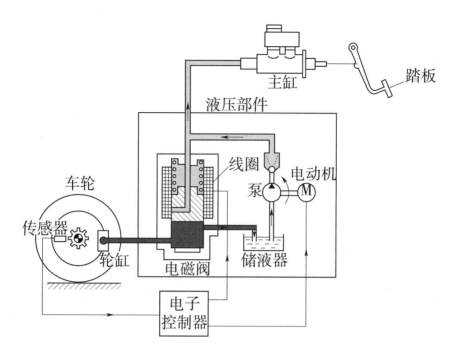

图 16-17　减压制动

④升压制动。电磁线圈断电,电磁阀中的柱塞回到常规制动时的位置,制动轮缸的压力随制动主缸的压力变化而变化,如图 16-18 所示。

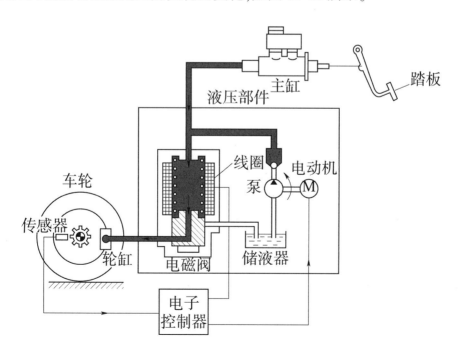

图 16-18　升压制动

6 ABS 防抱死制动系统的功能扩展

随着汽车制造工业的进步和电子技术的发展，ABS 具有的功能越来越多。从最初的单纯防抱死制动（ABS）功能，发展到现在的电子制动力分配（EBD）、电子差速锁（EDL）、发动机牵引力控制（MSR）、驱动防滑（ASR）和车辆稳定控制（ESP）等。可以预见，ABS 的功能还将逐渐增多，如图 16-19 所示。

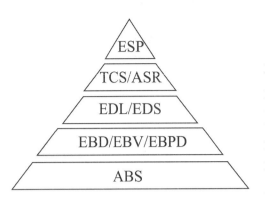

图 16-19　ABS 功能发展的金字塔

各辅助控制系统的功能见表 16-2。

辅助控制系统的功能　　　　表 16-2

系统名称	缩写（德）	缩写（英）	功能作用
防抱死制动系统	ABS	ABS	防止制动时车轮出现抱死，提供最大制动力的同时，使车辆具有可靠的方向性和稳定性
电子制动力分配	EBV	EBD	根据各轴载荷对车辆施加制动力，防止 ABS 起作用以前或者由于特定的故障导致 ABS 失效后，后轮出现过度制动
电子差速锁	EDS	EDL	在车辆处于附着力不同的路面上时，通过对空转的车轮施加制动实现车辆起步
发动机牵引力控制	MSR	EBC	当加速踏板突然松开或者带着挡位施加制动，那么，MSR 将阻止由于发动机的制动而产生的驱动轮抱死
驱动防滑系统	ASR	TCS	通过对打滑车轮施加制动力并降低发动机转矩，阻止驱动轮滑转
电子稳定程序	ESP	ESP	通过制动和发动机管理系统施加相应的控制，来阻止车轮的滑移

(1)电子制动力分配(EBD)。

在车轮部分制动时,EBD 功能就起作用,转弯时尤其如此。轮速传感器发出四个车轮的转速信号,电子控制单元根据这些信号计算车轮的转速及滑移率。

如果后轮滑移率大于某个设定值,则由液压控制单元调节后轮制动压力,使后轮制动力降低以保证后轮不会先于前轮抱死。同传统的制动力分配方式相比,EBD 功能保证了较高的车轮附着力以及合理的制动力分配;同时,EBD 并没有增加新的硬件,而是通过软件来实现了制动力的合理分配并降低了成本。当 ABS 起作用时,EBD 即停止工作,如图 16-20 所示。

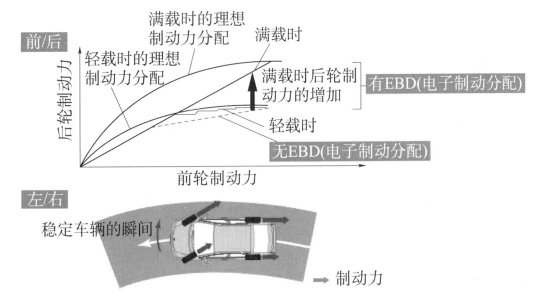

图 16-20 带 EBD 的 ABS 系统

(2)电子差速锁(EDL 或 EDS)。

EDS 是 ABS 的一种功能扩展,用于汽车的加速打滑控制。在汽车加速过程中,当电子控制单元根据轮速信号判断出某一侧驱动轮打滑时,EDS 就会自动开始工作。通过液压控制单元对该车轮进行适当强度的制动,从而提高另一侧驱动轮的附着利用率,提高车辆的通过能力。当车辆的行驶状况恢复正常后,电子差速锁即停止作用。同普通车辆相比,带有 EDS 的车辆可以更好地利用地面附着力从而提高了车辆的通过性。

EDS 还是 ABS 的另一附加功能,除了在软件上有变化外,在 ABS 控制单元上新增加了专用的电磁阀及其他电子元件。当行驶中车辆的左右驱动车轮在不同附着系数路面上,尤其是当一侧车轮在光滑的冰面上时,这一侧的车轮可能出现打滑现象,在车辆起步、加速或上坡时这种趋势更明显。此时,电子控制单元(ECU)根据轮速传感器传来的信号,比较左右驱动轮的轮速,当轮速差值较大即一侧车轮出现打滑时,ECU将发出指令,对滑转车轮施加制动,这样,打滑车轮的速度降低直到接近另一侧的轮速,保证另一侧车轮有足够的驱动力。

(3)发动机牵引力控制(MSR)。

MSR功能在整个车速范围内均起作用,它可以改善车辆在光滑路面上的行驶及制动性能。

在光滑的路面上,如果驾驶人松开加速踏板,发动机对车辆将不再具有牵引作用,此时,驱动轮通过传动系统带动发动机运转,使车轮轮速降低有抱死倾向,即产生所谓发动机制动现象。这时,ABS控制单元接到轮速传感器的信号,并判断车轮有抱死趋势,则通过CAN总线向发动机控制单元发出指令,提高发动机的转速和前牵引力矩,以提高车轮转速。于是,车轮不再呈现抱死趋势,车辆将继续保持稳定行驶状态。

从MSR功能开始,ABS控制单元就与发动机管理系统进行通信。装备MSR具有以下优点:

①车辆在低附着系数的路面滑行时,具有良好的转向能力。

②车辆在低附着系数的路面滑行制动时,可以缩短制动距离。

(4)驱动防滑系统(ASR)。

ASR可以提高车轮在加速过程中的稳定性和转向能力,如图16-21所示。在加速过程中,按照具体的行驶条件和道路状况,如果驾驶人操纵节气门过大,这时ASR控制单元接到轮速传感器的信号,并判断车轮有打滑趋势,则通过CAN总线向发动机控制单元发出指令,降低发动机的转速和牵引力矩,车轮不再呈现滑转趋势,车辆将继续保持稳定的加速状态,即使发动机的转速和牵引力矩这时不依赖于加速踏板的控制。ASR在所有变速器(包括自动变速器)挡位均可以发挥作用。驾驶人可以通过仪表板上的ASR警告灯闪烁确定ASR在起作用。

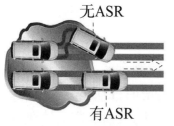

图16-21 有无ASR功能的区别

ASR与MSR一样,通过CAN-BUS与发动机管理系统进行通信。采用ASR具有以下优点:

①车辆在低附着系数的路面加速时,可以有良好的稳定性和转向能力。

②车辆在曲线行驶时,ASR可以避免车辆因加大节气门而冲出跑道。

项目三　汽车制动系统的检修

(5)电子稳定程序(ESP)。

汽车技术进步的一个主要任务就是提高主动安全性,以避免发生事故,并充分发挥车辆的动力性能。

ESP是各种工况下的一个主动安全系统,它就是要控制横向滑移,纠正驾驶人的错误,处理各种异常情况,减轻驾驶人的精神紧张及身体疲劳。只要ESP识别出驾驶人的输入与车辆的实际运动不一致,它就马上通过有选择的制动来稳定车辆。

目前,ESP有三种类型:①能向四个车轮独立施加制动力的四通道系统或四轮系统;②能对两个前轮独立施加制动力的双通道系统;③能对两个前轮独立施加制动力和对后轮同时施加制动力的三通道系统。

ESP是一种车辆行驶稳定的主动安全系统,它通过制动和干预发动机来实现让车辆按理想轨迹行进的目的,同时保持车辆的可操纵性,如图16-22所示。

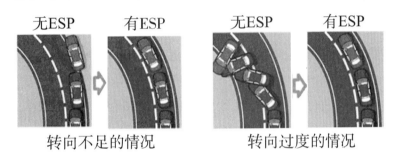

图16-22　带ESP的车辆转弯控制

ESP系统具有以下特点:

①ESP并不是一套独立的系统,它是建立在ASR基础之上的,这也是ESP总是包含ASR功能的原因。

②ESP不完全依赖于驾驶人的操纵产生纠正行驶轨迹作用,可以减轻驾驶人的负担。

③ESP保证车辆在复杂行驶条件下始终保持可操作性。

二　任务实施

❶ 准备工作

(1)将实训车辆停放在维修区域。

(2)将车轮用挡块顶住,确保车辆不会发生溜滑现象。

(3)准备常用工具套件、车辆挡块、翼子板布及防护三件套等。

2 技术要求及注意事项

(1) 装配 ABS 的车辆在使用过程中出现下面的一些情况并不是故障：①系统的自检声音；②ABS 起作用的声音；③ABS 起作用，但制动距离过长，这是由于在积雪或砂石路面上，车轮不是直接与地面摩擦，因此有 ABS 的车辆制动距离有时会比没有 ABS 的车辆制动距离长。

(2) 高速行驶急转弯或冰滑路面上行驶时，有时会出现制动警告灯亮起的现象。这是出现了车轮打滑现象 ABS 产生保护动作引起的，并非有故障。

(3) ABS 与常规制动系统是不可分割的。当制动系统出现故障时，应首先判断是常规制动系统的故障还是 ABS 的故障。

(4) 由于 ABS 的控制装置对电压、静电非常敏感，因此，在点火开关处于接通位置时，不要插拔 ABS 线路的插接端。

(5) ABS 的电气故障大多数并不是元件失效，而是连接不良或脏污所致，因而应特别注意各插接件的连接可靠无误。

(6) 大多数 ABS 中的轮速传感器、电子控制装置和压力调节器都是不可修复的。

(7) 对制动系统进行维修后，或者使用中感到制动踏板变软时，应对制动系统中的空气进行排除。

3 操作步骤

1) ABS 基本检查

(1) 制动液面是否在规定的范围之内。

(2) 检查所有继电器、熔断丝是否完好，插接器是否牢固。

(3) 检查电子控制装置的插接器是否连接良好，有无损坏，搭铁不良等。

(4) 蓄电池容量和电压是否符合规定，连接是否牢靠。

(5) 控制单元、轮速传感器、电磁阀体、制动液面指示灯开关导线插接器和导线的连接是否良好。

(6) 检查轮速传感器传感头与齿圈间隙是否符合规定，传感器头有无脏污。

2) ABS 故障诊断流程（以丰田卡罗拉车型为例）

ABS 故障诊断流程一般按照图 16-23 所示进行。

(1) 检查 CAN 通信系统。

①关闭点火开关，将诊断仪连接到车辆诊断座，打开点火开关，诊断仪开机。

②选择"普通模式"，点击"汽车诊断"进入系统第二菜单，选择中国车系，点

击"TOYOTA"图标。

③选择"COROLLA(GL)"图标,进入各系统诊断界面后,点击"CAN"通信系统进入,选择"当前故障码",系统自动进入故障码的查找,并显示"查找结果",记录故障码,见表16-3。

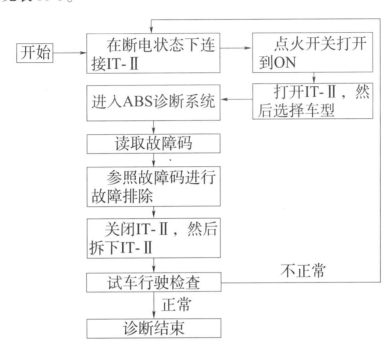

图 16-23　ABS 故障诊断流程

诊 断 界 面 显 示　　　　　　　　　　　　　　　　表 16-3

结　　果	转　　至
正常,未输出 CAN 通信 DTC	警告灯故障检查
不正常,输出 CAN 通信 DTC	检查 CAN 通信电路

(2)警告灯故障检查。

①松开驻车制动器,确认挡位至 P 挡,检查制动液液位。

②打开点火开关,观察 ABS 警告灯和制动警告灯亮起 3s。

提示:如果指示灯不亮或一直亮,应对 ABS 警告灯和制动警告灯电路进行故障排除。

(3)故障 DTC 诊断。进入卡罗拉各系统诊断界面后,点击"ABS/VSC/TRC"系统,选择"当前故障码",系统自动进入故障码的查找,并显示"查找结果",记录故障码。

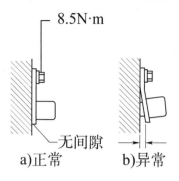

图 16-24　左前轮转速传感器的安装情况

(4) 故障检查排除。

①外观检查。确认 ABS 相关部件无损坏,安装牢靠,相关线束及插接器连接正常。

②关闭点火开关,举升车辆,检查左前轮转速传感器的安装情况,要求传感器与前转向节之间无间隙(图 16-24);安装螺母力矩正确(标准 8.5N·m)。拆卸左前轮转速传感器,检查左前轮转速传感器前端部应无划痕或异物。

③检查左前轮转速传感器,安装左前轮转速传感器,确保锁止件和连接器连接部件没有松动,断开左前轮转速传感器,如图 16-25 所示。根据表 16-4 中所列的阻值测量电阻。

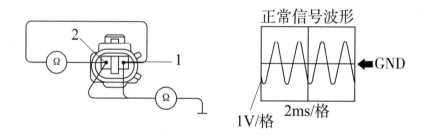

图 16-25　左前轮转速传感器的检查

1、2-端子

转速传感器连线检测　　　　　　　表 16-4

检测仪连接	条　件	规 定 状 态
2(FL+)—车身搭铁	始终	10kΩ 或更大
1(FL-)—车身搭铁	始终	10kΩ 或更大

如有异常更换前轮转速传感器总成。

④检查线束及连接器,断开防滑控制 ECU 连接器,测量左前轮转速传感器与防滑控制 ECU 之间的电阻,如图 16-26 所示。根据表 16-5 中所列的阻值测量电阻。

如有异常维修或更换线束及插接器。

⑤检查防滑控制 ECU(传感器输入),重新连接好防滑控制 ECU,打开点火开关,根据表 16-6 中的值测量电压。

项目三 汽车制动系统的检修

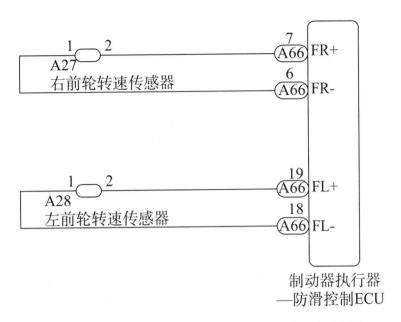

图 16-26 检查左前轮转速传感器线束及插接器

连接器测量参考值 表 16-5

检测仪连接	条　件	规 定 状 态
A66-19(FL+)—A28-2(FL+)	始终	小于1Ω
A66-19(FL+)—车身搭铁	始终	10kΩ 或更大
A66-18(FL+)—A28-1(FL+)	始终	小于1Ω
A66-18(FL+)—车身搭铁	始终	10kΩ 或更大

ECU 端子测量参考值 表 16-6

检测仪连接	开 关 状 态	规 定 状 态
A28-2(FL+)—车身搭铁	点火开关置于 ON 挡	8~14V

如有异常更换制动器执行器总成。

⑥再次检查 DTC,确认是否还有 DTC 输入,如果还有则更换前轮转速传感器转子后,再次检查 DTC。

⑦故障排除后复检,读取故障码显示"系统正常",读取数据流也显示正常,则故障排除。

⑧工位整理,诊断仪退出到汽车诊断界面,关闭点火开关,关闭智能诊断仪,将诊断仪从诊断座中拔出,诊断仪复位。取出三件套、左右翼子板布及前格栅布,关

闭发动机舱盖、车轮尾气排放装置、撤离车轮挡块、整理工具、清洁车身及地面。

三 学习拓展——ABS常见故障检修

（1）ABS的泄压。一般ABS的泄压方法是将点火开关关闭（置于OFF），然后反复踩制动踏板，踏板的次数在20次以上，当踏板力明显增加，即感觉不到踩踏板的液压助力时，ABS即泄压完毕。通常修理以下部件时需要泄压：液压控制单元中的任何装置、蓄压器、电动泵、电磁阀体、制动液油箱、压力警告和控制开关、后轮分配比例阀、后轮制动轮缸、前轮制动轮缸及高压制动液管路等。

（2）ABS ECU的更换。用正常的ECU代替原车ECU，观察ABS的工作情况，通过对比来鉴别原车ECU有无故障。更换时，将点火开关关闭，拆下ECU上的线束插头，换上正常ECU，插上所有的线束插头，接通点火开关。然后起动发动机，红色制动灯和ABS灯应显示系统的正常状态。

（3）车轮速度传感器的调整。传感器传感插头脏污，传感器的空气隙没有达到要求，都会引起传感器工作不良，应对其进行调整，以恢复正常工作状态。传感器的调整可用纸垫片贴紧传感头的端面来完成，当汽车运行时，随着传感器齿圈的旋转，纸垫片就会自然消失。

调整前轮速度传感器（以坦孚式ABS为例）：升举汽车，拆下相应的前轮轮胎和车轮装置，拧松（紧固传感头）螺栓，通过盘式制动器挡泥板孔拆下传感头，清除其表面的金属或脏物，并刮传感头端面，在传感头端面粘贴一新纸垫片（做一"F"标记表示轮），纸垫片厚度为1.3mm，拧松传感器支架固定衬套的螺栓，旋转衬套，给固定螺栓提供一个新的锁死凹痕面，通过盘式制动挡泥板孔，将传感头装进支架上的衬套，确认纸垫片贴在传感头端面上，并在整个安装中没有掉下来，装复后传感器上连线接触良好。推动传感头向传感器齿圈顶端移动，直到纸垫片与齿圈接触为止，用2.4～4N·m的力矩拧紧紧固螺栓，使传感头定位。重新装好轮胎和车轮，并放下汽车，起动发动机路试，ABS故障指示灯不亮为系统正常，传感器良好。否则，ABS仍有故障，须进一步检修。

调整后轮传感器：同前轮传感器调整相同。举升汽车，拆下后轮、制动钳、传动装置及传感头，清洁其表面，在传感头端面贴纸垫片（标注R），35脚电脑ABS的纸垫片厚度为0.65mm。装复传感头，拧紧固定螺栓，推传感头向传感器齿圈顶端移动，至纸垫片与齿圈接触为止，保持此状态用2.4～4N·m力矩拧紧紧固螺栓，使传感头定位。重新装复制动钳、车轮，放下汽车，最后进行路试。

若发现车轮速度传感器工作不良，应用数字万用表测量其线圈的电阻。电阻大为断路,电阻小为短路,均需要更换传感头。

（4）液压控制装置的检修。在检修液压控制装置之前,要按一般方法泄压。拆卸液压控制装置时,拔下电磁阀,取下O形环,用干净的制动液润滑电磁阀O形环,装用性能完好的电磁阀,用4~5N·m力矩交替拧紧固定螺栓,固定好电磁阀,插好接线插头。

（5）ABS更换。ABS线束接头接触不良,线束腐蚀、断裂及外部屏蔽损坏等,都会导致防抱死制动系统无法正常工作,须对其进行更换。线束插头通常与线束一同更换,个别线束插头损坏时,可更换新插头,地线与屏蔽线要焊接牢固,线束插头是塑料的,一般只能与线束一同更换。线束插头必须插牢,以防接触不良,接头插接后,将卡销插好。

（6）ABS的放气。ABS中如有空气,会严重干扰制动压力的调节,而使ABS功能丧失,工作不正常。尤其对ABS进行维修之后,要按"维修手册"规定进行放气。

（7）液压元件泄漏检查。检查液压元件泄漏时,接通点火开关,直至液压泵停止运转,接着再等3min,使整个液压系统处于稳定状态。查看压力表,若5min内系统压力下降,表明液压系统有泄漏之处。再检查是液压元件本身泄漏,还是其外部系统泄漏,分别修复,必要时更换磨损部件或总成。

四 评价与反馈

1 自我评价

（1）通过本学习任务的学习,你是否已经知道以下问题:

①汽车制动系统的辅助控制系统有哪些,各自有何作用？_____

_____

②汽车制动防抱死控制系统检查项目和内容有哪些？_____

_____

（2）汽车制动辅助控制系统检查操作过程中用到了哪些设备？

_____

（3）汽车防抱死系统故障诊断与排除任务完成情况如何？

_____

（4）通过本学习任务的学习,你认为自己的知识和技能还有哪些欠缺？

_____

签名:_____　　_____年___月___日

❷ 小组评价(表16-7)

小组评价表 　　　　　　表16-7

序号	评价项目	评价情况
1	着装是否符合要求	
2	是否能合理规范地使用仪器和设备	
3	是否按照安全和规范的流程操作	
4	是否遵守学习、实训场地的规章制度	
5	是否能保持学习、实训场地整洁	
6	团结协作情况	

参与评价的同学签名：_____ _____年___月___日

❸ 教师评价

_____
_____。

教师签名：_____ _____年___月___日

五 技能考核

根据学生完成实训任务的情况对学习效果进行评价。技能考核标准见表16-8。

技能考核标准 　　　　　　表16-8

序号	项目	操作内容	规定分	评分标准	得分
1	ABS基本检查	车辆、工具、器材准备	3分	工具准备是否齐全	
		安全检查确认	3分	安全检查是否到位	
		ABS基本检查	20分	熟悉基本检查项目、内容及标准,检查操作动作规范	
		现场5S管理	3分	是否进行此操作	
		综合能力表现	4分	分别按突出表现进行加分	

续上表

序号	项目	操作内容	规定分	评分标准	得分
2	ABS故障诊断流程	车辆、工具、器材准备	3分	工具准备是否齐全	
		安全检查确认	3分	安全检查是否到位	
		ABS故障诊断流程	20分	掌握ABS故障诊断的一般流程、各步骤诊断操作具体方法、技术要求等	
		现场5S管理	3分	是否进行此操作	
		综合能力表现	4分	分别按突出表现进行加分	
3	ABS常见故障检修	车辆、工具、器材准备	3分	工具准备是否齐全	
		安全检查确认	3分	安全检查是否到位	
		ABS常见故障检修	21分	熟悉ABS常见故障检修的内容、检修的方法及技术标准	
		现场5S管理	3分	是否进行此操作	
		综合能力表现	4分	分别按突出表现进行加分	
	总分		100分		

参考文献

［1］王家青,孟华霞,陆志琴.汽车底盘构造与维修［M］.3版.北京:人民交通出版社股份有限公司,2016.

［2］丛树林,张彬.汽车底盘构造与维修［M］.北京:人民交通出版社,2011.

［3］宋年秀,王东杰,刘超.图解汽车底盘构造与拆装［M］.北京:中国电力出版社,2007.

［4］黄立新,武振跃.汽车底盘总成拆装［M］.上海:上海科学技术出版社,2007.

［5］武华,何才.汽车底盘构造与拆装工作页［M］.3版.北京:人民交通出版社股份有限公司,2019.

［6］(美)霍尔德曼,(美)米切尔.汽车操纵与悬架系统［M］.归艳荣,高振云,闫雷锋,译.北京:中国劳动社会保障出版社,2006.

［7］刘付金文,徐正国.汽车悬架与转向系统维修工作页［M］.3版.北京:人民交通出版社股份有限公司,2020.

［8］胡勇,吉武俊.汽车底盘检测与维修实训［M］.2版.北京:机械工业出版社,2015.